敦煌

石窟全集

敦煌石窟全集

敦煌研究院 主編

21

建築畫卷

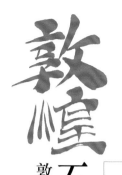

本卷主編 孫儒僩 孫毅華

商務印書館

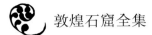

敦煌石窟全集

主編單位 …………………… 敦煌研究院

主　　編 …………………… 段文杰

副 主 編 …………………… 樊錦詩（常務）

編著委員會（按姓氏筆畫排序）
主　　任 …………………… 段文杰　樊錦詩（常務）
委　　員 …………………… 吳　健　施萍婷　馬　德　梁尉英　趙聲良

出版顧問 …………………… 金沖及　宋木文　張文彬　劉　杲　謝辰生
　　　　　　　　　　　　　羅哲文　王去非　金維諾　周紹良　馬世長

出版委員會
主　　任 …………………… 彭卿雲　沈　竹　劉　煒（常務）
委　　員 …………………… 樊錦詩　龍文善　黃文昆　田　村
總 攝 影 …………………… 吳　健
藝術監督 …………………… 田　村

建 築 畫 卷

主　　編 …………………… 孫儒僴　孫毅華

攝　　影 …………………… 宋利良
繪　　圖 …………………… 孫儒僴　孫毅華

學術顧問 …………………… 羅哲文

封面題字 …………………… 徐祖蕃

出 版 人 …………………… 陳萬雄
策　　劃 …………………… 張倩儀
責任編輯 …………………… 田　村
設　　計 …………………… 呂敬人
出　　版 …………………… 商務印書館（香港）有限公司
　　　　　　　　　　　　　香港筲箕灣耀興道 3 號東滙廣場 8 樓
　　　　　　　　　　　　　http://www.commercialpress.com.hk
製　　版 …………………… 中華商務彩色印刷有限公司
　　　　　　　　　　　　　香港新界大埔汀麗路 36 號中華商務印刷大廈
印　　刷 …………………… 中華商務彩色印刷有限公司
　　　　　　　　　　　　　香港新界大埔汀麗路 36 號中華商務印刷大廈
版　　次 …………………… 2021 年 10 月第 1 版第 2 次印刷
　　　　　　　　　　　　　© 2001 商務印書館（香港）有限公司
　　　　　　　　　　　　　ISBN 978 962 07 5293 3

前　言
建築歷史的宏偉畫卷

　　在中國的繪畫中，反映建築之美有着悠久的歷史。早在東周的漆器及戰國的銅器上就有關於建築的圖像，山東孝堂山及武梁祠的漢代畫像石上有大量的人物及殿闕形象，江蘇徐州出土的畫像石上有雙闕高樓、馬廄庖廚、亭、樹、假山等的形象，河南南陽出土的漢畫像石上有殿堂、殿闕的組合，四川出土的漢畫像磚上已出現完整的宅院和雙闕，鄰近敦煌的酒泉、嘉峪關魏晉墓壁畫中有塢堡和莊院，這些反映現實生活中的建築是形象的歷史。

　　歷朝歷代都依據其政治制度、生活習俗、審美意識和施工技術，創造了大量木結構建築，如宮殿、衙署、府第、宗祠、民居等。隨着佛教東傳，又建造了大量寺院、佛塔等佛教建築，特別是在北朝、隋、唐時期，寺院規模之宏偉，可比王室，蔚為壯觀。據北魏的《洛陽伽藍記》記載，洛陽"京城表裏，凡有一千餘寺。"南朝也有很多佛寺，唐人有"南朝四百八十寺，多少樓台煙雨中"的詩句。唐宣宗時在長安（今陝西西安）所建的章敬寺"奢極壯麗，盡都市之材不足用，奏毀曲江及華清宮館以給之，費逾萬億"，其豪奢程度及規模之大可想而知。佛寺的營造活動，使寺院建築成為繪畫、雕塑、音樂、舞蹈、文學等藝術的載體，當時宮殿建築的形象可從杜牧的《阿房宮賦》中窺其一斑："五步一樓，十步一閣，廊腰縵回，簷牙高啄。各抱地勢，鈎心鬥角……長橋臥波……複道行空，"詩賦中對秦始皇阿房宮的描述，正是現實社會中豪華建築的反映。這些輝煌的宮廷形象，可以從敦煌莫高窟盛唐時期的西方淨土變裏得到印證。

　　由於木結構建築易於損壞，千百年來，改朝換代的戰亂使一座座輝煌的名城在轉瞬之間變成廢墟，在中國廣褒的土地上，甚至連一座唐代以前完整的宮殿、寺院也沒有留下！這種歷史的悲劇，造成了中國古代建築資料的匱乏，敦煌壁畫中提供的宮殿、城闕、寺院、宅第等各種建築形象，雖然不是古代建築實物，卻是建築史的形象資料。壁畫中的形象基本上是可信的，並可以從大量典籍文獻或考古發掘資料中得到佐證。

敦煌石窟的佛經故事畫及經變畫中，建築形象只是作為佛與眾菩薩以及人物活動的背景。隨着壁畫的發展，繪畫技巧的進步，建築形象逐漸增多，在壁畫中出現了規模巨大的建築組羣及千姿百態的單體建築，建築畫成為敦煌石窟內容的重要組成部分。各個時代的畫師把當時的佛寺、城闕、宮殿、民居等不同的平面組合，豐富而優美的建築形象，像戲劇舞台上的大佈景和道具一樣穿插在繪畫中，既有建築的羣體組合，又有組成建築羣的各種單體建築，如城門、城樓、角樓、殿堂、佛塔、樓閣、台榭、迴廊等，還有廄舍、茅庵、草棚、屠房、邸店、監牢、橋樑、墳墓、烽燧等不同的建築形象，幾乎包括了各時代大部分的建築類型。至於建築結構的細部，如台基、須彌座、階陛、散水、欄杆、柱枋、門窗、各種斗栱、屋簷、各式屋頂、瓦飾、脊飾、塔刹、相輪等都有概括簡練的描繪。可以説敦煌壁畫中的建築畫是一部系統的古代建築歷史畫卷。

敦煌石窟在開鑿之初，從石窟形制到塑像、壁畫風格，都有顯著的外來影響。北涼到北周的一百多年間，是敦煌石窟的早期階段，這時繪畫技巧還比較稚拙、粗獷。壁畫中穿插着殿堂、塢壁、佛塔、民居等建築類型，建築形象有明顯的漢魏遺風，如殿闕、樓闕的形式。

隋代雖然只有短暫的三十多年，但開鑿的洞窟卻比北涼到北周的一百多年間還多，壁畫內容和形式都發生變化。除了佛傳、本生、因緣故事畫外，已開始出現經變畫，建築形象中出現佛寺的簡單組合，以一殿二樓或一殿二堂的組合形式來表現寺院建築組合。在故事畫中，描畫了繁簡不同的院落，反映了隋代的院落佈置已經成熟。

唐代是中國歷史上極強盛的時代，也是中國古代建築的成熟期。為了研究方便，敦煌學者將唐代開鑿的二百二十八個洞窟，依據敦煌地區的歷史狀況，分為初唐、盛唐、中唐（即吐蕃佔領敦煌時期，又稱吐蕃時期）、晚唐四個時期。

初唐時期由於佛教淨土思想的廣泛傳播，敦煌壁畫中多畫阿彌陀經變、彌勒經變及東方藥師經變，這些經變畫中最具典型意義的是，出現了簡單的寺院組合建築形式。這幾種經變和寺院建築組合一直貫穿於唐代以後的各個歷史時期。

統一的大唐帝國空前繁榮，在王室貴族的扶持下，佛教更加興盛，為了裝點恢宏壯麗的大型寺院，當時許多知名畫家都為寺院畫過壁畫。都城長安、洛陽佛教建築及藝術活動的規模都很大，影響波及敦煌，使壁畫中的建築畫發展達到極盛。在觀無量壽經變、藥師經變的畫面上，滿畫殿、閣、樓、台，周圍迴廊環繞，中間七寶水池、舞樂露台，組合成中軸對稱，多進院落的佈局，庭院嚴謹而開闊，殿閣巍峨而有序。畫師以繪畫散點透視的法則，準確地表達了建築物的正側俯仰，陰陽向背的立體形象，把一個龐大的建築羣，濃縮在一幅畫面中。特別是表現出羣體建築的遠近層次、高低變化的規律，使其產生壯闊而深邃的空間效果。它所形成的恢宏氣度和壯麗景象，至今令人驚嘆不已。以後各時代的建築畫都沒有超越盛唐的輝煌。

中晚唐時期，開鑿了許多大型洞窟，壁畫中為了表示寺院壯觀華麗，把寺院的三門、鐘樓、經樓、歌台等畫在寺院最前面，架樓疊屋，層層密密，充滿畫幅，使建築羣擁擠繁複，似有踵事增華的感覺。唐代末期對佛教的打擊，使其有逐漸衰落的趨勢，反映在藝術上已經沒有大唐盛世時的氣度和創造精神，壁畫正逐漸走向程式化。

五代、宋時的壁畫藝術是晚唐風格的繼續，建築畫幾乎沒有新的創造。根據供養人題記可知，這時敦煌在曹氏家族的統治下設有畫院，藝術表現的程式化也逐漸嚴重。開鑿大型洞窟仍是這時期的特點。

西夏是宋代時偏居西北的一個少數民族政權，立國近兩百年，西夏在榆林窟第3窟壁畫中有豐富的建築圖像，並一改唐宋以來的建築畫風格，而與中原遼金建築畫風格相似。建築用濃淡不同的墨線描成，重點部位用石青、石綠加以強調，不僅突出了建築形象，而且色彩淡雅宜人。

元代壁畫中沒有大型的建築畫，只有少數幾個佛塔形象。

敦煌壁畫中的建築畫，以它豐富的內涵，相對準確的藝術形象，使歷史記載中模糊的建築形象清晰起來。對於它的研究，不僅具有史學意義，而且具有現實意義。近代建築學家梁思成先生曾說："中國建築屬於中唐以前的實物現存的大部分是磚石佛塔，我們對於木構的殿堂房舍知識十分貧乏，最古的只見到857年建造的（五台山佛光寺）正殿一個孤例（按：當時建於公元782年的五台南禪寺還沒有被發現），而敦煌壁畫中卻有從北魏至元數以千計，或大或小，各型各類、各式各樣的建築圖，無異為中國建築史填補了空白的一章。"

目　錄

前　言　建築歷史的宏偉畫卷　　　　　　　　　　005

第一章　中外交融的建築形式
　　　　北涼～北周（公元 420～580 年）　　　011

第一節　早期的殿堂建築　　　　　　　　　　013

第二節　早期的城闕和宅第　　　　　　　　　019

第三節　早期的佛塔　　　　　　　　　　　　027

第四節　早期的建築結構與施工技術　　　　　033

第二章　承上啟下的變革時期
　　　　隋代（公元 581～618 年）　　　　　039

第一節　隋代寺院的殿堂建築　　　　　　　　041

第二節　隋代的佛塔　　　　　　　　　　　　049

第三節　隋代的宅院　　　　　　　　　　　　055

第四節　隋代建築結構特點　　　　　　　　　061

第三章　步入佳境的淨土世界
　　　　初唐（公元 618～704 年）　　　　　069

第一節　初唐的寺院建築組合　　　　　　　　071

第二節　初唐的殿台樓閣　　　　　　　　　　081

第三節　初唐的城與塔　　　　　　　　　　　093

第四節　初唐建築的結構特點　　　　　　　　101

第四章 輝煌的天上人間
盛唐（公元 705 ～ 781 年） 113

第一節 盛唐寺院的佈局 115

第二節 盛唐寺院裏的單體建築 135

第三節 盛唐的佛塔 147

第四節 盛唐的城門及城垣 153

第五節 盛唐的宮廷與民居 161

第六節 盛唐的建築結構與施工技術 171

第五章 唐蕃共繪佛國畫圖
中晚唐（公元 781 ～ 906 年） 181

第一節 中晚唐寺院的佈局及單體建築 183

第二節 中晚唐的佛塔 207

第三節 中晚唐的城與宮廷宅舍 215

第四節 中晚唐建築結構與裝飾 225

第六章 三危夕照的餘輝
晚期：五代、宋、西夏、元（公元 907 ～ 1368 年） 237

第一節 晚期寺院的佈局及單體建築 239

第二節 晚期的佛塔 253

第三節 晚期的城、宮廷和民居 261

第四節 晚期的建築結構與施工技術 267

附錄：古建築名詞圖釋　敦煌壁畫佛塔形制舉例 274
圖版索引 278
敦煌石窟分佈圖 279
敦煌歷史年表 280

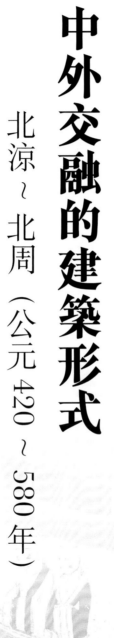

中外交融的建築形式

北涼～北周（公元420～580年）

　　魏晉十六國時期的敦煌，已經有了較高的本土文化，而作為佛教進入中原的門戶，這一時期的石窟藝術，是在漢文化基礎上兼收並蓄，出現了一種新的中外交融的佛教藝術。

　　早期佛教壁畫題材以佛經故事為依據，大多是佛傳、本生及因緣故事，建築畫作為人物活動的場景穿插在故事畫中。建築畫雖然數量不多，但種類不少，有殿堂、城垣、城門、闕、塢堡、望樓、門樓、佛塔、舍利塔等形象，並且，從中可以看到很多建築的結構特徵，如不同形式的屋頂，以及屋頂下的斗栱及欄杆。寺院形象也初見端倪。建築形式有中原及外來形式，也有中外結合的新形式。

　　敦煌早期的佛教文化受到西域影響，所以由西域傳來的圓券門、葱頭形龕楣、希臘式柱頭等西方建築的個別形式也和諧地出現在石窟中。如北魏石窟中所繪天宮是由連續的圓券門屋組成，或由圓券門屋與漢式懸山門屋相間排列，這種中外合璧的建築形象，是適應當時當地的民俗及審美習慣繪出的。

　　在建築畫的技法上，北涼時期壁畫風格及用色與酒泉嘉峪關魏晉墓中的畫法相似。對於繪畫中如何表現建築物，除了用正投影來表現建築物正立面之外，也採用軸側透視來表現建築物的立體形象，如北周第428窟的五分法身塔，用正投影表現每個塔的單體，用中點透視表現五塔的羣體，同一建築，雖然用不同的透視方法表現，卻渾然天成，仍使人感覺很自然。

第一節 早期的殿堂建築

殿和堂是同一類型的建築，按照古人的說法，殿是天子之堂，堂之高大者曰殿，即是說殿比堂的規模要大一些，亦或因為它們在建築羣中所處位置的不同而分別稱殿或堂。據史料記載，秦漢兩代的皇宮中，都建有規模宏偉的殿堂，但由於早期的殿堂建築沒有遺存的實物，所以有關它們的形象只能從文獻中了解，經過考古資料的充實，再加以想像，推導出它們的形象概念。而敦煌壁畫中的殿堂形象為文獻記載和考古發掘提供了有力的佐證，可與文獻及考古資料互為補充。第257、249、285、290、294、296、301等窟，據所畫故事而言，都畫有殿堂的形象，這一時期殿堂造型的共同特徵就是下有台基，中為屋身，上為屋頂的三段組合，其他各種類型建築也無不在這一規範下建造，而且從古延續至今。但幾個時期的殿堂建築畫亦形成各自的風格。

北魏的殿堂畫得較概括簡單，第257窟的本生故事及因緣故事畫中有兩種類型的殿堂，一種前面有二層門樓，後面是殿堂，表現的是建築的前後關係。殿為一大開間，建於台基之上，一側畫厚牆，牆的中部有壁帶。另一側的牆隱在門樓之後。殿內簷下張掛帷幔。由於繪畫技法的原因，使前後關係表現在一個平面上。另一種是闕形殿，殿的兩側起高牆，牆外附單闕，懸山屋頂，殿頂

及闕頂的脊端有鴟尾。建築物以高度概括的形象，畫出殿堂兩側的雙闕，在山東及河南的漢畫像石中不乏這種殿、闕結合的建築形象，表明古代在建築組合中追求形象變化。

河南西漢畫像石上的殿闕圖

西魏第285窟的故事畫中，有一座連門樓及圍牆的宮殿佔據畫面的顯著位置。殿堂的台基、台階、欄杆，殿身兩側的厚牆及其中部的壁帶、簷下的叉手、歇山式的屋頂，正脊與鴟尾等各部分的特徵都作了細緻的描繪。殿身沒有分間，僅一間殿。殿的一側有兩重門樓，門樓兩側有曲折的圍牆，牆上施兩坡瓦頂，簷下出短椽，圍牆轉角處的瓦頂也用鴟尾。正對應北魏的《洛陽伽藍記》中記載永寧寺"寺院牆皆施短椽，以瓦覆之，若今宮牆也。"

這時期有一種小殿堂，形式與王宮的殿堂相似，唯有簷口正中懸掛一板狀

物，高高掀起，似作遮擋陽光之用，唐代《寺塔記》中說"平康坊菩提寺，佛殿東西障日……"宋代《營造法式》中有"障日版"一條，指明其位置，"凡障日版施之於格子門與門窗上"。由於這種小木構件難於保存，除文字記載外未見其實物，壁畫則以直觀的形象再現了文獻的記載。

北周第296窟的故事畫中，有幾十座殿堂，基本沒有分間，兩側有厚牆，牆上畫有土紅色壁帶。值得注意的是，殿堂的屋頂形式有一種分作上下兩段式歇山頂，上層開間三間，進深兩間。據研究，其上部是懸山頂，下部是四阿頂，兩種屋頂相結合，發展了屋頂結構。壁畫中的兩段式歇山屋頂僅見於此窟，北周可能是此式屋頂的時代下限，隋唐以後逐步消失。兩段式歇山頂還見於四川雅安漢代高頤墓闕及四川其他漢闕和畫像磚中。日本飛鳥時代的法隆寺所藏玉蟲廚子也是兩段式歇山頂，足見這是一種當時較為流行的建築結構形式。

總括北朝各殿堂畫面，兩側都有厚牆，牆身中部多用壁帶，甚至佛塔上也用壁帶，厚牆和壁帶解決了當時建築結構的問題，中國北方傳統的木結構建築，當柱網與樑架的連接還沒有很好解決之前，房屋左右後三面的厚牆，是穩定房屋柱網的重力牆，牆體由夯土築成。在牆體中增加壁帶，既增加了牆體的強度，又有裝飾作用。

文獻中有唐人對漢代昭陽宮壁帶的解釋："壁之橫木如帶者也。於壁帶之中，往往以金為釘，若車釘之形也"。

從北涼到北周近兩百年時期，是敦煌藝術發展的初期，壁畫中的殿堂規模比較小，表現技法上還稚拙一些，就同時期北涼首都姑臧築城，起謙光殿，畫以五色，飾以金玉，窮盡珍巧。敦煌的西涼李嵩在敦煌城南建各種殿堂，並畫畫各類歷史人物，說明當時河西建築的殿堂已經有相當規模及水準。中原地區更無論矣。

敦煌北魏前後壁畫只反映這一時期建築發展過程中最基本的成就，說明繪畫本身也處在初步發展的階段。

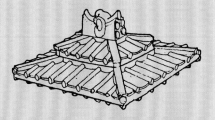

四川高頤闕兩段式屋頂
（摘自《中國古代建築史》）

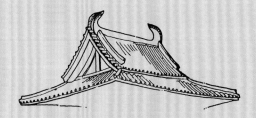

日本法隆寺玉蟲廚子屋頂
（《摘自蕭默《敦煌建築研究》）

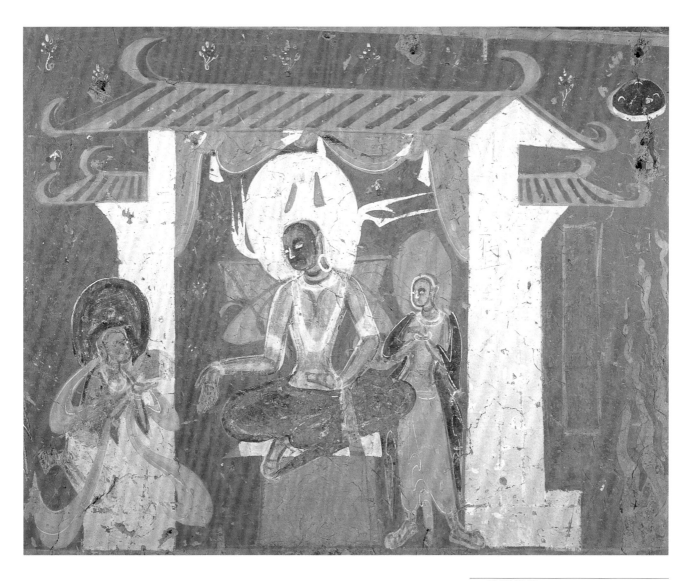

1 雙闕殿堂

在"沙彌守戒"故事畫中,殿堂裏坐着
國王及侍從。殿堂的厚牆外側各有一座
單闕,成為一座雙闕殿堂。殿堂為懸山
頂,簷下懸掛帳帷。兩坡屋頂僅畫出很
小的側面,不能看出殿堂的進深。
北魏 莫257 南壁

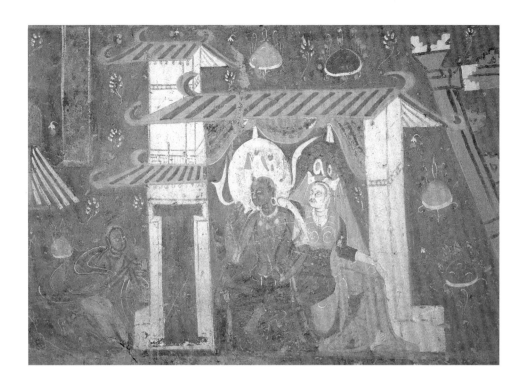

2 殿堂與門樓

在"九色鹿"故事畫中,國王與王后並坐在王宮殿內。門樓似在殿前,但按屋頂關係又似在殿側。大門深嵌在牆中,門上有木過樑。殿堂、門樓都作懸山頂。腰簷上有欄杆。牆上有壁帶加強牆體強度,用以防止牆體承受荷載之後變形,又是牆體上的裝飾。殿內簷下張掛帷幔。

北魏 莫257 西壁

3 宮廷

在"五百強盜成佛"故事畫中,國王正坐於殿內審判被俘獲的強盜。宮廷由殿堂、門樓及宮牆組成一組門堂建築。建築的台基繪石綠或青灰色,牆面為白色,紅色表現木構件,形成"白壁丹楹"。殿為歇山頂,而門樓卻用後世定為最高級的四阿頂,說明當時的禮制對屋頂的等級尚未作規定。

西魏 莫285 南壁

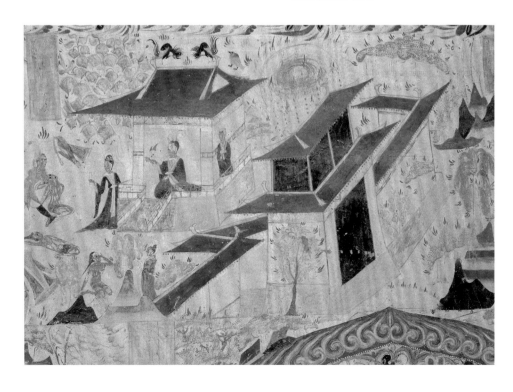

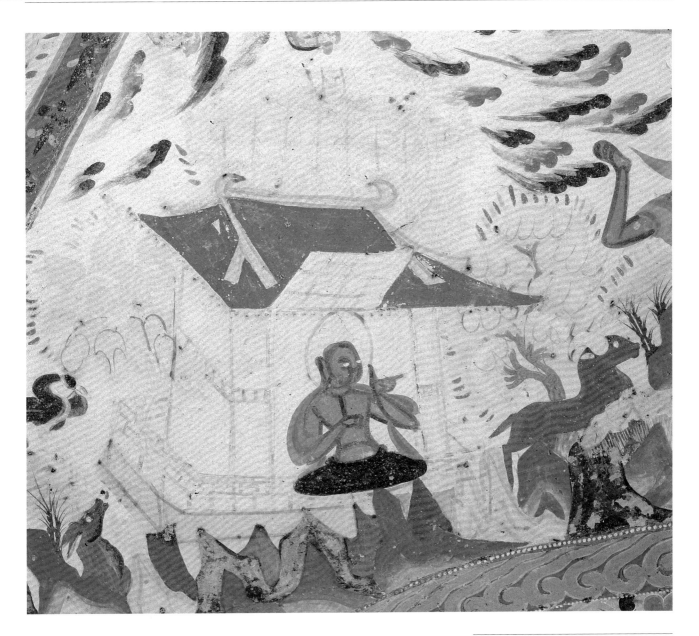

4 有障日板的殿堂

"阿修羅"故事中畫的殿堂,兩側有厚牆,可能由夯土築成,牆中部有壁帶。殿堂簷口正中向上翻起障日板。當時建築技術中的斗栱結構還不完善,房屋出簷較短,有障日板可以遮避日曬。

西魏 莫249 西坡

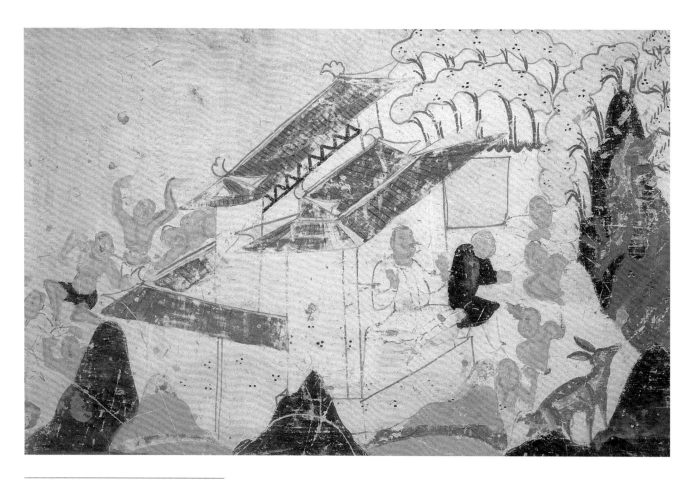

5 兩段歇山頂殿堂

在"五百強盜成佛"故事畫中，國王正
在宮廷中審判強盜。殿作兩段式歇山
頂，莫高窟僅此窟的建築畫中有這種形
式的屋頂，並和常見的歇山頂同時出
現。兩段式歇山頂多見於四川漢闕及畫
像石上。

北周 莫296 南壁

第二節 早期的城闕和宅第

早期壁畫中反映城闕、城、宅第的建築形象數量很少，一個時代的某種建築類型有時只有一兩幅。僅僅過了幾十年，到了隋代，許多類型的建築就從壁畫中消失了。

北涼時期的第275窟有兩幅城闕圖，其形式是闕與城樓的組合。闕是春秋至秦漢時期在城市、宮廷、祠墓等建築羣中廣泛使用的一種禮制建築，其特點是兩闕獨立地對峙在宮廷、城門、祠廟、陵墓墓道之前，所謂"中央闕然為道也"。而壁畫中的城闕，門樓高聳，兩側各有一子母闕夾峙城樓。城樓上的各種建築構件清晰明瞭。用色亦很鮮明。與城闕相似的建築形式在以後各時代的壁畫中又以不同的形式出現。

城的形象在西魏與北周壁畫中各有一座，形式不同。西魏第249窟的城用正立面的形式表現出城門與城垣。城門上沒有城樓，而是一間典型的四阿頂的門屋，門的兩側有高起的城垣，盡端與中段有前突並略高於城牆的墩台，稱為"馬面"，馬面與城垣上均設雉堞，上有堞眼。如果馬面伸出較長，設置較密，守城士卒則可以反射攻城敵人，是一種有效的城防設施。現存陝西靖邊縣十六國大夏時赫連勃勃所建的統萬城，是早期的馬面實物。

北周第296窟所畫的城，依據"須闍提本生"故事的情節，從俯視的角度表現了一座宮城的形式，城方形，角台四座。城垣的兩面有城門相對，上建城樓，城中有殿堂一組，約在兩城門之間的中軸線上。這一佈局，繼承了三國時期曹魏都城鄴都以主要幹道和宮殿建築羣形成中軸線的規劃形式，概括地反映出平原地帶的宮城佈局。至隋代興建大興城（今陝西西安）時，就形成了城內宮殿、衙署，里坊沿中軸線對稱的格局，這一規劃思想一直沿用到明清。

宅第是各個時代建設最多的，由於貧富不均和生活方式的改變，住宅的規模和形式千差萬別。而早期的住宅早已經不復存在，因此壁畫上提供的住宅就是珍貴的形象依據。魏晉時期，北方戰亂頻繁，地方豪強築塢壁自衞。《魏書》記載敦煌當時"村塢相屬"。北魏第257窟的"須摩提女緣品"故事畫中，有一座塢堡宅院，有城垣、望樓、雉堞、墩台等防禦設施。這個宅院正是魏晉南北朝時代的塢堡形象，塢堡又稱塢壁。酒

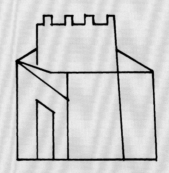

**甘肅嘉峪關魏晉壁畫墓中
所繪塢堡形象**

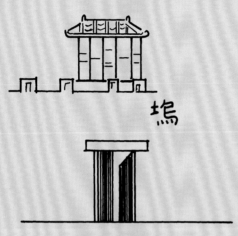

甘肅嘉峪關魏晉壁畫墓裏書有
"塢" 字的塢堡形象

泉、嘉峪關出土的魏晉壁畫墓裏，畫有
很多城堡，堡內有望樓，並旁書一"塢"
字，表明城堡是塢堡的形象，城堡的高
牆上有階梯狀的雉堞。敦煌北魏、西
魏、北周壁畫中的城和塢堡的城垣上都
畫出清晰的雉堞，並有馬面設施，較之
魏晉墓中的形象有很大發展。

北周第 296 窟根據不同的故事內
容，畫了二十幾處宅第，佈局各不相
同。這些宅第由門樓、廳堂、重樓、圍
牆等各個建築單體組合而成。對這些建
築單體進行多變的重組，就形成不同的
院落形式。院落中間的廳堂、重樓屋頂
體現了這時期的特點，有歇山式、分段
歇山式兩種形式，門樓的屋頂則全部是
歇山式。宅院內有的廳堂前有懸掛的竹
簾。西晉《西京雜記》中記載，漢諸陵
寢，皆以竹為簾，簾皆為水紋及龍鳳紋
之像。在房屋的外面掛簾，是一種軟隔
斷，起源很早，而且延續至今。

北周的宅第組合形式略顯簡單，但
這種表現建築組合的形式，為以後壁畫
描繪建築羣開了先河。北周之後，在隋
代壁畫中就可以看到逐漸發展的住宅建
築羣。

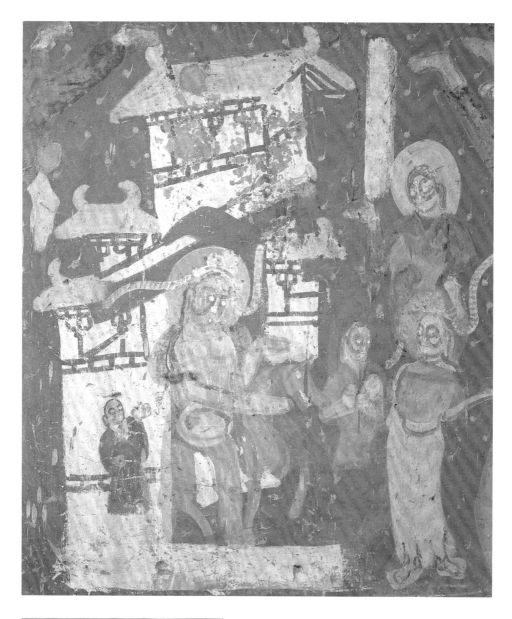

6　城闕

在佛傳“出遊四門”故事中畫的城闕，
高聳的城門樓兩側雙闕對峙。闕是中國
古代標誌建築羣入口的建築物，常見於
城池、宮殿、宅第、祠廟和陵墓之前。
現存最早的闕屬於漢代。敦煌早期壁畫
中的闕，多為夾峙在殿或城樓兩側的左
右雙闕，中間連以屋頂，既可以高於也
可以低於主體建築。
北涼　莫275　南壁

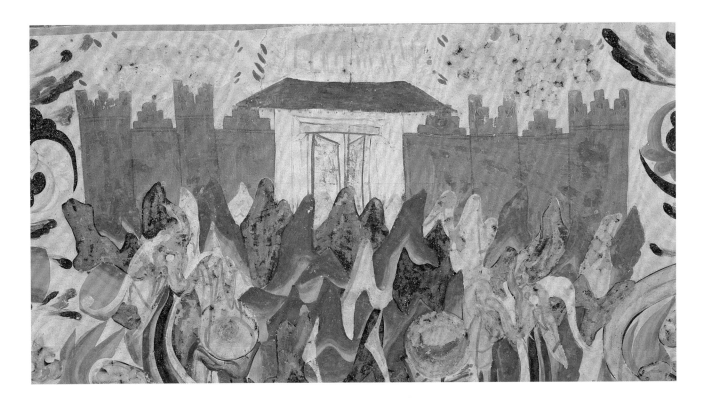

7 城垣與馬面

這是以象徵手法表現的天宮之城，城下是須彌山。城垣中間是一座四阿頂殿堂形式的門屋，門洞中有門框及雙扇板門。城垣上向前、向上突出的墩台，稱為"馬面"，是一種防禦措施，馬面與城垣上均設雉堞。

西魏 莫249 西坡

8 宮城與宮廷

"須闍提本生"故事畫一座小城，有前後兩座城門，突出於城牆外，城門方首。城牆邊沿建雉堞，四角有突出的墩台。城中的建築羣，有圍牆環繞，表示為宮城。

北周 莫296 北壁

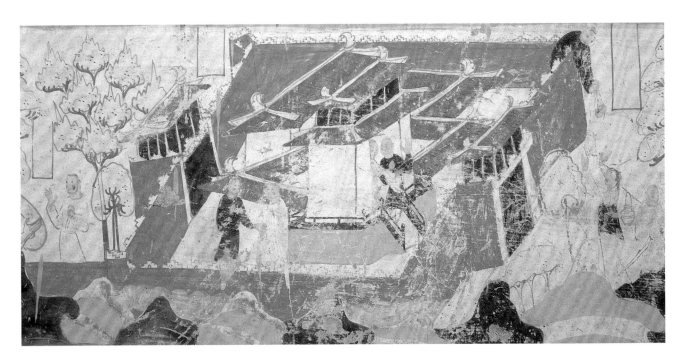

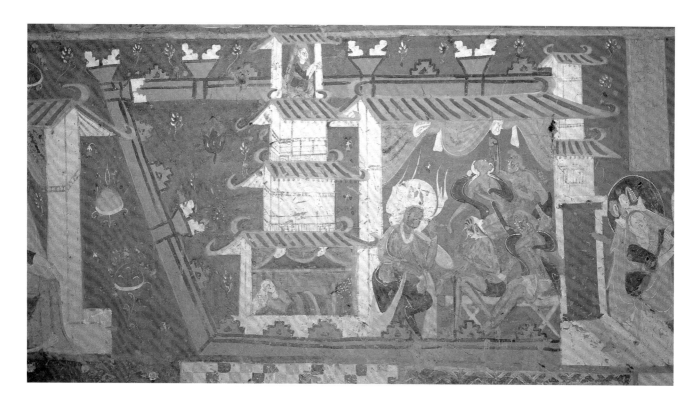

9 塢壁宅院

"須摩提女緣品"故事畫一座富豪之家的宅院,概括表示宅院門、堂、寢、園的佈局。一側建二層門樓;院內有堂,正在接待賓客;堂側有四層望樓,樓下掛幄帳,設屏風,有人臥於榻上,樓上有人憑欄禱告;城垣上設雉堞,並有凸出城垣的馬面,顯示出城的防禦功能。這些高牆、雉堞、望樓,是北魏時敦煌"村塢相屬"塢壁的寫照。

北魏 莫257 西壁

10 門樓與堂屋

"沙彌守戒"故事說沙彌在化緣時遇見少女向他表示愛慕。故事畫的宅院門樓與堂屋,形式與國王的殿堂相似,但這裏是作為民居出現的,足見這種建築形式在當時被廣泛應用。

北魏 莫257 南壁

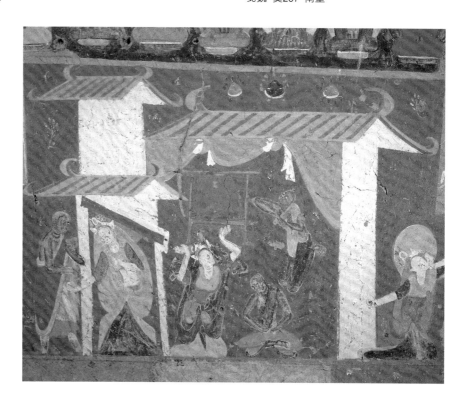

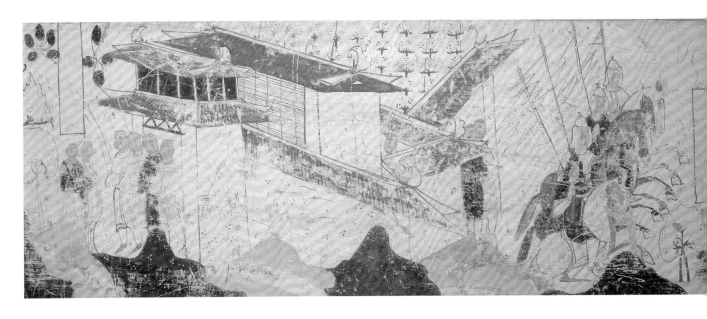

11 富紳宅第

壁畫內容是表現王宮，因規模較小，可
以看作是一所富紳的宅第。前有二重門
樓，門內的堂有曲廊圍繞，一側有偏
門。門堂之間距離很小，説明北朝時期
的建築畫在表現空間感和透視關係上，
尚處在發展階段，

北周 莫296 北壁

12 宅院

堂屋建在高台基上，前有台階，屋身兩
側有厚牆，屋頂為兩段式歇山頂。四周
環以迴廊。戰國秦漢以來，築高台基是
顯示崇高地位的常用方法。

北周 莫296 南坡

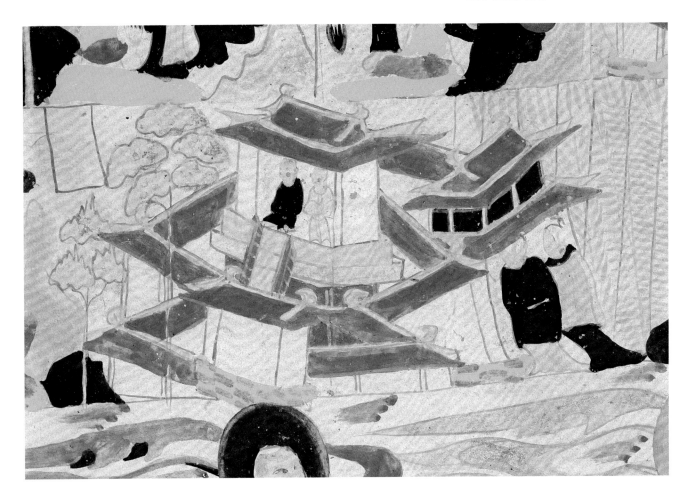

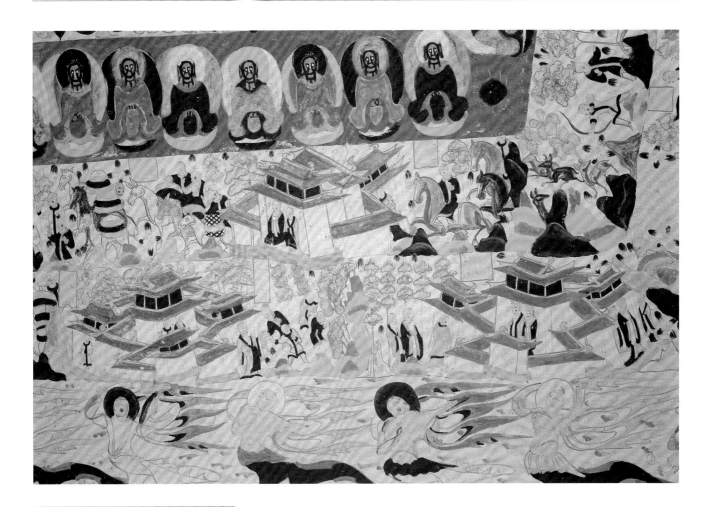

13 宅院羣

善事太子本生故事畫有各種住宅，佈局繁簡不一。大多由門、堂、廊組合成院落，堂屋有高台基，邊沿有欄杆，屋身兩側有厚牆，單簷或重簷，這種堂屋形式，始見於北魏壁畫，並延續到隋代。此圖中出現的是單簷兩段式歇山頂或四阿頂，分別用於堂和門上。

北周 莫296 東坡

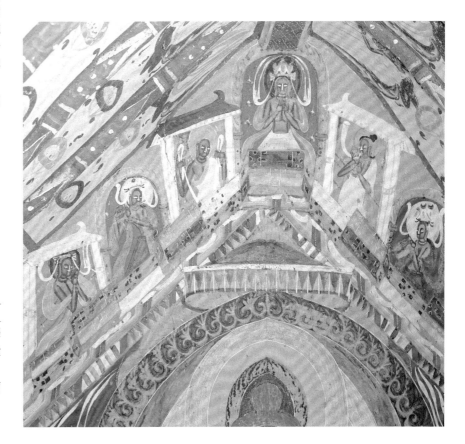

14 天宮欄牆紋裝飾

天宮伎樂繪於窟內四壁的上部，有建築以示為天宮。天宮形式為漢式的懸山殿堂和西域圓券形建築，下有平台欄牆。將中原建築和西域建築相間排列，是兩種建築審美觀念的折衷。

北魏 莫435 北壁

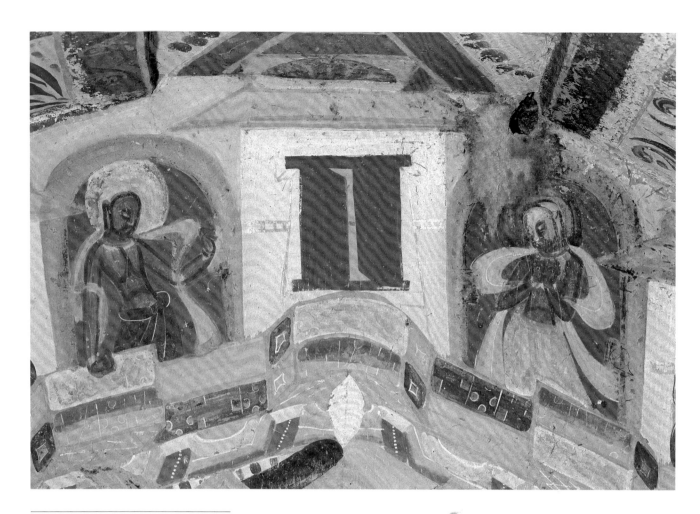

15 天宮與天宮之門

畫在人字坡下的天宮之門為漢式,紅色
雙扇大門兩側有厚牆,牆中段有壁帶,
一如同時期所畫殿堂做法,屋頂為四阿
頂。門下有平台欄牆相托,平台下有挑
樑支持。門兩側為天宮伎樂。

北魏 莫248 北壁

第三節　早期的佛塔

　　南北朝時期，由於佛教興盛，修廟建塔成為建築活動的一個潮流。北魏的《洛陽伽藍記》記述了七十餘座寺院，寺中有塔的有十幾座，塔有三層、五層、七層至九層的，其中以五層的居多，規模最大的是永寧寺塔。據記載，永寧寺"中有九層浮圖一所，架木為之，舉高九十丈，有剎，復高十丈，合去地一千尺。"記述儘管有些誇張，但說明當時建塔的技術確已相當發達。據《魏書》記載，當時的敦煌"多有寺塔"，而今在酒泉、敦煌等地就發現十一座北涼時的小型石塔。這時期壁畫中，塔的數量雖然不多，但有好幾種形式。第428、301窟的窣堵波，完全承襲了犍陀羅一帶的塔形。是莫高窟此式塔的最早形象，基本形式為下有單層或雙層素平台基，上有高聳的鐘形覆鉢式塔身，塔的正面有的有圓券門，中部壁帶環繞，覆鉢上部有蓮瓣忍冬紋飾，有的還有二三層疊澀台座，上有受花及較扁平的覆鉢，然後是塔剎相輪。這種塔形保持了比較多的印度窣堵波的原形。除少數幾座塔比較接近印度式塔——窣堵波（梵文 stupa ）的原形外，很多塔都力圖突破原形，融入本地區、本民族的特徵，成為新創造的建築形式。

　　樓閣式塔：北魏第254窟"薩埵王子本生"故事中的塔，是埋藏王子屍骨的舍利塔，以中原的重樓式建築為主體，在重樓頂上增加高大的塔剎，塔剎是尊崇佛教的重要標誌，有小覆鉢及受花，相輪九重，再上是三叉、三寶珠作結。文獻記載中最早的樓閣式塔，是三國東吳時期笮融在徐州建浮圖祠建造的，下為重樓，上累金盤。

　　殿闕式塔：北魏第257窟繪有兩座塔，其形式和作用各不相同，但都充分利用了漢民族的建築形式。如殿闕式塔，顧名思義，是由殿、闕、塔三者組合而成。形狀是在殿闕的屋頂正中置一窣堵波，半圓的覆鉢上有受花，圓錐形塔剎上有三寶珠，左右各懸一對大幡。殿內繪一佛二菩薩，這是北朝壁畫中唯一以建築作背景的說法圖。這一形式也可以說是敦煌石窟中最早的佛寺形象。這種由漢式的殿闕和印度的窣堵波相疊加組合而成的佛寺建築形式，並不是畫家的臆造，新疆交河故城有很多用生土建造的佛寺遺址，在許多小佛寺遺址中，有用一圈圍牆圍成的方形空間，前

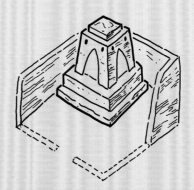

新疆吐魯番交河故城的佛寺遺址

面有門洞，中間一個方形土堆，土堆高出圍牆，在高於圍牆的位置上留有搭建屋頂的橡檁孔洞，高出屋頂的土堆應是塔刹。漢畫像中常見在殿闕中畫神仙、聖賢，所以把佛安置在殿闕建築之中，當然是順理成章的事，但畫師並沒有忘記把佛教的標誌——塔與刹放在殿頂上，使它成為佛教建築。

殿頂的單層磚石塔：第257窟另一座塔是"沙彌守戒自殺品"中的舍利塔，其形式是大屋頂殿堂和窣堵波的疊加，塔身坐落在較高的疊澀須彌座塔基上，塔身上蓋四阿頂，屋面有瓦壟，簷端平直，至翼角處捲起如彎勾狀，正脊上有鴟尾，正脊中部置窣堵波，鐘形覆缽上有受花，錐形塔刹上以相輪、三花作結，刹頂左右分懸很長的大幡。在新疆克孜爾石窟第9窟有相類似的塔。此塔為隋唐之際常見的單層塔的雛形。

五分法身塔：北周第428窟畫有一座由一大塔和四小塔組合而成的五塔，五座塔均由塔基、塔身、塔刹組成。正中的四層大塔中繪釋迦誕生與禪定，是表現佛傳的紀念塔。塔以磚木等材料構築。在大塔四角分置着四個形狀相同的方形三層樓閣式小塔。這種由五塔組成的大塔，據近年考證應稱為"五分法身塔"，按照佛教的解釋所謂五分法身，就是戒、定、慧、解脱及解脱見知等五身，五塔即為五身的象徵。相傳古印度摩揭陀國佛陀迦耶菩提樹下是釋迦牟尼成道時的坐處，後人在其附近的佛陀迦耶建大塔，由五塔組成。明代時，密教稱五塔為"金剛寶座塔"，是密宗金剛界供奉五部主佛舍利塔，並象徵須彌山五行。金剛界中心為大日如來，四方有四部主。北京明代建的真覺寺塔，內蒙古呼和浩特的金剛寶座塔可為其代表。

在塔刹頂端繪三寶珠或三叉裝飾，這種象徵意義與形式都來自中亞地區，用以表示佛教的佛、法、僧三寶，如果敬信佛法，就要右繞佛塔，禮拜三寶。新疆克孜爾石窟壁畫中的兩座塔，塔刹頂端亦有三珠並列。在莫高窟僅出現在北魏、北周的壁畫中，反映中國佛教對塔的崇拜逐步讓位給寺院中的佛殿，可以在佛殿中直接禮拜佛像，而不是塔上象徵性的三寶了。

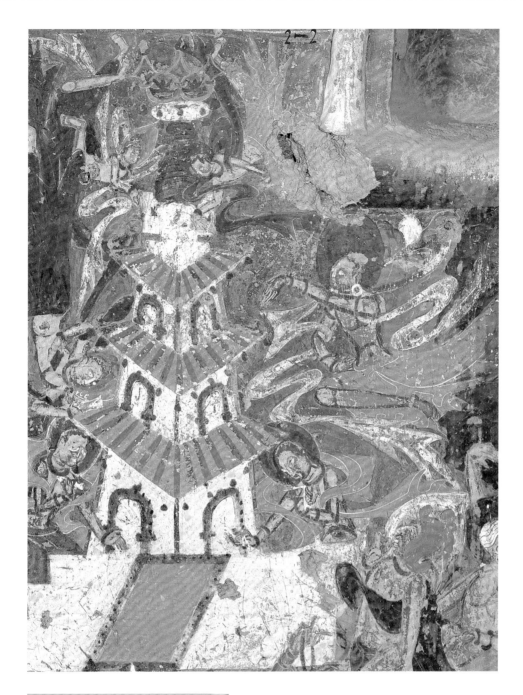

16 樓閣式三重塔

"薩埵王子本生"故事中所繪樓閣式三重塔,是薩埵王子的舍利塔,塔基為三層,平面呈方形,塔身四面開門,塔剎頂部的三寶珠,表示佛教的"佛、法、僧"三寶,是北魏壁畫中佛塔的特徵。

北魏 莫254 南壁

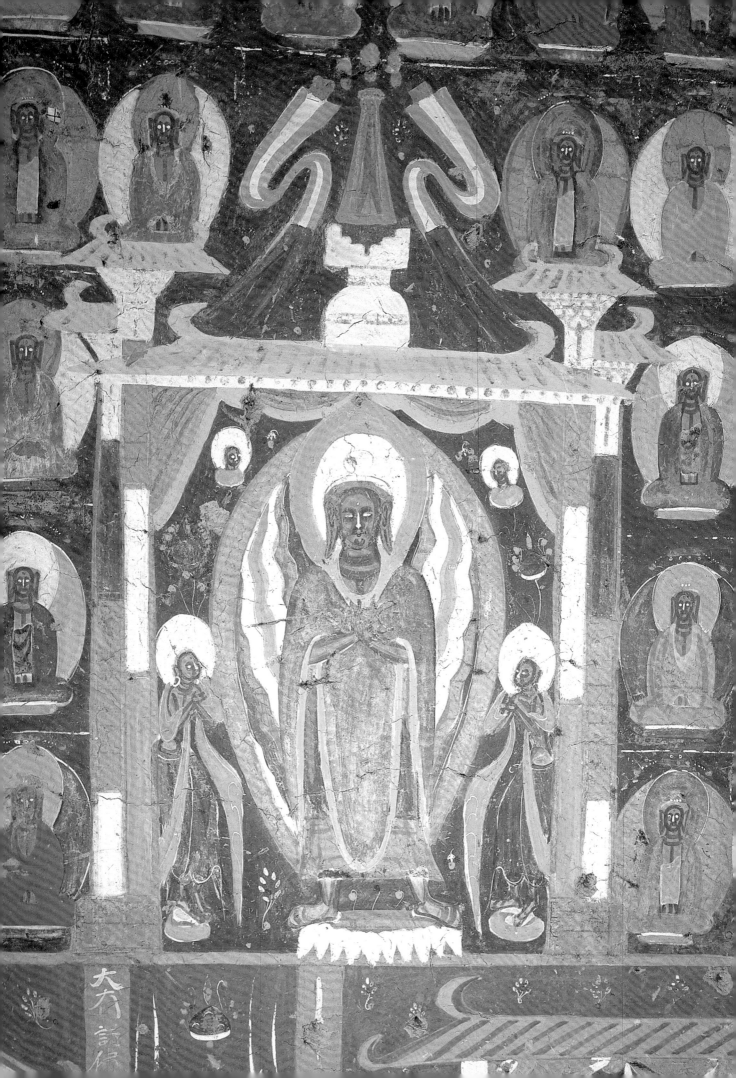

17　殿闕式塔

這是北朝僅有的一幅用建築作為背景的
佛說法圖。雙闕之間為殿堂，是漢畫像
中常見的建築形象，而殿頂之上所置窣
堵波又源於印度。這種中外合璧的建築
形象，反映了佛教傳入中國後中外建築
形式相互融合的過程。

北魏　莫257　南壁

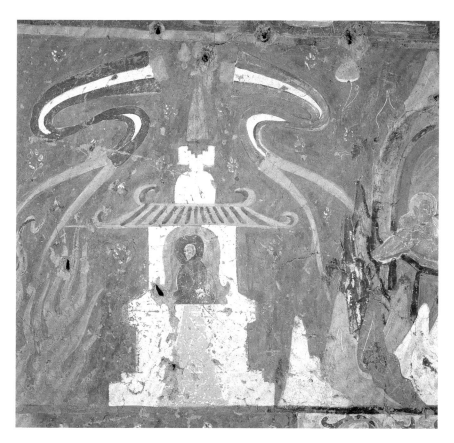

18　單層磚石塔

在“沙彌守戒”故事畫的舍利塔，是在
漢式小殿頂上建起的一座窣堵波。塔為
磚石結構，下有須彌座，屋面有瓦壠，
簷端平直，至翼角處捲起如彎勾狀，正
脊上有鴟尾，塔刹頂左右懸掛大幡，長
可及地，據佛經上說懸幡可以得大福
報。

北魏　莫257　南壁

19　窣堵波

塔身為鐘形，下有兩重台基，正面有階
道，塔身正面開火燄形龕，平頭上是扁
平的覆鉢，上置七重相輪及火燄寶珠。
塔刹比例高大。此類塔形，多見於中亞
各地。

北周　莫301　北壁

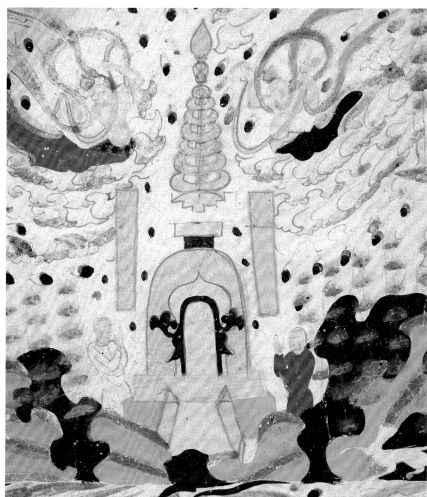

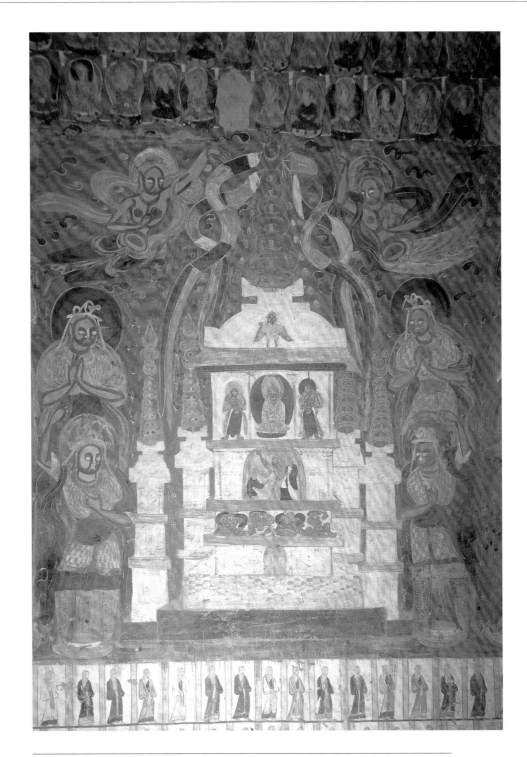

20 五分法身塔

五分法身塔，一稱金剛寶座塔，由四座
小塔圍繞一座大塔組合而成。中部主塔
共分四層，在三四層中間分別繪釋迦誕
生及禪定像。大塔有直坡屋頂，屋簷下
的柱、斗栱、叉手又都是中原建築式
樣。直坡屋頂上有扁平的覆鉢並飾以蓮
瓣，覆鉢上有高聳的七重相輪塔刹，頂

端有仰月寶珠，兩側分懸兩對長幡。四
座小塔塔身較長，外有簷柱兩根，上有
斗栱。塔頂上作受花覆鉢、九重相輪塔
刹、雙重仰月，仰月之間作三個火焰寶
珠。整座塔造型別致、宏偉壯觀，是莫
高窟北朝壁畫中規模最大的一座塔。
北周 莫428 西壁

第四節　早期的建築結構與施工技術

　　壁畫中的建築畫，不但傳達出不同建築類型的基本形象，還將最具時代特徵的建築局部以及結構細部描繪出來，如台基、欄杆、屋身、屋頂的各種形式；斗栱的組成及結構特點；鴟尾的變化。雖然比較粗略，但提供的形象卻是任何文獻資料都無法達到的。

　　台基與欄杆：早期的房屋多為素平台基，好似一個矩形的盒子，表面砌磚，以保護台基表面與棱角的完整。台基前有台階，供上下出入。佛塔的台基因受佛座的影響，出現簡單的疊澀須彌座形式，疊澀即是由幾個大小不等的矩形疊加而成，這種疊澀須彌座後來發展成中國傳統台基的重要形式。台基邊沿及台階兩側均有欄杆。這時欄杆的形式比較簡單，主要有兩種。一是直檔，又稱直棱欄杆，即在欄杆下部做豎直的方形立柱，柱子棱邊向外而得名。二是勾片欄杆，即在欄杆下部用豎直的短構件與直角折鈎構件組成，所形成的空間形式呈長方形和直角折鈎形，因而稱為勾片欄杆。將這兩種形式相間組合又成為一種新的形式。台基與欄杆一實一虛豐富了建築的立面形象。

　　屋身：壁畫中表現的殿堂都是正面一大開間，兩側有厚牆，牆上有壁帶，殿堂簷下張掛帷幔，有主人坐於堂中。壁畫中的殿堂多是反映王宮或富豪之家，而考古資料表明，自秦漢以下各代的王宮建築是由多間組成。壁畫中帝王的宮室只表現為一大間，可能是為了突出人物的形象，從而省略了中間的柱子與門窗。兩邊的厚牆則是從秦漢直到唐代沿用了很長時間的建築手法，考古發掘表明，唐代大明宮的麟德殿是一座開間十一間的大殿，兩邊的厚牆各佔去一間，可見厚牆在當時建築中的重要作用。

　　屋頂：屋頂的形式曾是劃分等級的重要標誌，而在早期壁畫中，這一因素還不明顯。被後世定為等級最高的四阿頂，又稱廡殿頂，在北涼第275窟中被用於城樓上，結構簡單的懸山頂在北魏壁畫中所見最多，宮殿、城門、佛寺上都用。歇山頂出現較晚，壁畫中繪於西魏時期王宮殿堂上。而在北周壁畫中，以上三種屋頂形式都有出現，似乎還沒有等級之分。這時在第296窟出現一種新的屋頂形式即兩段式歇山屋頂，它在屋面上只增加兩條平行的線條，即表達了不同於一般的歇山屋頂。

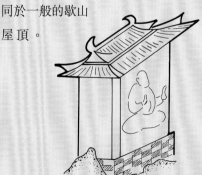

第296窟兩段式歇山頂

此屋頂可能是屋頂結構發展過程中一種
過渡形式，有用於殿堂與樓閣上，卻不
見用於門樓上。

　早期屋頂上，鴟尾是屋脊的重點裝
飾。鴟尾是以一種大海裏的魚尾為原
形，據說"激浪即降雨，遂作其像於
屋，以壓火祥"。早期壁畫上的鴟尾形
式很簡單，被畫成彎勾狀或忍冬形。

　斗栱：即斗和栱的總稱，用於屋簷
下及平坐下，是屋身與屋頂之間的連接
與過渡，它是中國傳統建築最重要的特
徵之一。屋身的柱子上安方形的斗，斗
上向前後左右各伸出一向上彎的木構
件，形似栱，栱上再置斗，斗上承托簷
檁。斗和栱的重覆就使屋簷挑出得更
遠。叉手又稱人字栱，它與斗栱的形成
一樣久遠，大的叉手用於屋脊下，將屋
脊高高托起，形成屋面的坡度。用於屋
簷下的小叉手，主要安置在兩柱之間，
與斗栱一樣起承托屋簷的作用。早期建
築畫中的斗栱與叉手都還在不斷發展變
化，每個時代都各有特色，以一斗三升
及人字栱最為多見。北涼時期的第275窟
中所畫的斗栱圖像清晰，結構特殊，為
以後所不見。如一斗三升斗栱之下，支
着一組人字栱或是直斗；一斗二升下支
着人字栱。北魏第257窟有一斗二升斗栱
上再支承着兩組一斗三升斗栱，形成了

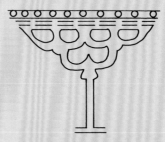

北魏第257窟斗栱

一枝樹杈的形象。

　這時斗栱的組成形式還只限於向左
右伸出，沒有向前後挑出。從北涼到北
周，建築畫中的斗栱形態比較自由，尚
未形成規範的模式。早期壁畫中斗栱的
演變過程，是隋唐時期斗栱發展到成熟
期的前奏。

　建築施工：壁畫中除大量表現宮
殿、佛寺的殿宇重樓外，還偶然留下幾
幅營建施工的場面，的確難能可貴。北
周第296窟經變故事中穿插着建房造塔的
場面，反映了建築的施工過程。在一幅
施工圖中有一座三開間的殿堂即將竣
工，有四個工匠正在施工，兩個是畫
工，兩個泥工。畫工着袍服和靴。泥瓦
工僅穿一短褲，赤足。本圖之上，還有
一幅造塔圖，六個泥工正在施工，其中
有一人手持矩，他們也是着短褲，赤
足。從工匠的穿着，反映出工匠勞動的
艱辛。

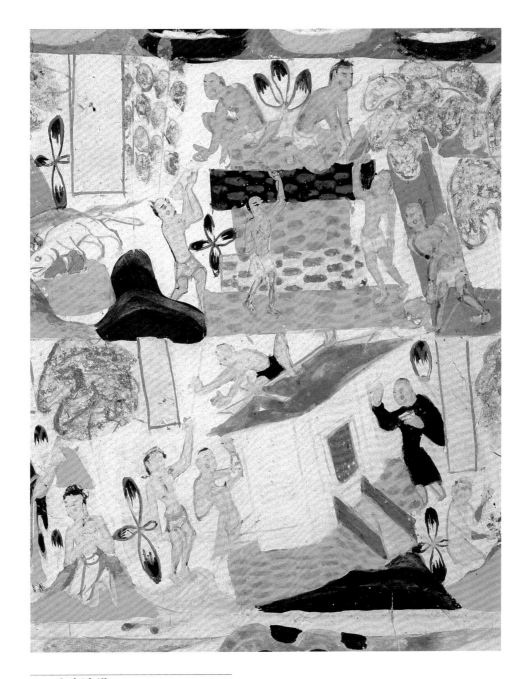

21　建廟造塔

依據《諸德福田經》表現 "興立佛圖僧
房堂閣" 。圖上方是眾工匠砌造 "佛
圖" 的須彌座，下方是在修建 "僧房堂
閣" ，畫工執筆繪畫，泥工在屋頂上墁
抹。其作業方式至今在西北邊遠農村仍
可見到。

北周　莫296　北坡

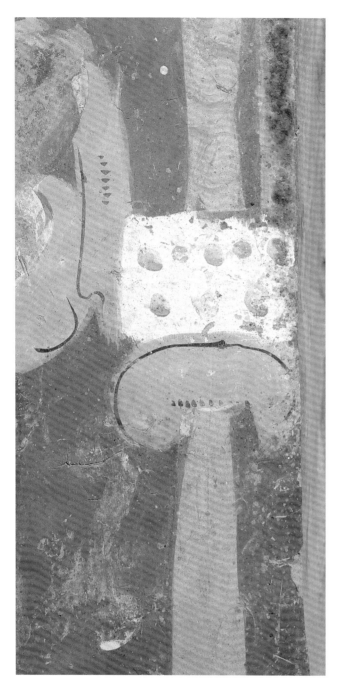

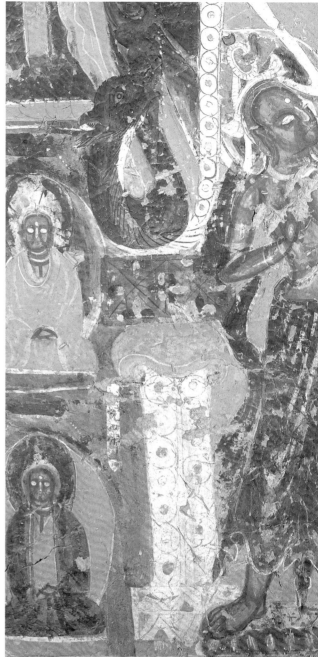

22　希臘式柱頭

此窟是敦煌最早的北涼石窟之一，在圓
券形佛龕兩側畫兩龕柱。柱身下部為梭
柱形式，上部柱頭作愛奧尼（Ionic）卷
旋形，是莫高窟壁畫受犍陀羅文化影響
的明證之一。

北涼　莫268　西壁

23　繪有圖案的龕柱

繪在佛兩側的龕柱之一，粗短的柱子上
繪有圖案，柱頭用布帛包裹，其上再是
矩形裝飾承托着獸首龍。屬北朝壁畫中
不多見的外來建築形式。

北魏　莫254　西壁

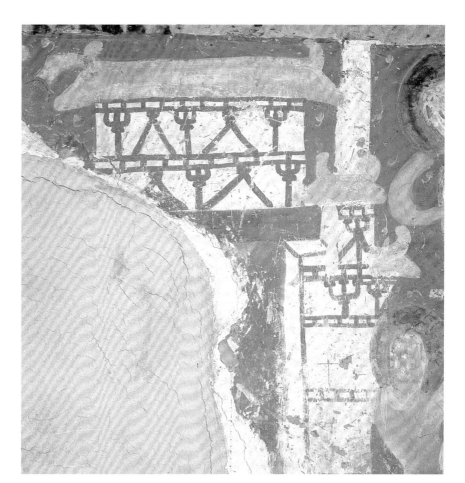

24 城闕上的斗栱

城門兩側畫的雙闕之一，組合成高低錯
落的城闕。闕身有多層壁帶，是古代生
土建築的加固措施，壁帶上立斗栱，也
是一種特殊的結構方式。

北涼 莫275 南壁

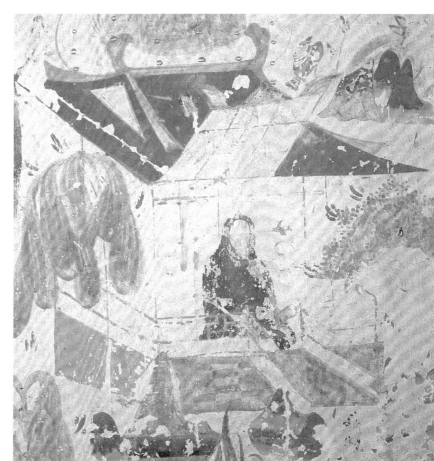

25 殿堂的結構

殿堂為歇山頂，屋脊兩端有鴟尾裝飾，
簷下有一邊向上支起障日板，屋身為一
大開間，坐落在高高的台基上，台基為
素平面，正面有台階。

西魏 莫285 南壁

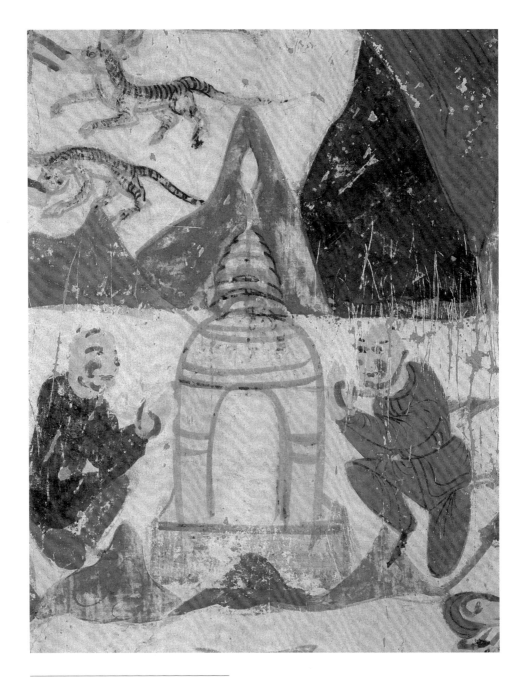

26 有壁帶的窣堵波

"薩埵本生"故事畫中的舍利塔，高聳
的覆鉢上沒有平頭及受花等常見的形
式，覆鉢中上部有三道壁帶環繞，覆鉢
上直接安置層疊實心的相輪。

北周 莫428 東壁

承上啟下的變革時期

隋代（公元581～618年）

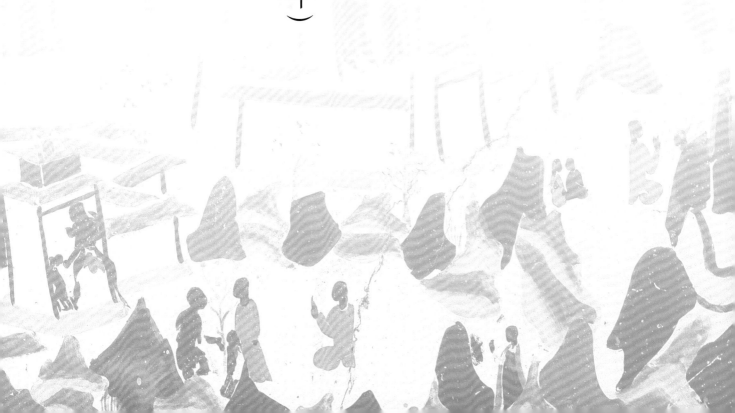

　　隋代立國之初，隋文帝曾普詔天下，聽任百姓出家，"有僧行處，皆為立寺。"當時全國新建寺院近三千八百所，在大興城（今陝西西安）靖善坊建大興善寺，"佛殿制度，一如太廟，為京城之最。"大規模的佛教寺院建築活動，為寺院壁畫發展提供了機遇。

　　隋開皇十三年（公元 593 年），文帝令天下各州建舍利塔，"瓜州（敦煌）於崇教寺起塔"，崇教寺就在莫高窟。這時敦煌壁畫的內容和形式已發生變化，如第419窟中，本生故事畫與佛經故事的經變畫共存於一窟。第420窟就全部以經變畫為內容了。此後，隋代石窟中經變畫內容主要有《彌勒上生經》、《維摩詰經》、《法華經》以及《阿彌陀經》等。

　　隨着內容的變化，這時的建築畫有了新的發展。在彌勒上生經變中出現了最早的由一殿兩樓組合的天宮形象及三殿呈"品"字形的組合佛寺，這種組合在以後的壁畫中，成為寺院中軸線上的主體建築形式。維摩詰經變裏充分展現了當時各種殿堂形象，以及周圍的自然環境。法華經變中表現了很多宅院，佛塔主要在故事畫中出現。重重疊疊的曲牆和樓閣，是隋代獨有的時代特徵。善畫台閣的畫風更好地表現了對建築細部的描繪，從豐富的建築形式上，可以看出隋代建築結構正處於過渡時期。

第一節　隋代寺院的殿堂建築

隋代壁畫中的寺院主要以殿堂的形式出現，一是表現《彌勒上生經》中彌勒菩薩居住的天宮，二是表現維摩詰經變中維摩與文殊菩薩對坐的殿堂。

據《彌勒上生經》說，彌勒菩薩居住的兜率天宮"四角有四寶柱，一一寶柱有千百樓閣，諸樓閣有千百天女色妙無比，手持樂器"，壁畫上的描寫與佛經基本相符。兜率天宮形象由一殿兩樓組合而成。天宮兩側用三至四重的層樓夾峙中間的殿堂，彌勒菩薩端坐於大殿中，兩側高樓內有眾多的天宮伎樂為彌勒奏樂供養。所謂兜率天宮，不過是人間宮殿或寺院建築形象的折射。

隋代壁畫中一殿兩樓的建築形式大致相同。一般都有磚砌台基，台基中部有東西二階，殿身五開間，當心間特別寬，次間及稍間都畫得狹窄高聳，柱子細長，各柱之間不設牆體門窗，盡可能表現殿內的菩薩。柱頭之間有兩重闌額，柱上有一斗三升斗栱，用人字栱做兩柱之間的補間斗栱，當心間的人字栱跨度特別大。屋簷下只一層簷椽。殿身上是歇山式屋頂，坡面平直，沒有向上翻的曲面形式──反宇。殿堂兩側是單間重樓，樓頂及下兩層腰簷，通作歇山頂，從結構上看，樓閣的腰簷作歇山頂似不合理。從平面形式上分析，應該是一種盝頂的形式，這裏用正投影的方式畫出，僅是畫工對這種屋簷的一種表示方法。

另一種一殿兩樓的組合，不是木結構建築，而用磚石築成。中間的殿堂由於壁畫已很模糊，看不大清楚殿堂由幾間組成，但兩側可以看到有厚重的山牆，牆的中部有壁帶，與北朝時期殿堂的結構相似。屋簷下的斗栱，由連續的人字栱組成近似現代承重的桁架結構。

這種殿樓組合形式的殿堂，中間的殿既高又大，兩側三至四層的高樓，向上逐層收小，上層樓頂大致與佛殿持平。為了盡可能表現殿堂與樓閣中的眾多人物，所以畫面中的柱子顯得非常纖細，開間也很狹窄。雖然這種表現方式並不符合建築比例，但還是表現了它的時代特徵以及完整的畫面效果。

隋代出現的維摩詰經變，畫維摩詰居士與文殊菩薩分別對坐於殿堂中，殿堂描寫較仔細，清晰表示了殿堂細部，這是早期建築畫中所沒有的。不同的建築形式是根據畫面在牆壁上的位置安排的，如第423窟將畫面安排在窟頂正中，這座殿堂繪出維摩詰與文殊論道的場面。殿堂七間用正面投影的方式繪出，當心間面闊約是次間寬度的一倍，當心間開一大門，次間開窗，窗內可看見聽眾，濟濟一堂。門窗一周有邊框，兩盡間的廊上各侍立一天王，透過盡間，可以看到後面的林木，說明堂的正面及兩側有廊廡一周，堂下有磚砌台基。而第

380、314窟將畫面安排在佛龕兩邊,所以維摩詰與文殊分坐於兩座堂內,周圍有聽法菩薩、比丘與諸王子,殿堂用透視的表現方法可以看見正側兩面。這兩窟共有四座堂的屋面,屋簷瓦面翹起,有顯著的凹曲反宇,與第423窟所繪殿堂的直坡屋頂完全異趣。第380窟的殿堂兩側牆上有壁帶,承襲了北朝做法。

隋代壁畫中還出現了一種新的寺院殿堂形式,它將彌勒經變與維摩詰經變繪於一幅圖中,用一殿二堂的建築組羣來表現,中間的殿表示彌勒菩薩的兜率天宮,兩側的堂內,右側坐維摩詰居士,左側坐文殊菩薩,同一畫幅表示兩種不同經變的內容,在莫高窟眾多的經變中是唯一的。就建築來說,它是座統一完整的建築羣體,正中是三間的殿,兩側的堂相對夾峙,形成"品"字形的殿堂佈局,殿和堂都是三開間,下有台

基,殿有東西二階,堂僅中部一階。

從以上幾種不同表現形式的殿堂中,看出隋代的建築畫正處於過渡時期,如屋頂形式由直坡變為反宇;牆體有厚牆加壁帶的做法,也有不用壁帶的形式;中間殿堂的台階多繪為漢代即已盛行的二階式,阼(主)階在東,賓階在西。這種形式在漢代已很盛行。

維摩詰經變中的殿堂內外有眾多人物陪襯,殿前有曲池綠水,水中蓮荷叢生,鴛鴦游弋,池周小山起伏,山間灌木茂密,反映出當時的士家豪族在住宅中已有庭園佈置的意匠。表現維摩詰生活環境的清幽,是一種淨土思想的反映,也間接反映中國士大夫追求自然的生活情趣。這種畫面成為唐代表現規模巨大的西方淨土變以及東方藥師變中畫七寶池、八功德水園池淨土的先導。

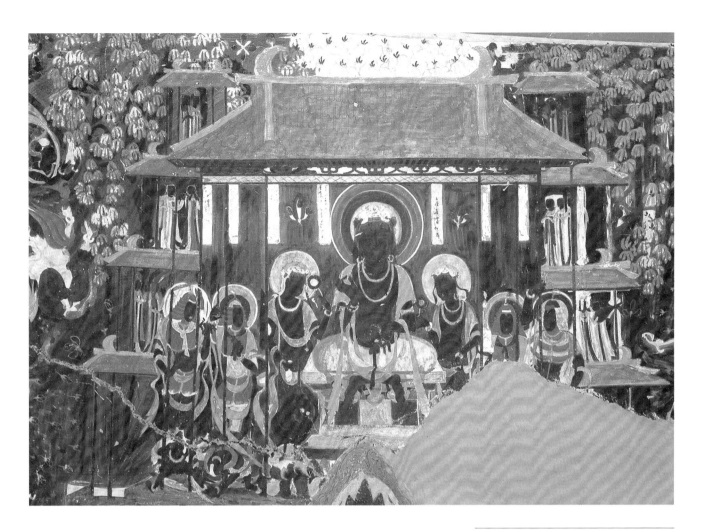

27　大殿與四層雙樓

大殿明間特別大,因此明間額枋上有五
組一斗三升斗栱和人字栱相間排列的補
間鋪作,較為特殊。大殿兩側各起四層
樓,而與大殿同高。大殿與樓的屋頂都
是直坡,屋簷的翼角不起翹。

隋　莫419　西頂

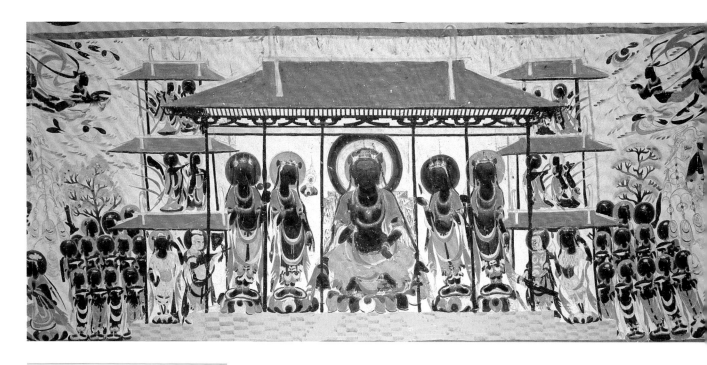

28 五開間大殿與雙樓

大殿為五開間,兩旁夾峙雙樓,一殿雙樓的格局源於漢魏畫像石中殿和闕的組合,使大殿的立面形象富於變化。磚砌台基分設左右二階。殿身的明間已顯著加寬,額枋置於櫨斗下,與柱子相接。從壁畫中看,隋代以前的建築,額枋大都放在櫨斗之上;隋以後,額枋均置於櫨斗之下,直接與柱子相連,使房屋一周的柱子連接成一整體,加強了柱網的穩定性。這是木結構技術的重大進步。

隋 莫423 西頂

29 大殿與三層雙樓

大殿的兩側各有磚石造的三層樓,為了安排三身菩薩,殿堂沒有表示分間,只在兩側表示有厚牆,牆的中部畫壁帶。北魏到隋代所畫的殿堂,兩側都畫有厚牆。簷下又有桁架式的構架,可能是當時殿堂建築的普遍做法。

隋 莫417 西坡

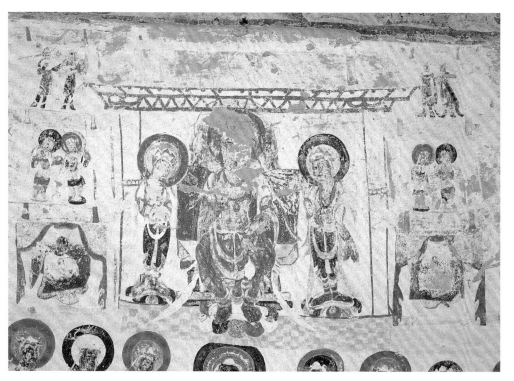

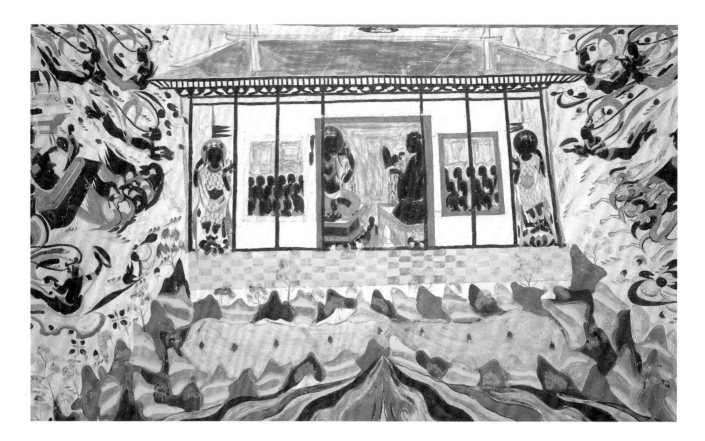

30 殿堂與蓮池

七開間的殿堂，外有廊廡一周，內為五間的堂屋。歇山頂，正脊兩端有瘦而高的鴟尾，正脊在鴟尾外又延長出一段，說明山花部分出山較長。堂內的文殊菩薩坐須彌座，是天竺聖人，維摩詰坐床，是華夏居士的形象，堂前有曲岸蓮池，岸邊疊石為山，反映魏晉以來富豪人家造園的風尚。

隋 莫423 西坡

31 殿堂

殿堂下有台基，正面中部可看到台階（踏步）和兩側的垂帶，兩邊有厚牆，柱上有斗栱。屋頂作歇山式，側面山花有懸魚裝飾，屋面作反曲處理。簷下畫出兩重椽子，簷邊一周畫有瓦當。闌額下掛通間寬的簾箔。

隋 莫380 西壁

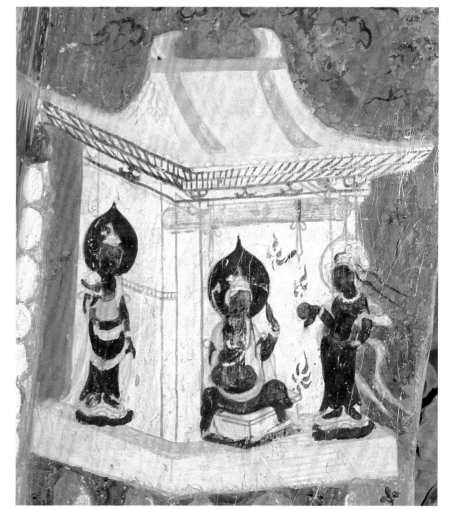

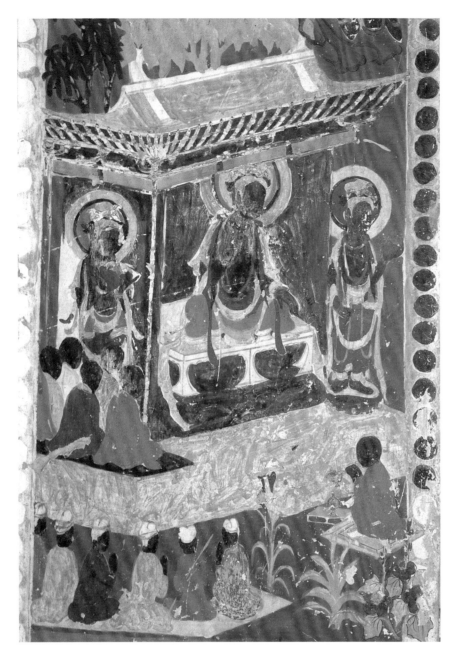

33 堂屋

堂屋為歇山頂，屋身畫四根柱承托櫨斗，斗上有栱，栱上再置小斗，由小斗承托闌額，正面闌額上有六組人字栱，形成類似現代木結構中承重的桁架，這種結構方式，在雲崗、龍門及麥積山的北魏石窟中有相同的例子，隋代以後不再出現。因其結構的穩定性不及用闌額直接穿插在柱頭上，所以逐漸被淘汰。
隋 莫419 東坡

32 殿堂

維摩詰經變中的文殊菩薩殿堂，沒有表明開間和進深。角柱上用斗栱承托兩層簷椽，歇山頂，反曲屋面，但翼角亦不起翹。堂中，菩薩結跏坐在床上，隋唐時代的床既是坐具，也是臥具。
隋 莫314 西壁

34 三重簷的堂

隋代壁畫中，二層或三層的樓頗具代表性，下層的層高和體量都較大，第二、三層僅及下層的四分之一，層高很低，面闊和進深也收小很多，所以可稱為重簷。唐代壁畫中再沒有出現過重簷建築。
隋 莫420 東坡

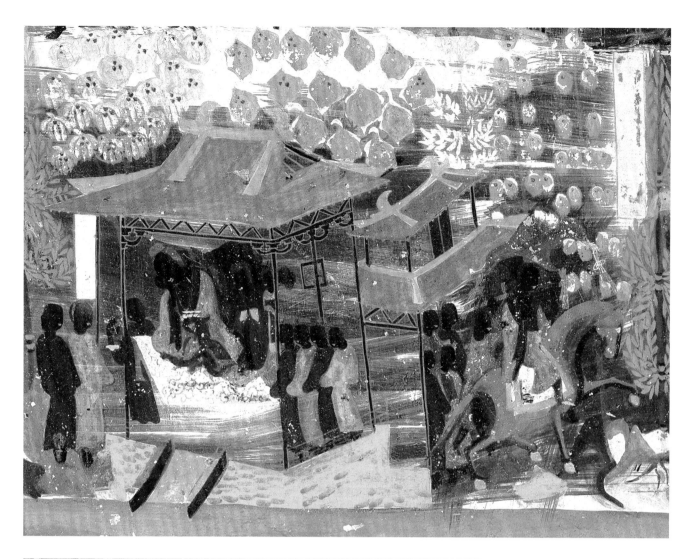

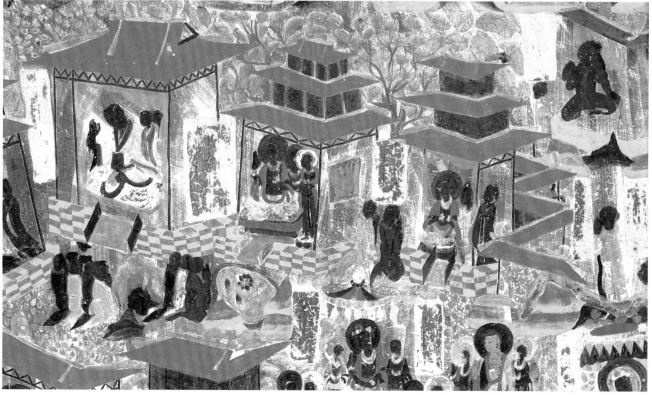

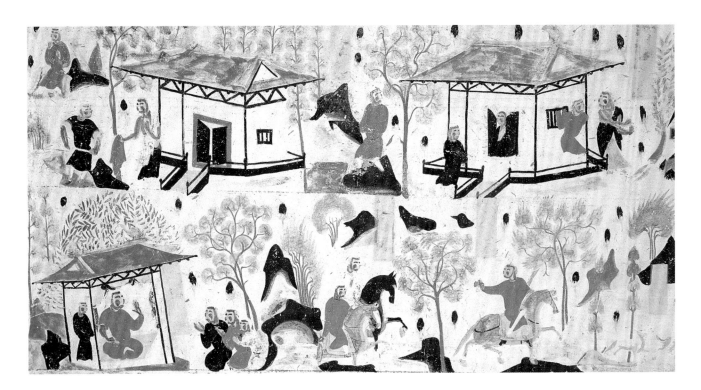

35 殿堂一組

畫在故事畫中的殿堂,下有台基,正面中部有台階,堂身正面有門,側面開窗,柱上是連續的人字栱。石青色的歇山屋頂,正脊兩端有鴟尾。簡潔概括地表現了當時常見的堂的形象。

隋 莫302 東坡

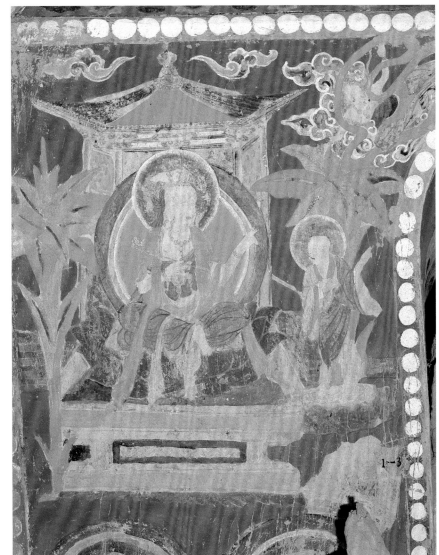

36 八角堂

維摩詰經變中,文殊菩薩身後畫有八角堂,攢尖頂上飾以寶珠。據《大業雜記》記載隋煬帝建西苑,"其中有逍遙亭,八面合成,結構之麗,冠絕古今。"足見當時的建築技術已有很大進步。本圖經西夏重塗色彩。

隋 莫206 西壁

第二節　隋代的佛塔

隋文帝為了復興佛教，曾三次下詔在全國建塔，並修復北周廢毀的寺塔佛像。歲月流逝，隋代大規模的建塔活動，僅留下了建於隋大業七年（公元611年）的山東歷城神通寺四門單層石塔，和陝西周至仙游寺隋仁壽元年（公元601年）的法王塔，供人憑弔。敦煌壁畫中塔的形象，為隋代的建塔供塔活動提供了形象依據。

隋代壁畫中僅有六座塔，分佈在四個洞窟內。從塔的建築形式看，有窣堵波塔、密簷塔及單層木塔。三座為窣堵波塔仍保持北朝時的基本形式，有方形台基，覆鉢式塔身中部有壁帶及忍冬紋裝飾，塔剎頂以寶珠作結。另有兩座為密簷塔，一座正在修建，一座是舍利塔，形式相似，均為方形的塔身，立於光素無華的台基上，第一層塔身高大，有出簷深遠的腰簷，以上三層出簷稍小於一層，形成一大三小的四層密簷，上有小覆鉢及受花，再上是剎表及火燄寶珠作結。密簷塔是中國佛塔的一種重要類型，北魏時期的河南登封嵩嶽寺塔是年代最早，也是唯一的十二邊形密簷塔。從唐代的建築遺存看，當時建造的密簷塔平面都是方形，壁畫補充了隋代密簷塔的形象空白。單層木塔的形式也與殿堂建築一樣，處於漸變的過程，方形的塔身，上有傳統的攢尖式的大屋頂屋簷，屋簷兩頭即兩翼角用直線折角起

翹，有了曲線變化，豐富了建築整體的立面造型。攢尖頂上安置塔的重要標誌——塔剎。

敦煌石窟隋代佛塔建築畫分類表

窟號	塔的形式	塔的性質
莫303	窣堵波	多寶塔
莫419	窣堵波	舍利塔
莫419	窣堵波	塔　廟
莫302	密簷式	舍利塔
莫302	密簷式	修建中
莫276	單層木塔	多寶塔

從壁畫表現的內容看，六座塔中有兩座是舍利塔，兩座是多寶塔。多寶塔外兩側坐釋伽佛及多寶佛，是《法華經見寶塔品》的內容。還有一座塔在修建。這五座塔都是孤立的，唯有第419窟窟頂東坡表現了塔在寺廟中的位置，形式基本保持了印度與中亞的塔廟形制。這座塔是建在一座三間的大殿內，大殿屋簷下的欄額上懸有五條長幡，簷口邊掛四個鈴鐸，表示為一座宗教建築，殿內有窣堵波一座。與印度和中亞所不同的是，窣堵波建在中國式的殿堂建築內。按印度石窟的形制，供禮拜用的建築空間中有塔，稱為支提（Chaitya），意譯為塔堂、塔廟。

中亞考古發掘的寺院遺址，也在室中建塔，直到現在，還有很多在大殿中建塔的寺院，如浙江寧波阿育王寺、安

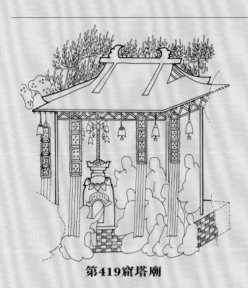

第419窟塔廟

徽九華山肉身殿等，青海湟中塔兒寺的
大金瓦殿內供奉的是一座大窣堵波，據
説是埋藏明代喇嘛教大師宗喀巴胞衣的
舍利塔，可見這種宗教傳統源遠流長。
壁畫中表現的塔廟形式僅此一座，但它
卻詮釋了塔廟組合形式的中國化進程。

　　隋代塔剎有兩種形式，一種以重重
相輪、寶珠作結。另一種塔剎在覆鉢上
立剎桿，沒有相輪，剎頂有火燄寶珠，
剎桿上端是以"十"字形相交的華表木，
這裏權且稱為"剎表"，剎表四角懸掛鐸
鈴。晉《古今注》中記載："今之華表木

也，以橫木交柱頭，狀若花也，形似桔
槔，大路交衢悉設焉，或謂之表木。"
此塔剎將華表與塔剎相結合，頂端的火
燄寶珠則突出了佛教的標誌。塔剎上有
表木只見於隋代的兩座石窟內。在印
度，塔象徵佛涅槃，是佛教的聖物。傳
到中國後，塔往往建在山川形勝之地，
又和固有的風水觀念相結合，由此塔在
人們的印象中，具有了更為廣泛的意
義。

　　隋代壁畫在表現供塔、拜塔的同
時，還不忘表現建塔的過程，其繪畫題
材表現在隋代初期的《福田經》裏，大意
是勸人為善，廣種福田，其中有勸人
"興立佛圖僧房堂閣"之語。第302窟的
人字坡上表現了伐木造塔的全過程，從
伐木、搬運木料，直到有一座二層佛塔
即將竣工。除伐木、搬運者外，還有數
工匠在佛塔上下正忙於施工。畫面上還
表現了當時的一些施工工具，其中有一
轆轤正架設在屋頂上，一個工人在旁邊
操作。工匠們均赤膊勞作，是當時勞動
艱辛的寫照。

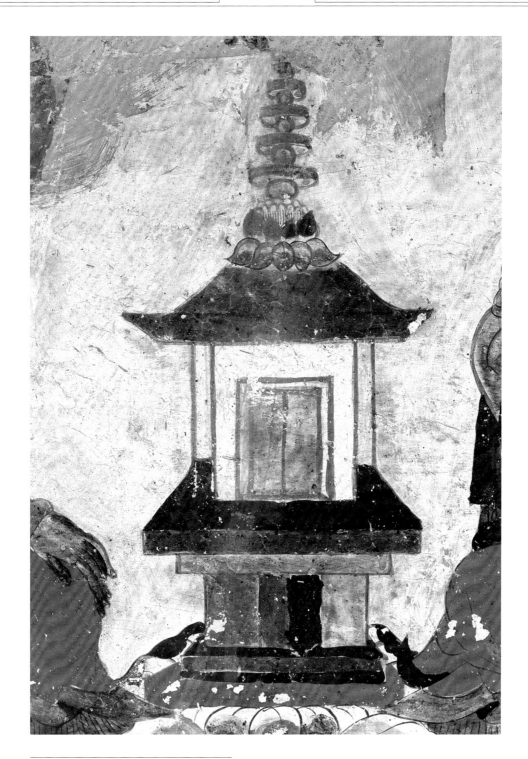

37 屋角起翹的單層多寶塔

《法華經·見寶塔品》中的單層塔，因
塔外兩側坐釋迦佛及多寶佛，所以稱為
多寶塔。塔下有疊澀須彌座安置在覆蓮
上，塔身四角立柱。上部是四角攢尖大
屋頂，屋簷兩翼角用直線折角起翹，是
壁畫中簷口變化的開始。

隋 莫276 西坡

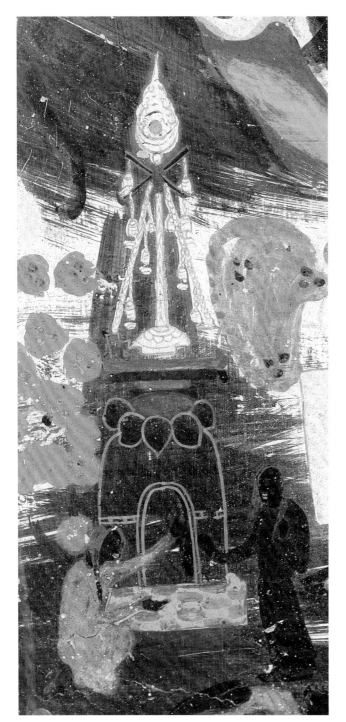

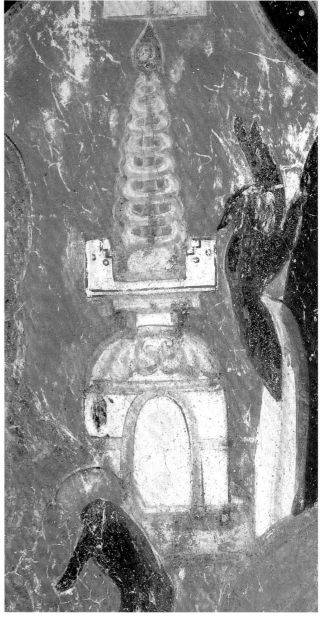

38 樹華表的窣堵波

"薩埵本生"故事畫裏的舍利塔。塔身
為鐘形,上置平頭,之上再作較為扁平
的覆鉢。塔的特殊之處在於覆鉢上不作
塔剎、相輪,而樹立一根剎桿,桿上有
十字相交的橫木,是古代華表的形象,
莫高窟僅隋代壁畫中有三例。

隋 莫419 西坡

39 窣堵波

高聳的覆鉢式塔身上,正面有圓券門,
覆鉢上有忍冬花紋裝飾,疊澀的平頭上
有比例高大的塔剎。塔的整體比例與中
亞佛塔相近。

隋 莫303 北壁

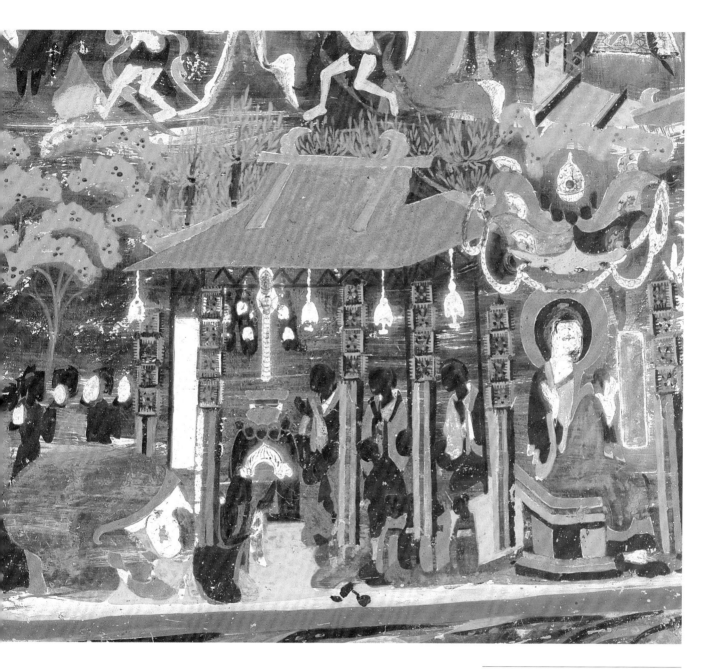

40 塔廟

殿堂內置窣堵波,信徒在塔的周圍跪
拜。堂外簷柱上均懸幡,簷口上懸鐸,
表明了它的宗教性質。印度石窟中建有
窣堵波的稱為"支提",亦稱塔廟,中
國現存寺院中,亦有在殿堂內建窣堵波
的。

隋 莫419 東坡

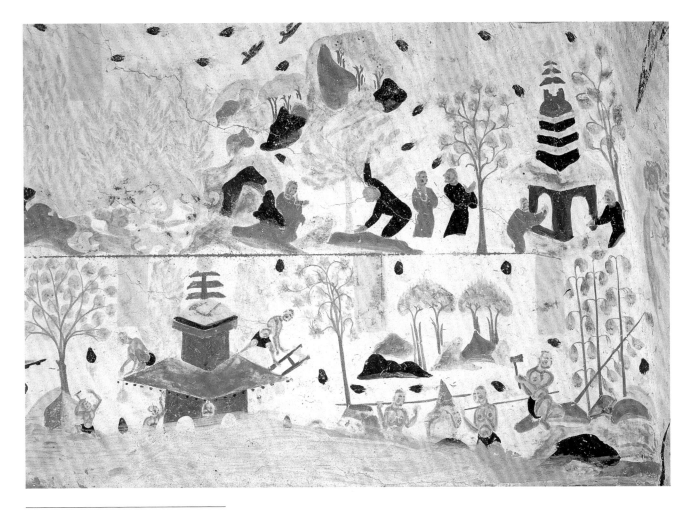

41　伐木建造密簷塔

圖中下部畫伐木造塔的全過程，工匠有
伐木者、運料者以及正在塔上下忙碌
的，塔即將建好。上面一座是造好的舍
利塔，為密簷式，高台基上有方形塔
身，兩面均開圓券門，腰簷上是三層密
簷，再上有覆鉢、塔刹和相輪。刹頂的
寶珠下是十字相交的橫木，四角懸鐸。
密簷塔的特點是，第一層塔身較高，二
層以上是密接的塔簷，形成高聳的塔
形。

隋　莫302　西坡

第三節　隋代的宅院

隋代故事畫、經變畫等仍襲用北周的形式，繪在窟頂上。其中表現的居住建築，比北周有更大發展，畫出很多民居，特別是第423、419、420窟描繪的大片民居宅第，紛繁多變，反映出隋代居住建築形式的豐富性。

第423窟窟頂人字坡東坡滿繪"須達拏太子本生"故事畫，畫面隨着須達拏太子的活動情節，畫了八個宅第，佈局繁簡不一，但沒有一座雷同。這些宅第畫得堂閣高聳，廊廡曲折連綿，令人眼花繚亂，其目的大概是使人感到畫面豐滿，並富有縱深感。隋代的《大業雜記》中說，大業"元年（公元605年）夏五月築西苑，周二百里，其內造十六院，屈曲周繞龍鱗渠。"唐代詩人張藉在《廢宅行》詩中有"曲牆空屋多旋風"的詩句。隋代人把住宅的圍牆修得曲曲折折，可能是因地制宜追求自然的做法，也是造園審美觀念的表現。

第419窟窟頂人字坡上，畫出許多民居、殿堂以及斗帳車馬等，每一建築物周圍有起伏的山丘和茂密的林木環繞，豐富了畫面的藝術情趣。壁畫在表現多種宅院的同時，還將建築結構畫得很清楚。

第420窟在窟頂覆斗形的四個坡面上，畫法華經變，總面積約30多平方米，規模空前絕後。建築物作為故事人物活動的場景穿插其中，如"譬喻品"畫

了一個富貴人家的大宅院，因年久糟朽，樑棟損壞，宅中有毒蛇猛獸，妖魔鬼怪，譬喻人世三界的種種苦難。畫中有大小九處宅院，每一院落表示不同的故事情節，每一院落的佈局也各不相同，有的大院有門樓，門樓兩側有曲折的廊，圍合成庭院，院中有堂，堂後有寢；有的還設後門或側門，有的堂兩側有廂房。因年代久遠，一部分顏料變色，使得畫面更顯灰暗紛繁。

西魏壁畫的居住建築已有曲折的圍牆，隋代將其發展得更加曲折。宅院之間以樹石山林、蓮池流泉等表現出生動細膩的空間環境，並用以分隔不同情節的畫面。仔細分析紛繁的畫面，可以了解當時宅院的多種平面佈局形式。

一、一門一院一堂。長方形院落，前有門樓，後有堂屋，外有廊廡或圍牆一周，門與堂均在軸線上。這種規矩的院落在隋代壁畫中表現不多。

二、一門兩院一堂一室。前有門

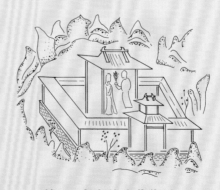

第423窟中的院落佈局

樓，後有堂閣，一周是曲折的廊廡，形
成主院，其左側有室，曲折的廊廡繞在
左邊，形成偏院。

　　三、一門一堂一樓。法華經變中表
現的宅院，廊廡曲折，前有門樓，庭院
中建堂，堂後有樓。

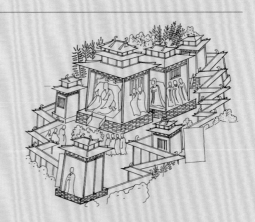

第420窟中的院落佈局

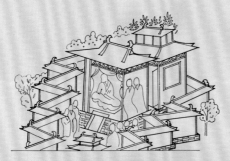

第420窟中的院落佈局

　　四、二門一堂一室二廂。堂前有左
右兩廂，院的最後設後門。庭院中的前
堂內坐男主人，堂後的寢或室中有女主
人端坐。圖中堂的規模更大，堂上有三
重簷，庭中樹木茂盛，表現出宅第的非
凡氣派。

　　上述幾種宅第的佈局，均由廊廡圍
成院落，形成單進或幾進庭院，軸線對
稱佈置成前堂後室，或者也稱前廳後

堂，這是中國封建宗法社會中長期形成
的佈局規律，隋代的宅第也不例外。隋
代上距北魏的時間不遠，北魏《洛陽伽
藍記》中描述的建中寺，原是宦官劉騰
的府第，"屋宇奢侈，樑棟踰制……廊
廡充溢……博敞宏麗，諸王莫及……以
前廳為佛殿，後堂為講堂"。這段記述
說明宅第中前廳後堂的建築佈局，可以
廣泛應用到上至宮廷中的前朝後寢，下
至一般民居中的前堂後室，旁及寺院道
觀中的前殿後堂，只是規模大小和裝修
繁簡不同而已。

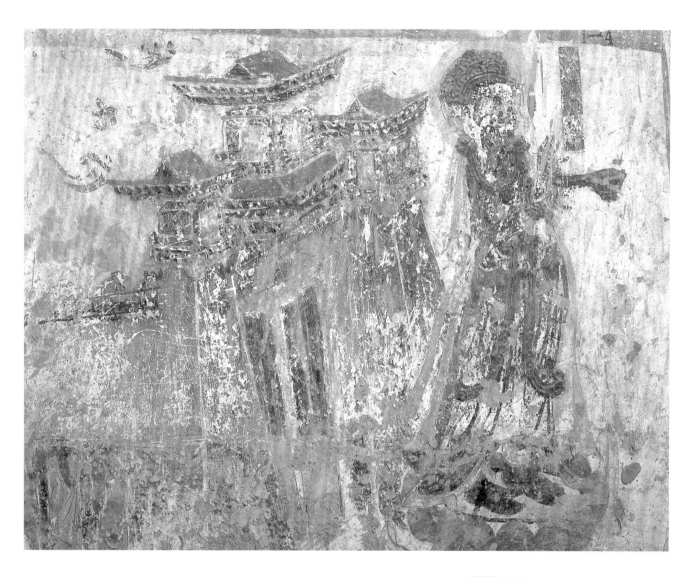

42 城闕

城闕的中部有城門，城門上高聳着歇山
頂城樓，城門兩側各出一座單闕，闕身
比城牆稍突出一些，其上亦有歇山屋
頂。兩闕均低於城樓，成為一組重點突
出，富於變化的建築羣體。據《河南
志》記載，隋東都洛陽的南正門稱則天
門，"門有兩重觀城樓，觀左右連闕高
一百二十尺"。

隋 莫397 西壁

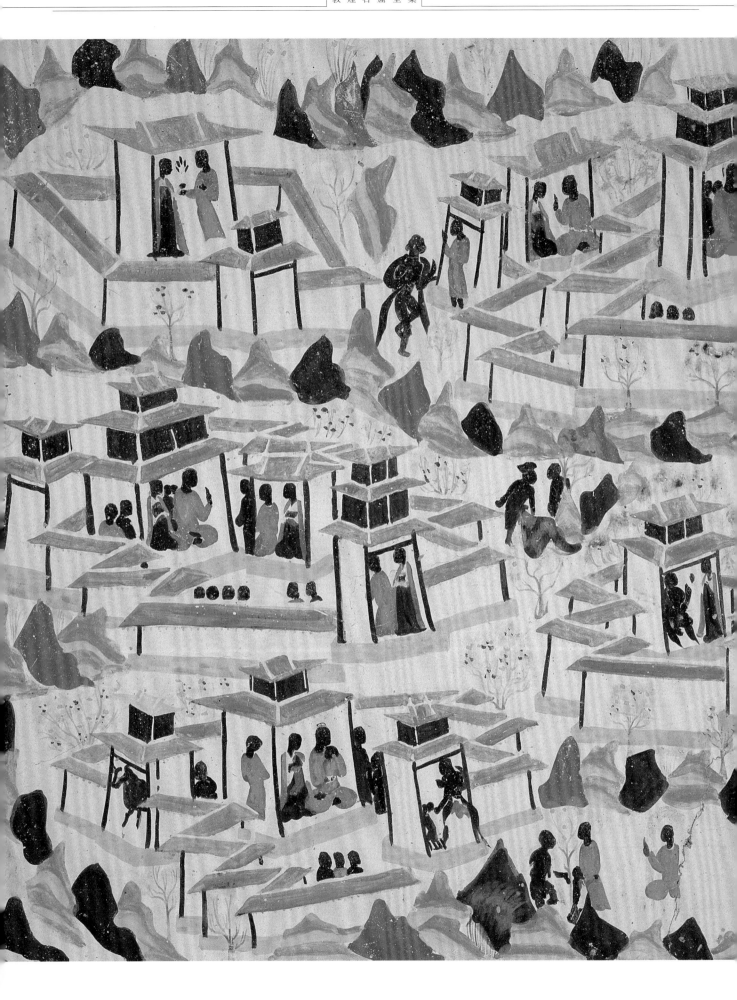

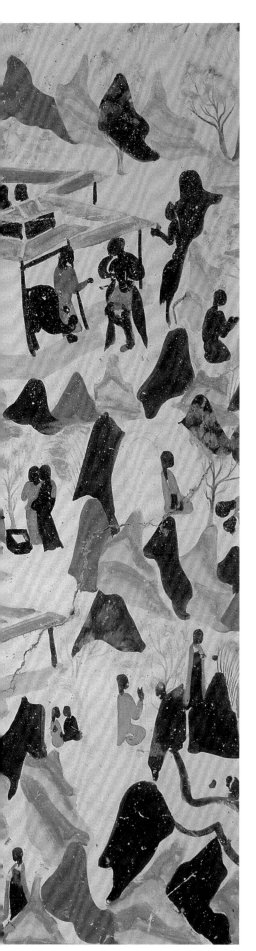

43　住宅院落羣

八座住宅院落圍繞着連綿起伏的山巒。
院落有多種佈局，最簡單的是由一門一
堂和廊廡組成的方形院落。圖中的門和
堂多起重樓，較大的院落廊廡曲折，主
院左側有偏院，內置一堂和廊廡，正面
不設門，表示與主院的差別。

隋　莫423　東坡

44　大型住宅院落

在《法華經・譬喻品》中畫有大型院
落，圖左側院落的前面關門，院內分為
三進，前院有堂，中院有寢，後院有室
或門屋，均在中軸線上，堂的左右是廂
房。前堂後寢中分別坐男女主人及僕役
多人，概括地表示了古代宗法社會中住
宅佈局及使用情況。

隋　莫420　南坡

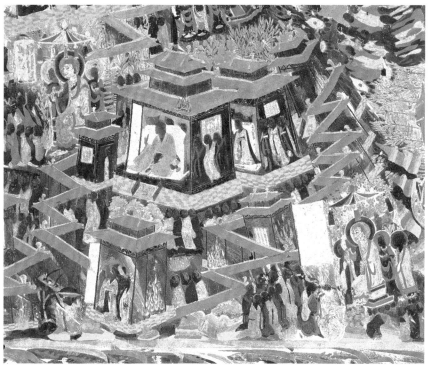

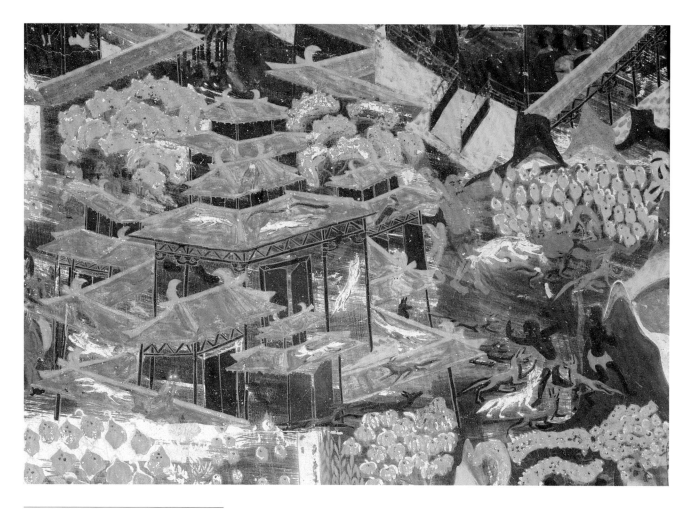

45 住宅院落

在曲折的廊廡中，畫有大小廳堂數幢，
中央一高大的廳堂，重簷歇山頂，所有
房屋都是廊廡一周。房頂上有狐、鼠、
蛇、蠍等各種毒蟲，表示佛經中說的房
屋已經衰朽。

隋 莫419 東坡

第四節　隋代建築結構特點

隋代的建築形式及結構處理既承襲了北朝的做法，又有很多變化隱於其中，不僅反映了當時許多不同的建築類型，建築的藝術風格，同時也傳達了當時建築所達到的技術水平。

斗栱：中國傳統建築中，斗栱一直是最受重視的部分，在有關記錄建築工程的典籍中，都對斗栱的製作記述得十分詳盡，而在實際建造中，如何運用斗栱的技術，直接關係到整座建築的造型和穩定性。隋代是中國木結構建築發展的重要時期，壁畫中的斗栱形式還比較簡單，柱頭上用一斗三升斗栱，柱頭之間的補間斗栱用人字栱，還沒有向外懸挑的"出跳"。第423窟兩座殿堂的簷部只見一層簷椽，沒有飛簷，說明當時建築的出簷還比較短小，所以斗栱沒有出挑的結構。河南博物館藏有一座隋代彩繪陶屋，柱頭上已有向外挑出三層類似斗栱的結構。第417窟的殿堂簷下，在柱頭的額枋上用連續的人字栱。第433、419窟的殿堂簷下，則於柱頭上直接支承斗栱。第423、420窟的殿堂柱頭之間已用額枋連接，額枋上再置斗栱。

綜上所述，可以看出這時期的斗栱，呈現出多種多樣的變化形式，有一斗三升式的，有一斗三升與人字栱結合的，有的在柱頭上直接安放斗栱，斗栱之上承放額枋，這樣的結構使柱子之間沒有額枋等連接構件加強左右的聯繫，致使房屋的穩定性不好。後來發展成柱子之間用額枋加強聯繫，完成了木構建築構架方面的重大變革。額枋不放在斗栱上，而是在柱頭之間，大大加強了柱網的穩定性。

這一變革，為唐代建築走向成熟奠定了基礎。

在額枋之上使用連續的人字栱，是繼承北魏的常見作法，可見於北魏寧懋石室雕刻的孝子故事中，其建築中就用了連續的人字栱形式。北周的建築畫上也有連續的人字栱。隋代第417、433、419窟的建築畫上畫出連續的人字栱。由於畫得過於簡單，變成類似現代建築的桁架結構。在第427窟中心柱的龕沿邊有一組建築畫，簷口下畫有清晰的連續人字栱，由於畫幅較大，對人字栱的形象畫得很認真，已經脫離了早期叉手的形式，成為人字栱了。顯然，隋代這一建築做法既繼承了前代的形式，又有所發展。

台基：殿、堂、樓等的台基都是磚砌素平台基，佔據主要位置的殿堂有東西兩階，而兩旁作為配殿的堂只有一階。第302、303窟所畫的堂，台基一周及兩側均設欄杆，把欄杆和台基聯繫起來，豐富了台基的立面形象。疊澀須彌座式的台基已普遍使用在佛座上，如第311窟北壁說法圖的佛座，第420窟主龕佛座及東壁說法圖的佛座也達到相當華麗的程度，須彌座的束腰部分用蜀柱分隔，柱與柱之間畫圓券龕形，到盛唐以後逐漸轉變為壺門的形象。

牆壁：第423窟維摩詰經變中堂的牆壁素白無華，簷柱是黑色，據化學分析，這種黑色是由橘紅色的鉛丹氧化而成，可見房屋原是白牆紅柱，即所謂"白壁丹楹"，色彩對比鮮明。第380及417窟的殿牆，承襲早期用厚山牆加壁帶的做法，至唐代壁畫中這種形式就消失了。

屋頂：隋代壁畫中所見的屋頂有歇山、四阿及攢尖式。歇山頂的結構形式，是在屋頂的兩側面有一個三角形的山花，屋頂有九條脊，形象富於變化，所以在當時比較流行。在壁畫上歇山頂出現也比較多，甚至表現兜率天宮的殿堂也用歇山，反映出屋頂的等級制度還沒有形成。第423、420、419等窟中所畫廳、堂、門、廂房等不同用途的房屋，多用重簷歇山或重簷四阿頂。重簷也是一種高等級的屋頂式樣，所謂"重屋四阿"也就是重簷廡殿，紫禁城太和殿用此式屋頂。《隋書》記載"將作大匠宇文愷……造明堂實樣，重簷複廟"。重簷屋頂都蓋瓦，而且板瓦很寬，正脊兩端有鴟尾，屋脊的端頭上還沒有裝飾性的瓦飾，屋脊多畫綠色，屋面畫石青色。

壁畫中所畫屋頂大都是直坡屋面，簷端平直，屋角也不起翹飛，第314、380窟的殿堂屋面表現凹曲的反宇屋面，但屋角仍是平直的沒有起翹，唯有第276窟有一座攢尖頂的單層木塔，在屋角處有明顯折線起翹的反宇屋面。屋角起翹是木結構技術發展的結果，對建築藝術的形象至關重要，隋代有可能開始了這種變革。

窗與障日板：第303窟所畫的很多堂屋的山牆上有窗的形象，雙層窗框的內框中有直窗櫺，窗框的四角，有忍冬紋裝飾，大概是金屬飾物，這種窗的形象，亦見於寧夏固原地區北周墓壁畫，可能是當時流行的做法。第420窟許多廳堂山牆上所畫的窗戶，滿塗綠色之後再畫直櫺，可能表示直櫺的裏面，蒙有綠紗，這在當時也是一種較為流行而奢侈的做法，日本現在復原的古建築，窗上的直櫺直接塗刷為綠色，乃是受古建築的遺風影響。障日板在第303窟的很多堂屋簷下仍然習用，形式一如北朝時期，這也説明當時建築屋簷短小，所以用此物遮擋陽光。

從壁畫中可以看出，自南北朝開始，中國傳統的建築從形式到結構都逐漸趨於成熟，在台基、牆壁、屋頂、門窗、欄杆等建築局部的處理上都反映出整個時代的漸變過程。

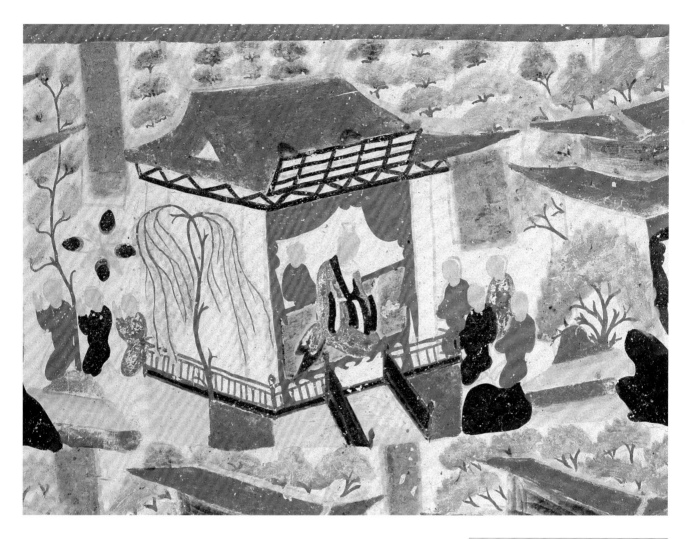

46 有障日板的堂

堂前有台階，台階上是直櫺欄杆，簷下
有連續的人字叉手，簷邊有一板高高撐
起，作遮擋陽光之用，故名之為"障
日"。堂的周圍懸掛帳帷，有一長者踞
坐在堂內。

隋 莫303 西坡

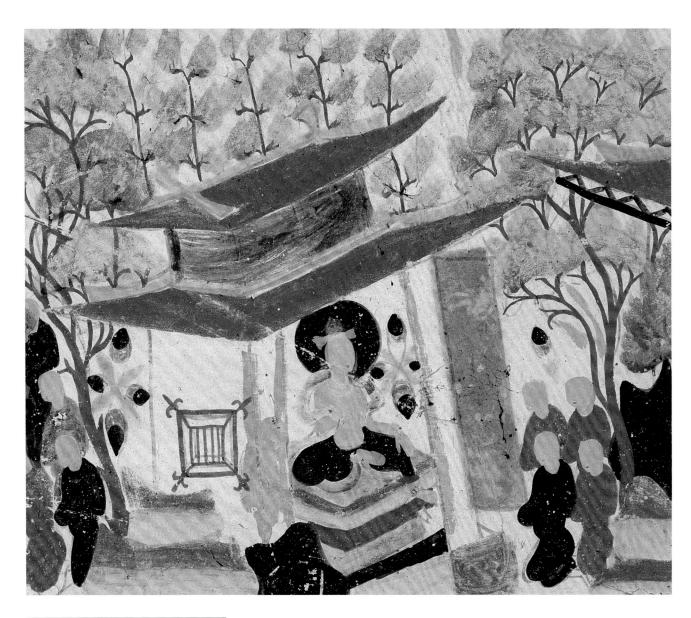

47　堂屋之窗

堂屋的山牆中部有一直櫺窗,窗框的四
角有花形角飾。山牆中部設置直櫺窗的
情況,在壁畫中較普遍,此窟中另有相
同的畫面。
隋　莫303　東坡

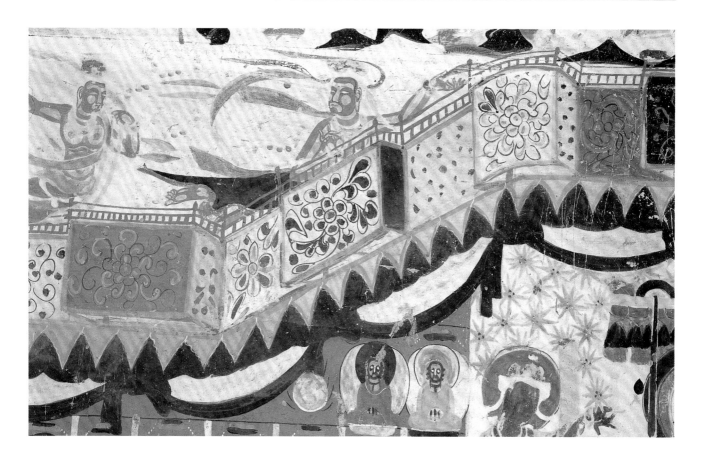

48 天宮平台欄杆

天宮的平台欄牆邊沿有小欄杆。欄杆直
櫺，轉角上立望柱。同樣的欄杆也用於
房屋台基的邊沿上。

隋 莫302 東壁上部

49 房屋結構

此圖雖殘損，但圖中房屋結構畫得很清
楚，可看出柱頂之間有闌額枋相連，額
枋上有人字叉手，叉手已略有曲線，成
為唐代曲線人字栱的過渡。叉手基本上
是一間一組，可以起到穩定構架的作
用。

隋 莫427 中心柱南龕沿

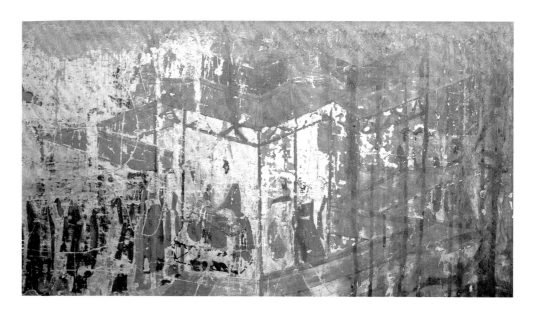

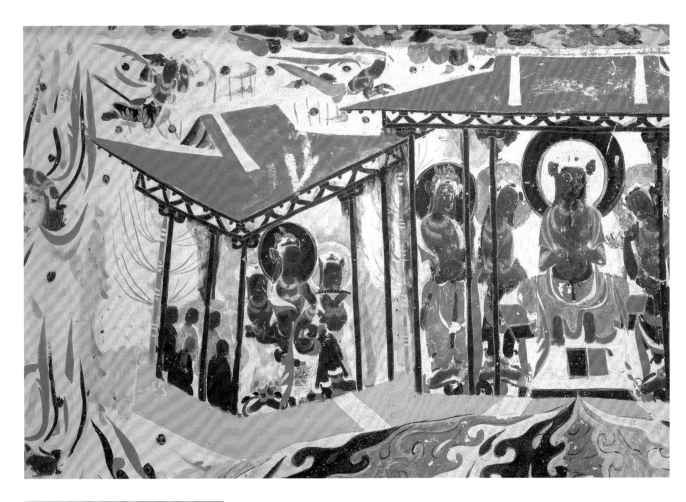

50 殿堂斗栱

殿堂的簷柱上有一斗三升斗栱，支撐着
水平方向的額枋，額枋之上又是連續的
人字栱，形成橫向承重的構架。將額枋
放在柱頭斗栱或櫨斗之上的結構，起源
很早，在漢畫像石上以及雲崗石窟、麥
積山石窟的北魏、西魏及北周窟內都有
這種例子。

隋 莫433 西頂

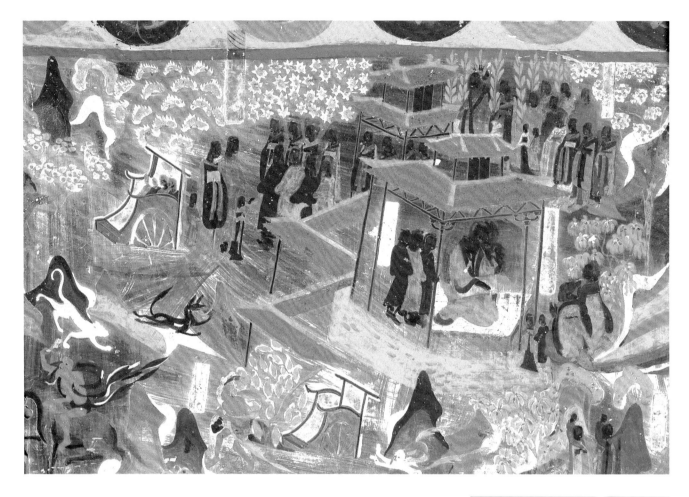

51　殿堂斗栱

圖中柱頭上直接由斗栱支承額枋，額枋與簷檁之間有連續的人字叉手，構成類似現代的木構桁架。柱頭上的櫨斗下部被稱作"敧"的部分，強調了內凹的曲線，形成斗的特殊形象。

隋　莫419　西坡

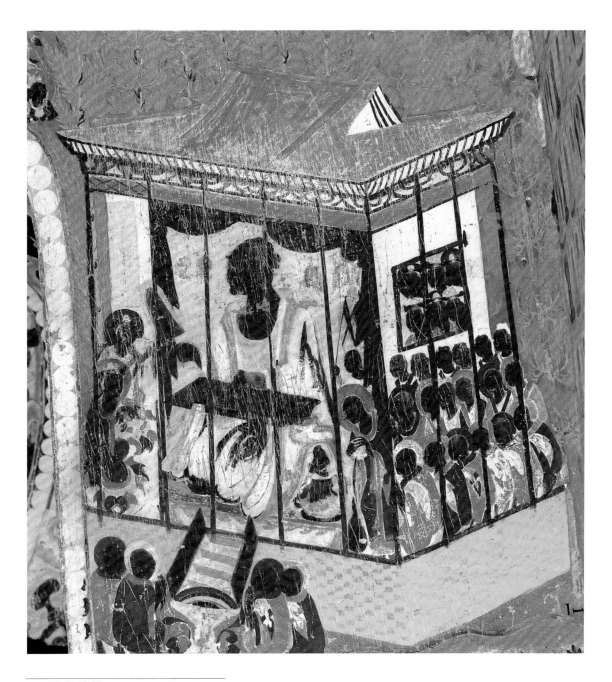

52　殿堂斗栱

殿堂五開間，深三間，簷柱與角柱上有
一斗三升斗栱一組，柱頂之間有額枋二
重，以加固結構。額枋之上有人字栱一
組，人字已經作柔和的曲線，兩重額枋
之間塗成草綠色，並於綠色中勾畫菱形
網狀的墨線，可能是額枋之間的雀眼
網。

隋　莫420　西壁

步入佳境的淨土世界

初唐（公元 618～704 年）

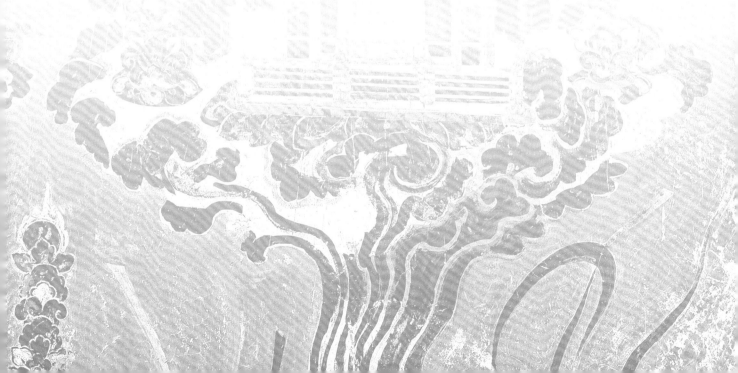

　　初唐的繁榮，帶動了建築活動的發展，這時修建的長安（今陝西西安）大明宮規模宏大、極盡豪華。長安城內的佛寺鱗次櫛比，而且都是制逾宮闕的規模，高宗李治為其母親所立慈恩寺，寺內房屋近一千九百間。唐人韋述所撰《兩京新記》中記載，長安有僧尼寺院、道觀祠觀共一百二十多座。而今只有慈恩寺、薦福寺內的大、小雁塔是僅存的勝跡。

　　初唐時期莫高窟開鑿的洞窟以第71、220、321、323、329、331等窟最具代表性。建築畫多在阿彌陀經變和彌勒經變中出現，這些經變都以一個整壁來表現，畫面開闊，增強了建築畫的空間感。淨土思想宣揚在西方極樂世界中有“七寶池”、“八功德水”，因而初唐經變中着重表現池水和露台，並將露台欄杆細部和地面鋪裝描畫得很細緻。對於建築組羣的描繪則還處於探索中，樓閣、殿堂等單體建築或鬆散分佈在經變裏，或三個一組組成簡單的“凹”字形平面或“山”字形平面，繼承了隋代寺院佈局的基本形式。

　　壁畫上的建築類型一如前朝，有佛寺、宮城、塔廟等，但建築表現的方法卻有很多改變，從初唐開始，注重對建築細部的刻畫，如在第431、71、321窟的建築畫上，可以清楚的看出當時的斗栱結構、脊頭瓦形式，以及照壁和烏頭門。這種形式的改變，一直為以後各代的建築畫所襲用，並為當今研究早已失去的初唐木構建築提供了詳實可信的資料。

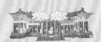

第一節 初唐的寺院建築組合

初唐敦煌壁畫中表現的寺院已頗具規模,而建築的主體是露台和水池,樓閣在畫面的上部中間和下部兩旁,成為畫面中的背景,烘托中間的露台,露台之上是佛和菩薩天人說法聽法的場面。恰如《佛說無量壽經》所云,阿彌陀佛的淨土是"講堂精舍,宮殿樓觀,皆七寶莊嚴,自然化成,內外左右有諸浴池……八功德水湛然盈滿"。"四邊階道,金、銀、琉璃、玻璃合成,上有樓閣"。彌勒佛的未來世界是"其城七寶,上有樓閣,戶牖軒窗,皆是眾寶"。在彌勒經變中表現的兜率天宮,已有建築組羣,是當時寺院內主體建築佈局多樣性的反映。

初唐經變中的佛寺佈局,是在隋代一殿二樓的基礎上,逐步向大空間的寺院佈局發展,其主體建築羣的組合大體有四種形式:

一、是直接繼承隋代的一殿二樓的組合形式,一殿二樓呈並列佈局,各建築間沒有聯繫。如第215窟南壁的天宮建築。

二、一殿兩堂或一大兩小的三閣,用廊道或飛虹相連,變化成"山"字形的組合平面。中間殿或閣體量較大,位置向前突出,兩側的堂或閣分列兩邊,如第205、321、341等窟的天宮建築。

三、由各自獨立的三閣組成"品"字型佈局,形成一殿兩廂之勢。三閣之

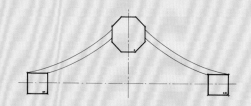

第341窟兜率天宮平面推想圖

間,成為一處三合的庭院空間。這種軸線對稱一殿兩廂的佈局,廣泛運用在宮廷、寺觀和民居建築的平面佈局中,是一種普遍運用的模式。如第71、329、331等窟的經變畫中。

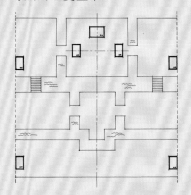

第329窟阿彌陀淨土的平面推想圖

四、由一殿雙閣組成"凹"字形的平面佈局。它是在"品"字型佈局的基礎上,將獨立的單體建築——一殿二樓或一殿雙閣用廊道相連,形成三面圍合的庭院空間。如第338窟龕頂畫《彌勒上生經》中的兜率天宮,就是一殿二堂的組合,殿和堂之間用廊道相連,組成"凹"字形平面。殿堂之前形成一片院落空間。

除以上幾種位於軸線上方的主體建

築外，在大幅經變的下方兩側，還有獨立的樓或閣。初唐壁畫中有一個明顯的特徵，即樓與閣不混淆使用。在建築物圍合的空間中，有大小露台數座，露台之間用小橋相通，露台上用花磚鋪地。台與橋上有彩繪精美的小欄杆，橋下綠水環繞，水中蓮荷叢生，把畫面表現得生機盎然。

初唐的大畫幅經變中，主要以露台為主，建築只是作為背景，意在表現佛陀、菩薩、天人活動的場面。由於畫幅大，建築與露台之間縱深感的處理已達到"若可嗦躡足"的境界，不失為初唐優秀的建築畫。

根據文獻記載，隋代建的醴泉仁壽宮，初唐改為九成宮，作為皇帝避暑之用，"高閣周建，長廊四起……台榭參差"，極為壯麗景象。這些建築物現已一處不存。初唐的建築畫還沒有達到文獻的描述，說明壁畫中的建築形象要滯後於時代，畫師要把人間美好的建築形象搬進佛國世界，需要有一段時間的創作過程，到盛唐的壁畫中，才能看到像九成宮那樣的建築羣。

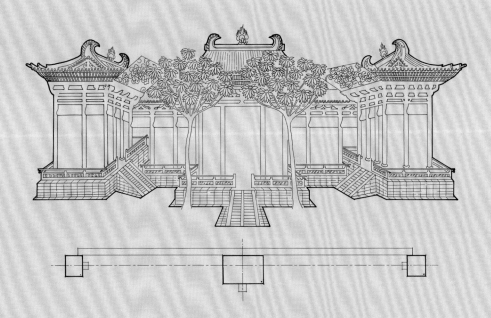

第338窟兜率天宮線圖及平面推想圖

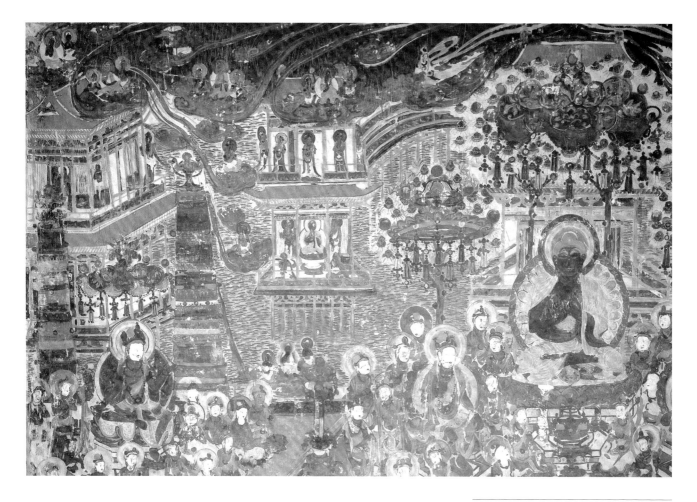

53 水上寺院一側

初唐阿彌陀經變中畫的寺院，建造在一
片浩淼的水中，於水中出平坐欄杆，上
建二層樓。中間是一組由弧形閣道相連
的呈"山"字形平面的閣樓，本圖見
"山字形"的一邊。左側有一座面向中
間的配殿閣樓，因此整體應是五座二層
閣樓橫排一列。前後位置變化較少。
初唐 莫205 北壁

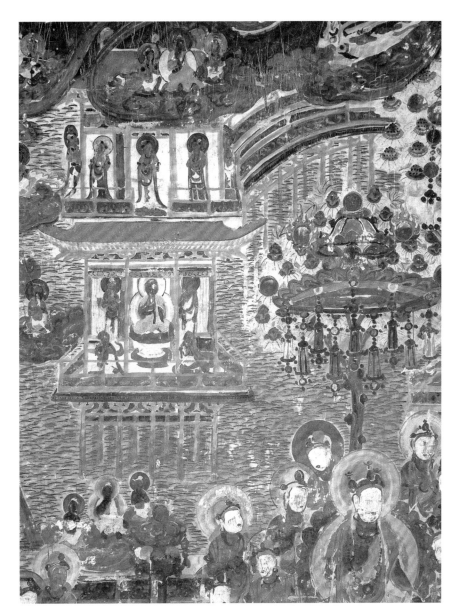

54 二層閣及弧形閣道

水上寺院的二層閣為三開間，建在平坐
上，平坐下承以出於水中的柱網。閣上
下層之間有很短的腰簷，簷端翼角明顯
起翹，是此閣樓的特徵。閣後弧形閣道
的柱網，也出於水中，兩端與閣樓的上
層相連。

初唐 莫205 北壁

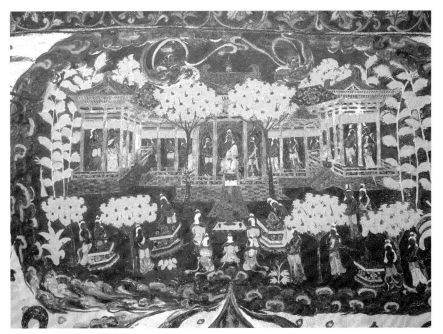

55 兜率天宮的佈局

佛經說，彌勒佛作菩薩時居住在兜率天
宮。天宮由一殿兩堂二廊組合成“山”
字形平面，中部四阿頂的大殿是突出的
重點，表明了建築的主從關係，兩側的
堂為歇山頂，體現出殿堂屋頂的等級秩
序。

初唐 莫338 龕頂

56 天宮的配殿

在天宮大殿側的三開間配殿。配殿簷下
有向上撐起的障日板，上畫寶相團花。
配殿位於東西兩側，因日照強烈，故用
障日板遮陽，此圖可證明《寺塔記》中
菩提寺"佛殿東西障日"之語。

初唐 莫338 龕頂

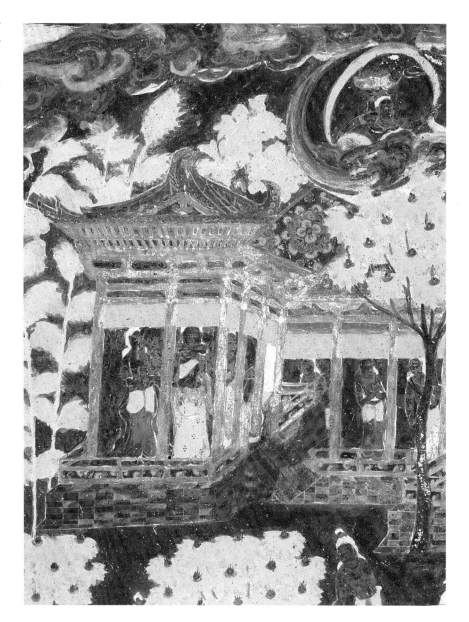

57 天宮中的閣

天宮中間為八角佛殿，兩旁以廊子連接
兩閣，建築體量、形狀不同，高低錯
落。

初唐 莫341 北壁

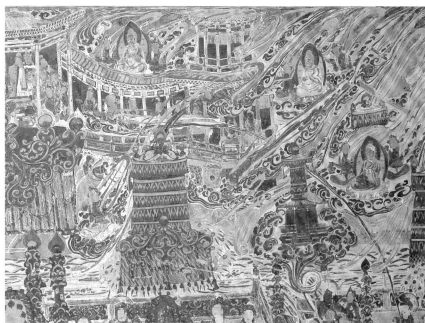

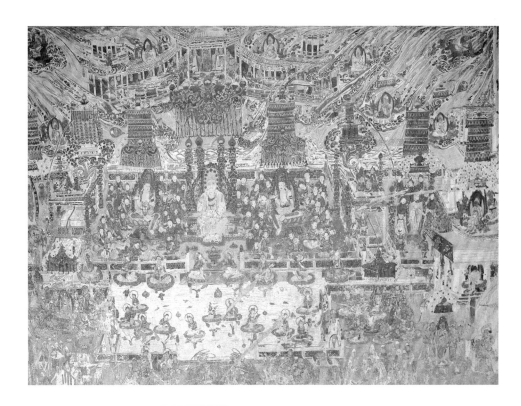

58 淨土寺院及兜率天宮

早期的彌勒經變中軸線上沒有主體建
築，僅有幾座大露台，天空中畫有彌勒
菩薩居住的兜率天宮，由一殿二閣組
成，殿閣之間有廊相連。寺院的兩側有
二層樓與平閣。雖不能全面反映初唐寺
院的整體佈局，但可能是當時宮廷、寺
觀中主體建築的寫照。

初唐 莫341 北壁

59 天宮八角殿

天宮中八角殿的正面投影，只能看見三
個面。多角殿，按常規屋頂應該作攢尖
頂，而此殿的屋頂上有正脊，兩端有鴟
尾。這是建築畫中出現較早的一例八角
殿堂。據記載，隋代宮廷已有八角建
築，唐代則天明堂"平坐上置八角樓，
樓上有八龍騰身捧大珠"。

初唐 莫341 北壁

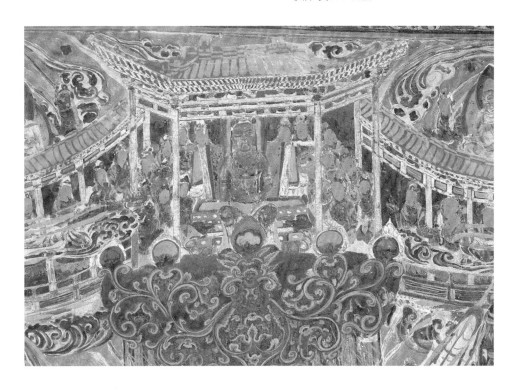

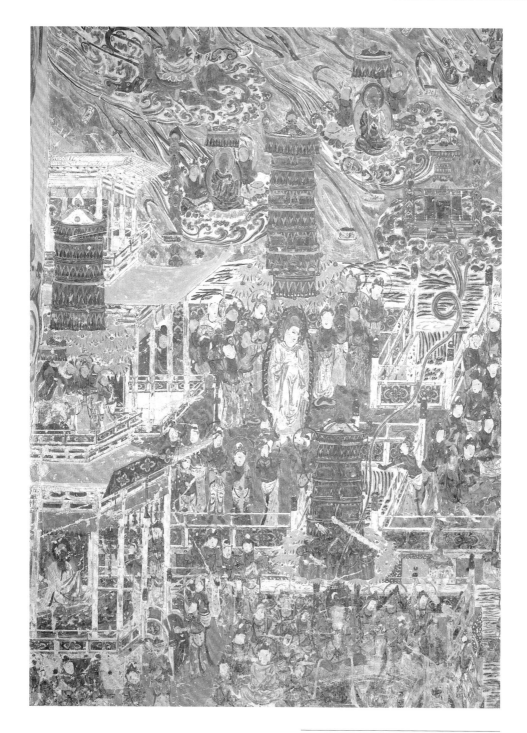

60 屋頂平坐

左側三開間小殿的屋頂上置平坐，環周
設欄杆，形成高露台形式，上可供演奏
或眺覽之用。下層小殿的簷下還有向上
翻起的障日板。此類型建築在初盛唐壁
畫中均有出現。

初唐 莫341 南壁

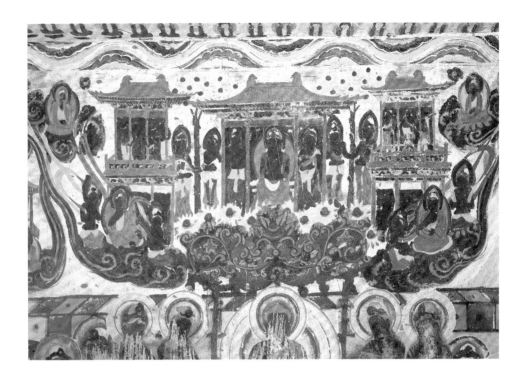

61 殿堂與雙閣

彌勒菩薩居住的兜率天宮，中間是三開
間殿堂，兩側各立一座二層閣，上層有
伎樂演奏。這種組合直接繼承隋代一殿
二樓的天宮形式，殿堂與高閣相組合，
形成有變化的建築組羣。這可能是宮
廷、寺觀中建築的基本組合形式。

初唐 莫215 南壁

62 三閣組合

三閣呈一殿兩廂的"品"字形佈局，兩
側閣的上下層均有簾箔高高捲起。初唐
壁畫中，閣的形象很多，常常單獨使
用，不與樓相混淆，是這時期的重要特
徵。初、盛唐時期，壁畫中樓與閣在外
觀上的顯著差別，説明此兩種建築在當
時有很嚴格的區分。

初唐 莫329 南壁

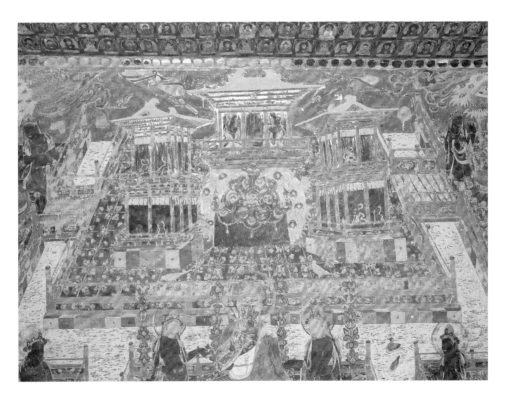

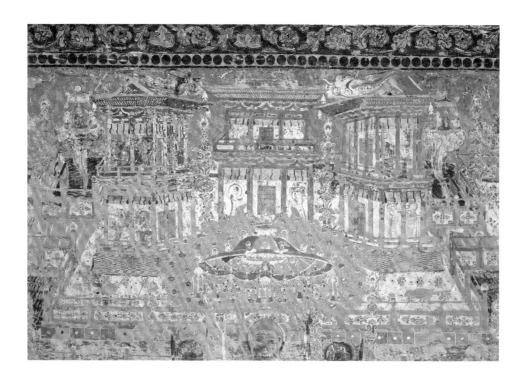

63 三閣組合

三閣呈一殿兩廂的"品"字形佈局,閣
下有素平磚砌台基,台基與平坐均有欄
杆,門上有五行門釘。簷柱上掛簾箔,
柱上的斗栱為一斗三升及人字栱的簡單
結構,可能為當時常用的處理方式。

初唐 莫331 北壁

64 閣道相連的三閣

在虛空的雲層之上,有並列的三閣,其
間用閣道相連,組成"凸"字形的建築
佈局。反映初唐寺院主體建築的另一種
組合方式。

初唐 莫321 北壁

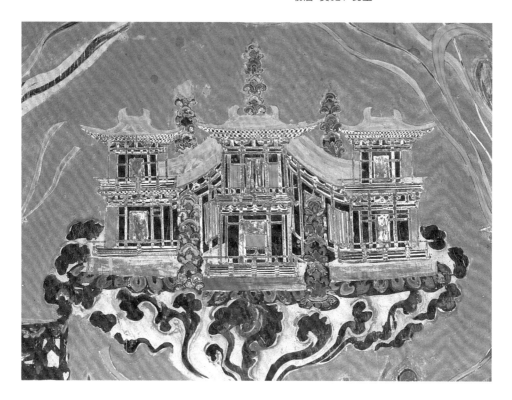

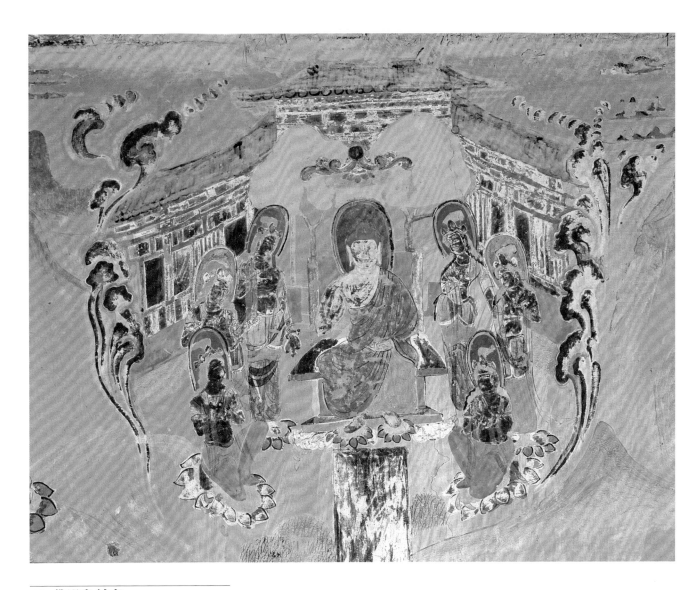

65 佛殿與斜廊

唐宋時期宮殿、寺觀的大殿,為顯示殿
堂的雄偉高大,殿堂往往建在高台基
上,與殿堂相連接的左右迴廊,則成為
斜廊形式。唐代《戒壇圖經》中的律宗
寺前後佛殿都有斜廊。

初唐 莫321 南壁

第二節　初唐的殿台樓閣

初唐壁畫中的單體建築類型主要有：殿堂、樓、閣、台、平閣等。

殿堂：這一時期的殿堂都是三開間的小殿，形式多種多樣，如第220窟南壁的小殿，只能看見柱以上部分，柱頭上有簡單的斗栱，補間是捲草花紋形的人字栱，簷下有椽子兩重，翼角部分起翹很高，是初唐建築畫中起翹屋簷的第二例。屋面青灰色瓦頂，屋脊兩端有比例較大的鴟尾。整座殿小巧玲瓏，色彩豔麗。第431窟觀無量壽經變"未生怨"中的王宮裏，共有三座殿、堂，分別表現王宮裏的三部分，前朝的大殿下有磚砌素平台基，柱子之間未設牆壁門窗，闌額下掛簾子，歇山屋頂。寢宮及苑御裏的小堂，柱間除門之外，其餘部分張掛幃帳，將堂屋全部遮蔽起來。

壁畫中隋代的佛寺已有七開間的大殿，初唐卻只見三開間的殿堂，似與實際不符，經過考古發掘的長安青龍寺遺址，其東面的大殿是五開間，西面的大殿估計是七至九開間，青龍寺雖是長安的名寺，但規模不是最大的。壁畫中的殿堂只能看作是一種示意而已。

樓閣：樓與閣是兩種類型的建築，在構造和外觀上都有所區別，古建築學家陳明達對樓、閣的定義是："自地面立柱網，柱網上安鋪作即是平坐，上面再立柱網建殿屋，即是閣。自地面建殿屋，又在上面建平坐、殿屋，則為樓。

簡言之多層房屋最下層是平坐的，稱為'閣'，最下層是殿屋的稱為'樓'。由於其形近似，樓與閣的稱呼早已混淆不清了"。唐代《兩京新記》中說，"麟德殿此殿三面，故以三殿名，東南、西南有閣，東西有樓"。初唐的樓與閣不混淆使用，在壁畫中也清楚地表現出樓與閣的區別，如第329窟南北兩壁都是滿壁表現淨土經變主題，南壁阿彌陀經變中所有建築都由閣組合成羣，而北壁的彌勒經變中所有建築都由樓組合。另外第71、321、331等窟的建築全部用閣組合，閣的形象在初唐壁畫中出現的頻率很高，足以說明它是當時廣泛流行的建築類型。《唐六典》中規定，"天下士庶，公私第宅，皆不得造樓、閣，臨視人家"。沒有對寺觀祠廟作限制，事實上官宦富豪之家，私建樓閣是常有的。

由於樓與閣都是多層建築，因而常常連寫在一起，致使人們對樓閣的建築概念產生混淆。從敦煌壁畫中提供的信息中可以看出，發生混淆，當在盛唐以後。

台：是一種古老的建築類型，春秋戰國時曾經是當時建築的主體，在河北邯鄲和山東臨淄及陝西咸陽都遺留下體量很大的土台。文獻中尚有曹魏時築凌雲台、九華台、銅雀台，這些歷史名台，當時都是規模龐大的建築羣。

隋代畫台閣之風興起，唐《歷代名

畫記》記載董伯仁、展子虔兩位隋代畫家，"董則台閣為膁，展則車馬為膁"，說明在隋代建築畫已成為一種繪畫門類，而且還出現了擅長建築畫的畫家。初唐大大發展了隋代的建築畫，這一時期敦煌壁畫中出現的繪製精美、氣勢恢宏的建築羣，表明中國建築畫開始逐漸成熟。第431窟西壁繪高台一組，以飛虹相通。台面用幾種顏色有規律地繪滿方格圖案。唐代《廣弘明集》中曾用"鐘發琉璃台"的詩句描寫隋煬帝觀燈的場面，說明在高台上用不同色彩表現的方格，是琉璃磚貼面，這也說明華麗的琉璃裝飾已經應用得非常廣泛。

平閣：初唐第215、341窟壁畫中出現一種小型木構高台，建於寶池、露台之間的小橋上，橋的四角立柱，柱上有斗栱、短椽，上建欄杆平台，台上有伎樂。晉《鄴中記》裏記述後趙的石虎在鄴都宮廷生活的情況時，寫到"石虎正會置三十部鼓吹，三十步置一部，十二皆在平閣上，去地丈餘，又有女鼓吹"文獻記載中的平閣形象，與壁畫中所見有伎樂的木構高台正好吻合，這種建築小品能在文獻裏記錄下它的名稱、用途、形象和尺度，又通過壁畫再現，填補了建築形象的空白，是十分珍貴和難得的。新疆吐魯番唐代阿斯塔那墓出土有木台，與壁畫中的平閣相似，證明了壁畫中的建築形象來自於現實。

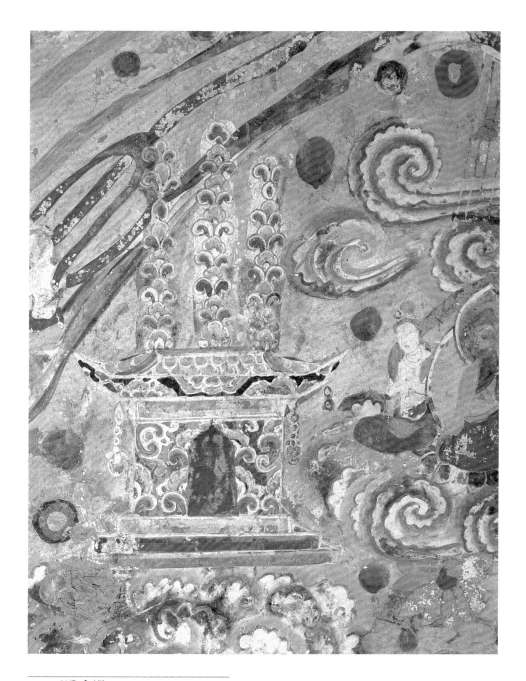

66 石雕小殿

小殿建造在三層台基上，殿身滿飾花
紋，正中開一尖券門。屋簷翼角上翹，
簷口上翻，簷下沒有椽子，也沒有斗
栱。四阿頂，有正脊與斜脊，瓦面繪成
相錯的半圓形。正脊兩端沒有鴟尾。從
畫面看應是一座石雕小殿，壁畫中僅此
一例。

初唐 莫220 南壁

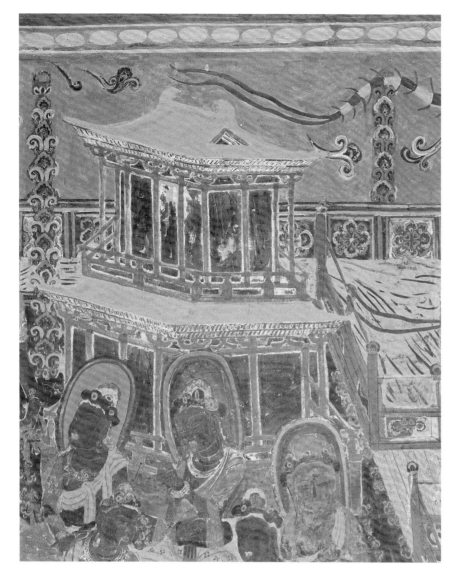

67 二層樓

此彌勒經變中的建築全部以樓的形式出現,共畫有四座二層樓。據研究,古代"多層房屋最下層是平坐的,稱為閣;最下層是殿屋的,稱為樓"。初唐經變中樓、閣形象分明,毫不混淆。

初唐 莫329 北壁

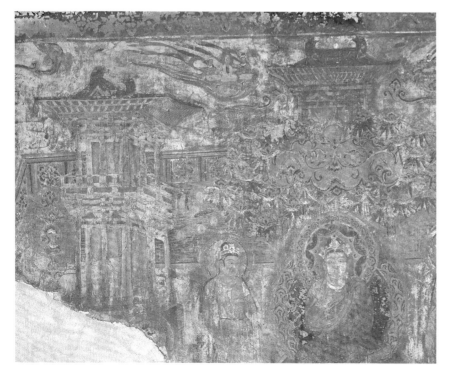

68 兩開間的閣

閣的正側兩面都是兩開間,是壁畫中唯一的例子。按常規,房屋開間都按單數建造的。漢畫像石中有雙開間的堂,日本奈良時代法隆寺的中門,為四開間,是現存唯一用偶數開間的實例。此圖原被煙熏黑,經清洗後才顯現出來。

初唐 莫71 南壁

69 二層閣

閣的斗栱已有出跳,下層簷柱在柱頭處有弧形的收分,稱"卷殺",但柱的下端沒有收分,略呈梭柱形式。梭柱的完整形式是柱的兩頭做緩和的弧線收進,形成梭狀,雖無特別的結構作用,但外形頗顯美觀。壁畫中僅此一例。此圖原已被煙熏黑,經清洗後顯露出清晰的畫面,十分可貴。

初唐 莫71 北壁

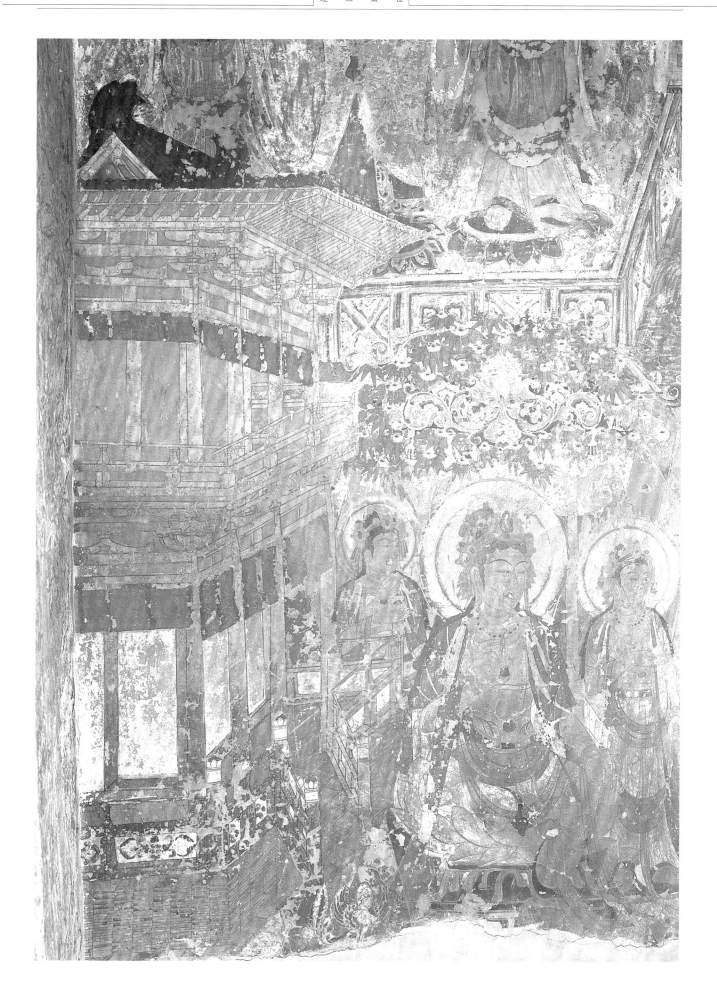

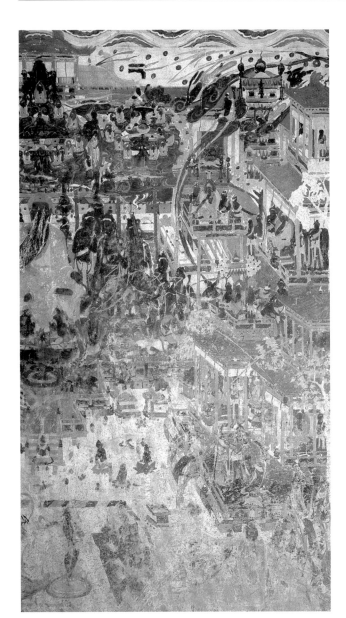

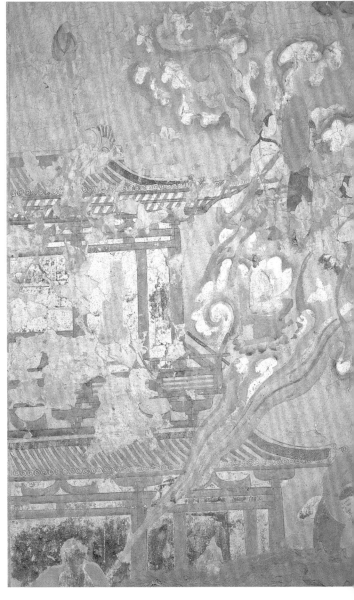

70 寺院樓閣

寺院一側的建築羣取俯瞰式，從下至上，可以看到近處有二層樓，旁邊一座有樓上平坐，形成一個層次。樓閣的後面又有一樓，前面有平閣建於小橋上，形成又一層次。第三層次是迴廊，連接中間的大殿。整個畫面樓閣毗連，氣勢壯觀。

初唐 莫215 北壁

71 二層樓

畫面雖多有殘損，但樓的結構頗清晰。下層是殿屋，腰簷之上設臥櫺式平坐欄杆，轉角處以十字相交成絞頸造，絞頸造在結構上更牢固一些，在造型上也是一種新的變化，到宋、遼時期，已在建築中普遍使用了。上下層及平坐上的斗栱都極其簡單。寧夏固原北周壁畫墓及日本奈良法隆寺的金堂與中門的腰簷上，斗栱造型都與此相似。

初唐 莫431 南壁

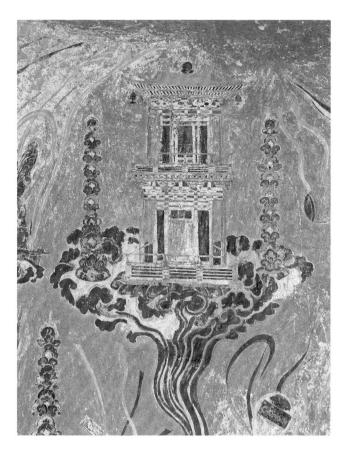

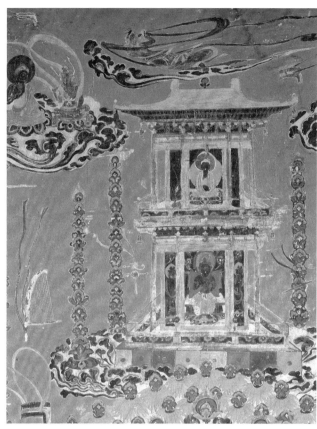

72 雲中閣之一

經變畫中共畫了六座二層閣飄在雲中，
畫得都很狹窄高聳，上下層之間沒有腰
簷，只於柱網上置平坐。這種閣的形式
與日本很多寺院裏的鐘樓、經藏、門樓
相似。

初唐 莫321 北壁

73 雲中閣之二

二層閣飄浮在藍天彩雲之中，象徵佛國
世界的建築。上下層都有臥櫺欄杆，平
坐及上簷隱約可見五鋪作斗栱，四阿
頂，斜脊弧線平緩，反映出唐代的建築
風格。

初唐 莫321 北壁

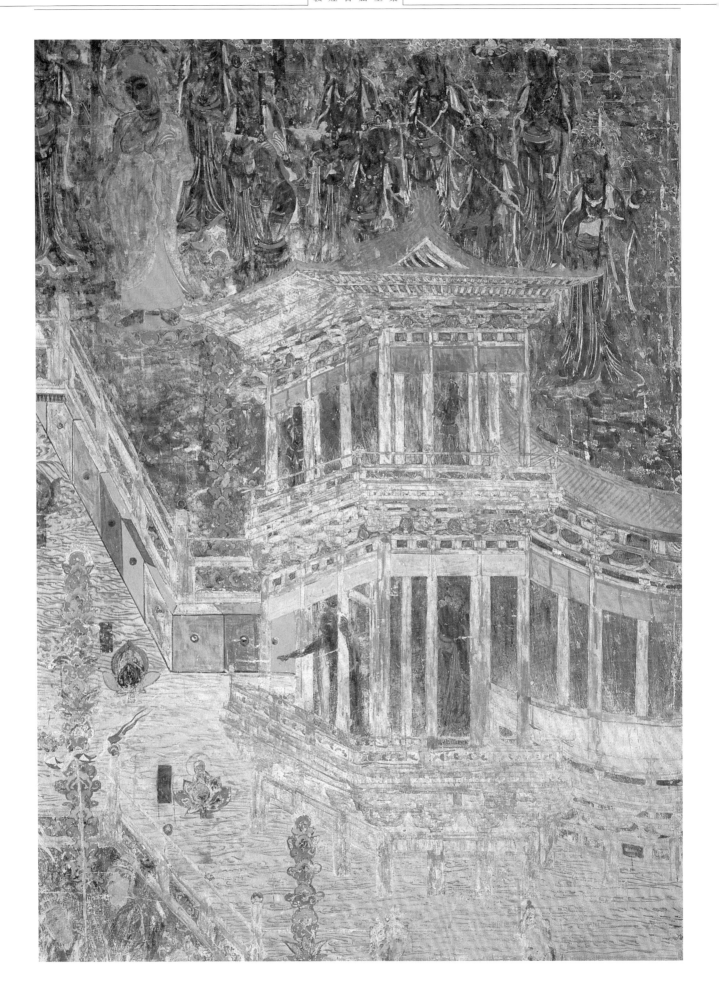

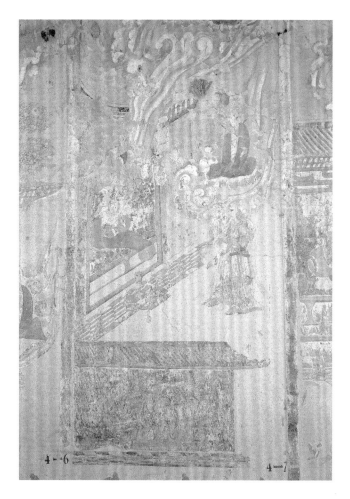

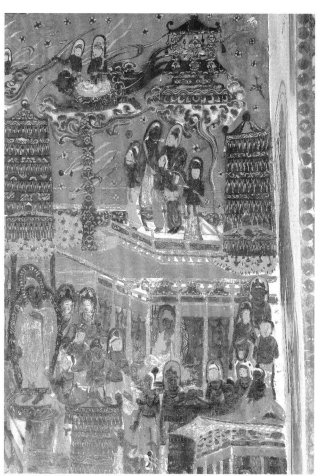

75 照壁與堂

磚石砌造的照壁,下有台基,上覆瓦。
轉過照壁,即是堂,堂內有床榻。照壁
起源很早,在民居中廣泛應用,壁畫中
僅見於此一處。

初唐 莫431 南壁

76 屋頂歌台

三開間小殿堂的屋頂上設平坐欄杆,露
天平台上有伎樂在奏樂,把演奏者的位
置升高,在大庭廣眾中便於觀賞,此種
歌台多見於初唐壁畫中,可能成為後代
戲樓的濫觴。

初唐 莫335 南壁

74 水上閣與斜廊

在水中立柱網平坐,平坐上建二層閣與
斜廊。閣與廊所用的木構件通畫作朱紅
色。石青色瓦頂,綠色的簾箔掛在簷
下,形成富麗的色彩對比。閣前廊上有
菩薩一手扶柱,一手前伸,招引水中蓮
花裏的化生童子,這一細節使西方極樂
世界的生活裏充滿了世俗的生活情趣。

初唐 莫321 北壁

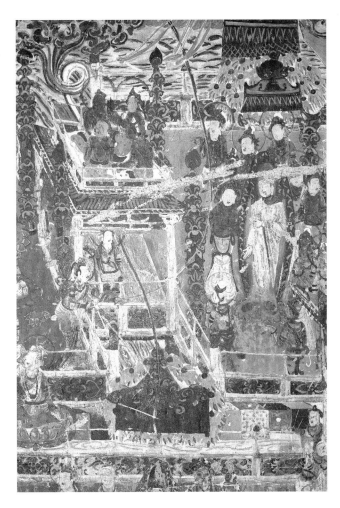

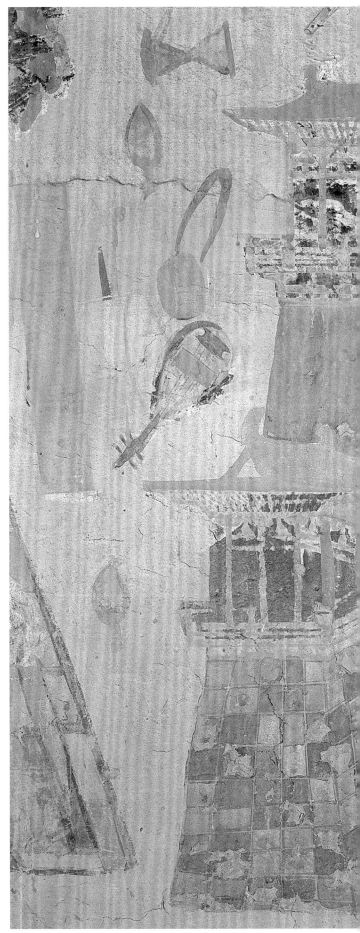

77　奏樂平閣

平閣的形象畫在宮殿、寺觀的大院落
中，是空間形象的小點綴。此平閣是在
小橋的轉角欄杆處立四柱，上建有出簷
很短的腰簷，腰簷上有平坐欄杆，平坐
上面可容四五人奏樂。

初唐　莫341　北壁

78　寶樓與虹橋

壁畫上的四座高台建築，平面為四方
形，立面呈梯形，上小下大，台上出平
坐欄杆，平坐上有三開間殿屋。依照
《觀無量壽經》中"寶樓觀"所畫，是
所謂的"寶樓"，其間有虹橋相通。據
《洛陽伽藍記》說，高台建築也可以稱
作樓。寺院中的台為磚石所建，其上建
屋，如鐘台、經台。

初唐　莫431　西壁

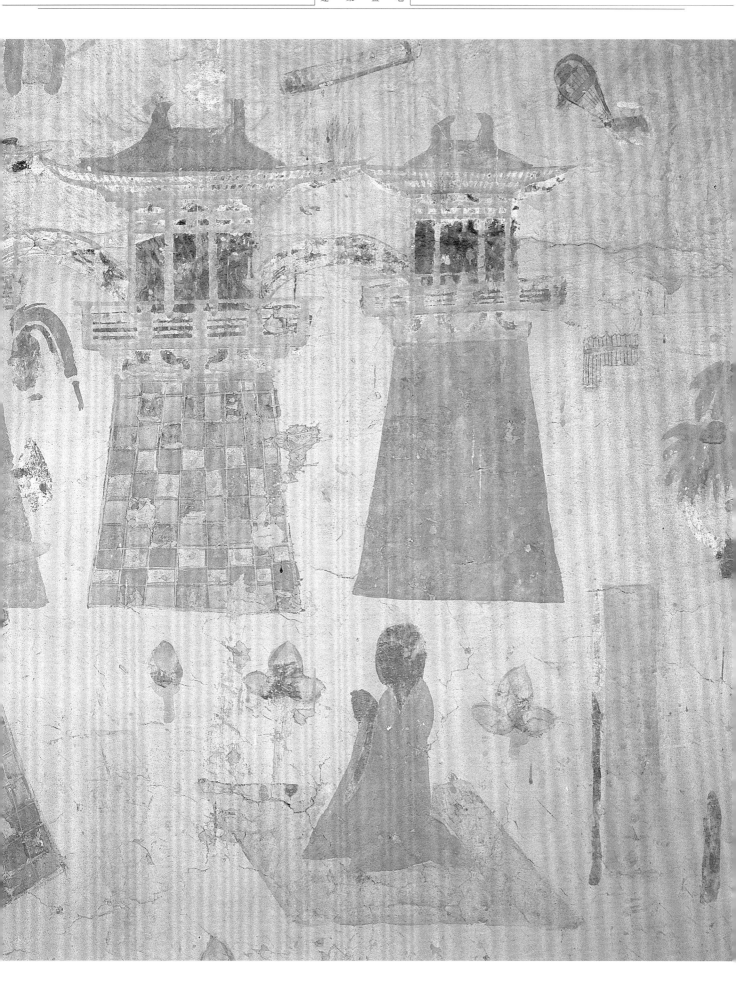

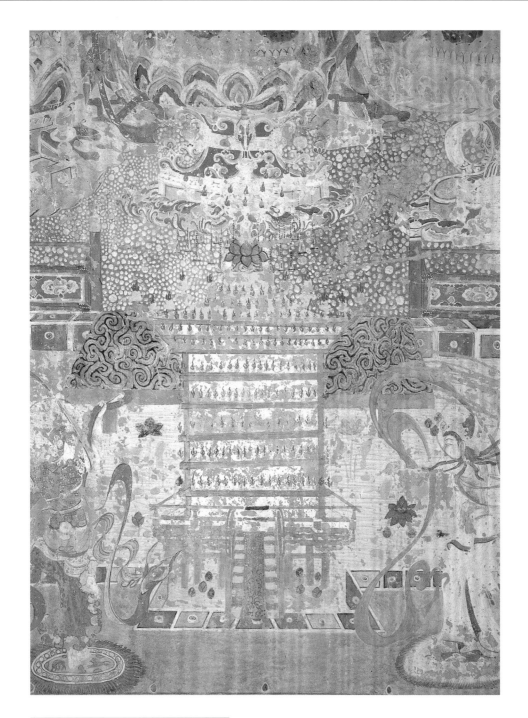

79 七層燈樓

燈樓是臨時性建築小品。壁畫中的燈樓
平坐出於水中，上建七層燈樓，層層滿
佈燈燭，裝飾極為富麗。直至20世紀初
每逢正月十五日，在敦煌城中還搭建
多層的燈樓，樓前張掛佛畫，名為"鰲
山燈"。

初唐 莫220 北壁

第三節　初唐的城與塔

　　初唐壁畫宮城、城垣、城門形象，比之隋代大有發展。第321、431、323窟分別畫了宮城的局部，第321窟的寶雨經變中還表現了一段蜿蜒曲折的長城，真實地反映了邊關風貌。

　　宮城是觀無量壽經變中"未生怨"故事裏必須表現的建築，第431窟北壁的宮城以橫向構圖的方式畫出，概括地描繪出宮廷中前朝、後寢及御苑三個部分。這一幅宮城圖，形象地反映了帝王居住的宮城必須有城牆保護。畫面從右向左依次展開，城牆有城門並起城樓，城內又用院牆分隔成幾院，前院正面有門，城中部有殿三間，後面是一曲牆院落，院內一堂，全部用簾帷遮蔽，中間留一門，可看見堂內的床，院內種植花木，這裏是後園，中後兩院之間的下部有一側向的烏頭門，形狀結構都畫得很具體。烏頭門是圍牆上沒有屋蓋的門，柱頂套一瓦桶，並染黑，故名。後部的宮院院牆上覆瓦，與前朝的做法相似。

　　第323窟繪一城垣作直角轉折六處的城，所繪為城的一角，城牆依地勢蜿蜒構築。故事畫的是隋開皇六年（公元586年），曇延法師被請到大興城（今陝西西安）為隋文帝受戒。據考古發掘，漢代長安城的西北角和南牆有幾處曲折，傳說是象徵北斗和南斗的星象。隋開皇二年（公元582年）另擇新址興建大興城，但大興城的外郭城直到唐代才建

成。唐帝都的大明宮突出於城外，城垣亦多曲折。壁畫反映的是隋代故事，而當時大興城的城郭尚未建成，所以唐代畫師只能以漢長安城入畫。

　　第321窟是莫高窟唯一的寶雨經變，壁畫中的城有三面城垣，城垣的兩面在中部開有城門，上有城樓，城牆上有雉堞。城內有一座門屋，兩側接橫向的長廊，將宮城分隔為前後兩部分，後院的堂僅露出兩間與前廳相對，圖的下方已漫漶不清，隱約看出後院是按一堂兩廂的傳統佈局佈置的。圖中值得注意的兩處，一是橫廊中部的門屋，屋頂坡面有明顯的反宇，屋頂為懸山式，頂端的搏風板處有懸魚裝飾。門屋的屋頂高起，兩側橫廊屋頂插入門屋屋頂之下，恰相吻合，在技術上處理得合理而巧妙，畫家應對建築結構非常熟悉，作畫時才會交代得如此細緻。

　　初唐壁畫中的塔，窣堵波式較多，樓閣式塔兩座，單層木塔僅一座，這種漢化的塔雖然數量少，卻有一定典型意義。

　　第331、335、340、341等窟壁畫中都繪有《法華經》"見寶塔品"的題材，塔中繪釋迦佛與多寶佛並坐說法的場面，這一題材，貫穿了初唐以後的各個時代。初唐的多寶塔，都是窣堵波式，塔形基本相似，塔下是一兩層低矮的塔座，塔身作覆鉢形或鐘形，塔身中空，

容二佛並坐其中。塔簷扁平,邊沿飾有山花蕉葉,中間再起淺覆缽,塔剎有相輪四至五重,剎頂以寶蓋及仰月寶珠作結。第340窟窣堵波,把塔剎相輪畫成多層傘蓋的幢形,傘蓋本是印度帝王或貴族出行的儀仗,把幢放在窣堵波頂上,是表示對佛的尊崇,保持窣堵波的原型較多。窣堵波多用磚石材料構築而成。

第323窟北壁是一座七層樓式的塔,下有基座,每層均為三開間,層層都有平坐欄杆,面闊和層高逐層收小,至頂層作四阿屋頂。壁畫講西域高僧佛圖澄能聽塔上的鈴聲以言吉凶的故事,而畫師卻將塔畫成樓。塔剎是塔的重要部分,放在塔頂冠蓋全塔,既是佛教的

象徵,也是塔的裝飾。這座七層高樓,從故事內容來説,它應是一座塔,從形式上看,它卻是樓。這裏就以故事內容將它歸入塔的類型。

第323窟南壁,畫隋開皇年間仁壽寺舍利塔舍利放光的故事。塔為單層木塔,塔下有高大的疊澀須彌座,座下由蓮花承托,塔身為三開間小殿,攢尖頂,塔剎相輪及受花比例碩大,塔座及塔簷一周滿佈寶珠,即成寶塔。塔的形式是傳統建築中亭或堂的造型,在攢尖屋頂上置塔剎,正是佛教藝術逐步漢化的體現,這種塔最初見於隋代第276窟,其粉本在以後各朝代的壁畫中被廣泛採用。

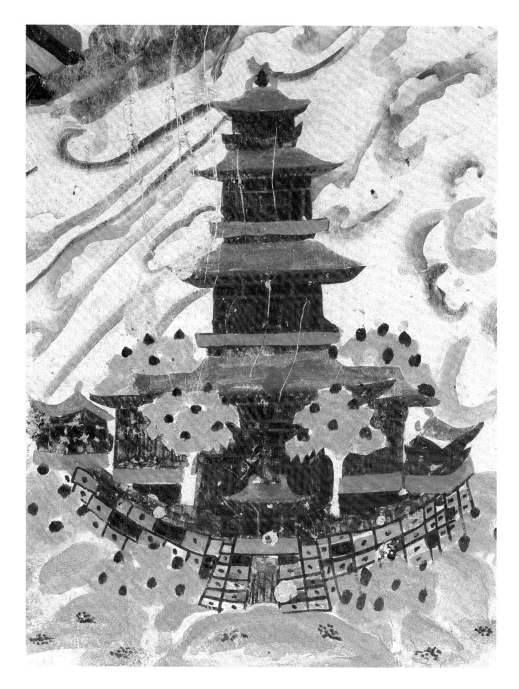

80 天宮塔院

維摩詰經變中畫的天宮，城垣內建宮殿
和一座四層的高樓，每一層腰簷上設平
坐，層層面寬逐漸收小，層高降低。樓
頂作廡殿頂，正脊上安寶珠，具有當時
木結構樓閣式塔的特徵。

初唐 莫332 北壁

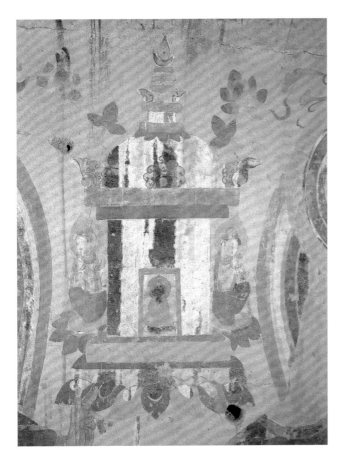

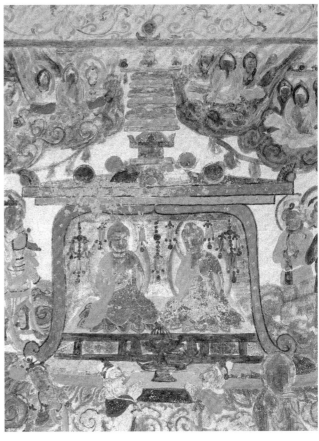

81 窣堵波

於覆蓮上起二層台基,方形塔身,上有
疊澀出簷,簷上建大覆鉢,再上是很小
的塔刹相輪與寶珠,比例較為特殊。

初唐 莫431 中心柱西壁

82 窣堵波式多寶塔

塔身為扁平的鐘形,塔內有釋迦佛和多
寶佛坐於床榻之上。塔頂上有須彌座式
的平頭,上有小覆鉢,六重相輪,相輪
一般應為單數,再上有寶蓋、寶珠。初
唐壁畫中的多寶塔,大多作變形的窣堵
波,迄今沒有發現實物遺存。

初唐 莫332 西頂

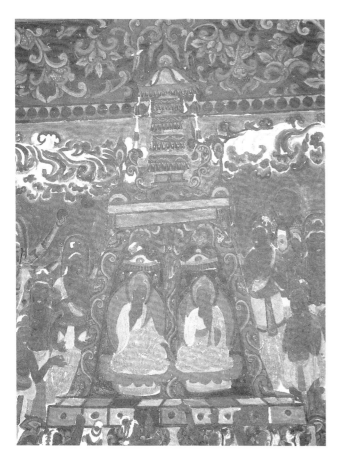

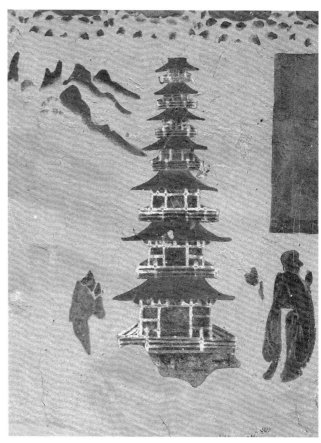

83 窣堵波式多寶塔

鐘形塔身較高，滿繪花紋，塔剎相輪及
寶蓋均作幢形。幢即是多層傘蓋，是佛
及菩薩頭上的莊嚴標幟，表示對佛的尊
崇。塔剎畫作幢形，反映了印度窣堵波
的原形。

初唐 莫340 龕頂

84 七重樓式塔

壁畫描繪的是後趙時期僧人佛圖澄的故
事。據《晉書》說，佛圖澄聞佛塔上的
鈴音，即知吉凶。圖中畫七層塔，實則
是樓，樓頂為歇山屋頂，而沒有塔剎相
輪，連基本的佛教標誌都去掉了。

初唐 莫323 北壁

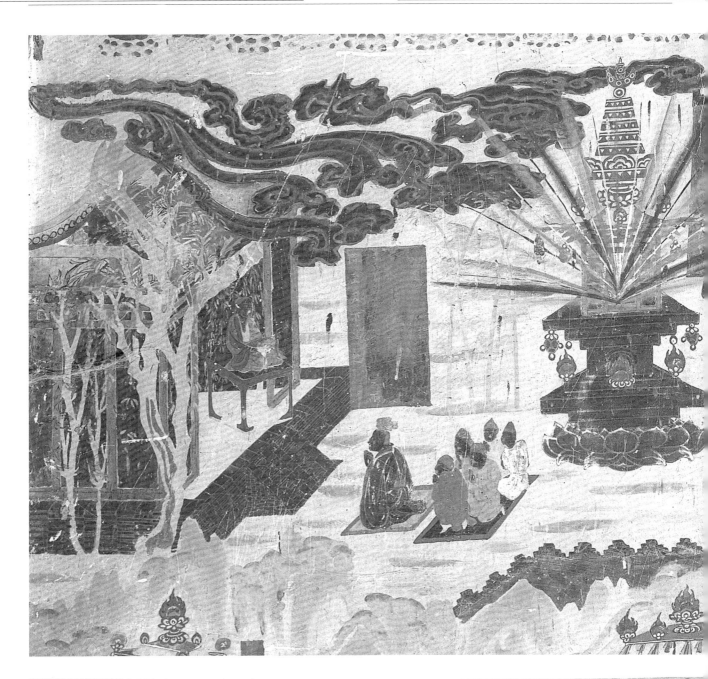

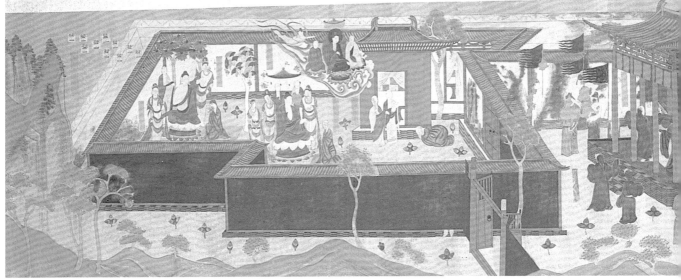

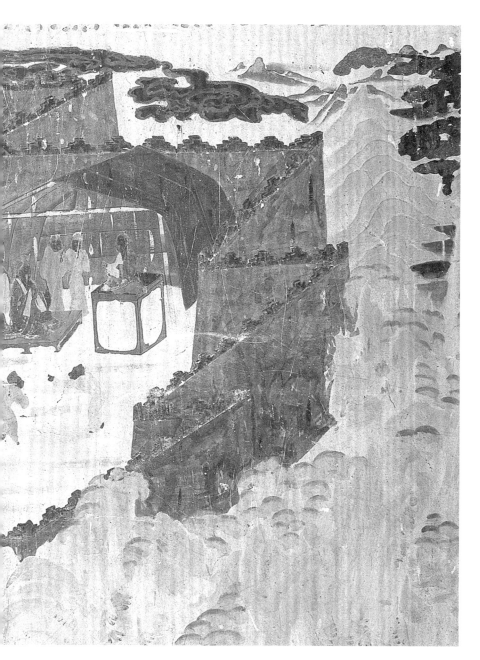

85　城垣與塔

壁畫描繪了隋文帝的崇佛活動，曲折的城垣是漢長安城形象，城內舍利塔放射出耀眼的光輝，木結構的三開間小殿式塔身，坐落在很高的須彌座上，攢尖式塔頂上有碩大的塔刹相輪。

初唐　莫323　南壁

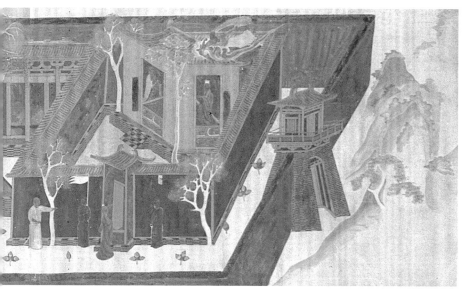

86　宮廷院落（摹本）

壁畫將頻婆娑羅王的宮廷橫向畫為一長卷的形式，從皇城的城門開始，第一進表示宮中的前朝，正面有門，旁立守衛，畫頻婆娑羅王被太子囚禁在殿堂中。第二進表示宮中的後寢，有殿三間，歇山屋頂；殿周圍不設牆壁門窗，柱子之間完全開敞，殿堂闌額掛簾帷，殿內畫太子欲殺其母韋提希夫人。第三部分表示宮中的御苑，畫韋提希夫人被幽禁在花園之中。這是莫高窟最早的觀無量壽經變中“未生怨”故事。

初唐　莫431　北壁

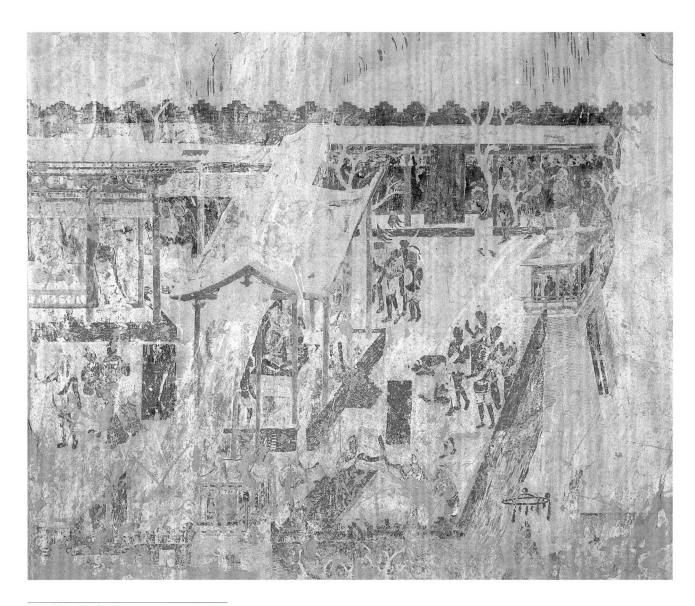

87 城垣與宮廷

寶雨經變中畫有智城，城中人物着天竺
裝。城垣、城門及城中的堂、廊等都是
典型的中原式建築。進入城門，有一門
屋，兩邊有廊，將城分為前後部分。整
座城是按照民居院落形式佈局的。

初唐 莫321 南壁

第四節　初唐建築的結構特點

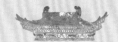

初唐時期,長安(今陝西西安)畫壇人才輩出,閻立德、閻立本兄弟既懂建築,又善畫台閣,並以畫家身份出任朝廷要職,對畫壇影響很大。在中原文化的影響下,敦煌自唐貞觀開始,壁畫風格逐漸趨於寫實,更加注意表現建築的細部及其特徵。對於建築各構件及周圍環境的處理,完全不同於隋代只作概括性的勾畫,而是用細膩的筆調刻畫佛國世界的繁華綺麗。這正是初唐建築畫的特徵。

台基:在初唐的淨土變中,七寶池、八功德水是主要背景形象,七寶池的露台台基出於八功德水之中,台基表面和側面都用磚包砌或鑲砌,方磚上或有花紋或為單色,有的很華麗,如第220、329、341窟寶池中的台基邊沿分作整齊的方格,方格中畫團花或寶相花圖案作裝飾。只用素方磚包砌,如第71窟建於地面上的台基。不同做法反映了當時多樣化的建築技法。考古發掘證明,唐代宮殿多鋪設方磚地面,長安名刹青龍寺遺址中亦有方形花磚出土。莫高窟從隋代開始在石窟地面鋪設墁地花磚,花紋多為寶相花、蓮花等浮雕花紋。用花磚或方磚處理地面的做法,一直延續到至今。

欄杆:露台的四周普遍安裝木欄杆,欄杆的橫木通稱為"欄",豎立的構件通稱為"杆"。欄杆下部裝有彩畫的華板,望柱柱頭通常雕作寶珠或蓮花形。有的還在每個橫豎相交的節點處,用另一色彩圍繞節點畫出一矩形,矩形邊沿有排列密集整齊的黑色圓點,可能是用金屬包鑲以加強節點。如第220窟的欄杆上即有金屬包鑲的節點。第321窟龕頂南側,畫一列天宮欄杆,裝飾華麗,蜀柱間有白鴿嘴含纓絡,上層欄板的褐色底層上畫白色龍鳳紋,畫家信手畫來,如行雲流水般的自然流暢。台基之間用小橋相連,橋欄杆與台基欄杆的形式相同,成為格調一致、華麗和諧的裝飾風格。

斗栱:初唐時期壁畫中建築仍以一斗三升及人字栱為主,但在第71、321窟的樓閣上,已經有了向前出兩跳的斗栱構件了,其中第一跳跳頭上不出橫栱,即所謂"單栱偷心造",第二跳的跳頭上,有類似令栱的替木,第71窟所畫兩跳單栱上,跳頭上沒有令栱及替木,栱頭直接承托在撩簷枋之下。第321窟畫的樓閣角柱上方的斗栱,只從角柱的兩面出跳,跳頭上有令栱,角栱還沒有發展成為45度角的形式。以上這些斗栱的例子說明,初唐建築中的斗栱,形式簡潔明朗,其功能、結構仍處於發展中。第71、321窟樓閣的屋簷出簷深遠,正是斗栱出跳的結果,較之隋代有了很大的發展。這時斗栱普遍使用單栱,沒有左右伸出的橫栱,說明房屋開間的跨度相對較小。初唐敦煌壁畫中提供的斗栱信息，在實物缺乏的情況下，是無可代替的形象資料。

屋頂：屋簷大多仍是平直的，只有少數呈現翹曲簷角，如第215、220窟。三開間小型殿堂的四阿頂正脊上不設鴟尾，見第323窟。這種屋脊的處理，上見於隋代，下見於唐各階段的壁畫中。鴟尾的畫法已很規範，有彎鈎狀的背鰭與聯珠紋，如第220、431窟，不似隋代只用兩筆即勾畫出輪郭來。斜脊的下端可見清晰的方形脊頭瓦，之上再覆一層筒瓦，如第431窟。

初唐壁畫中對建築畫的寫實描畫，一直影響到以後各時代，是建築畫走向成熟的開端。

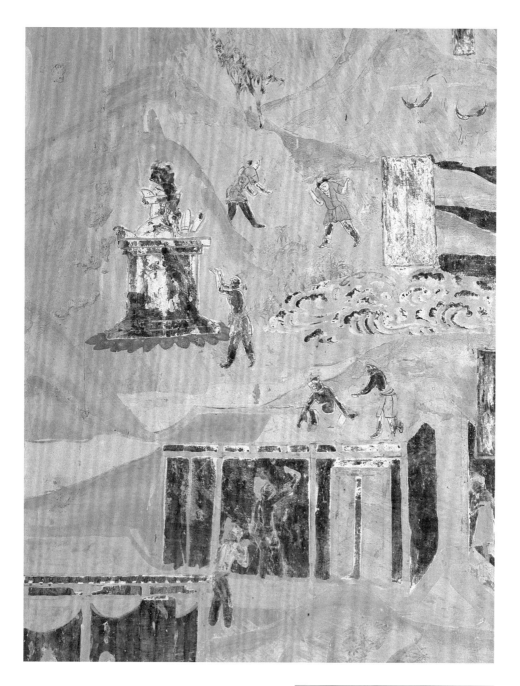

88　建寺造塔

《寶雨經》中說，建寺造塔可以得福
報。畫面概括地表現了建寺的施工情
形，房頂有兩人上房泥，屋頂比較平
緩，屬西北地方的建築習慣。簷下二人
正在墁抹牆泥。山前是一座即將建成的
窣堵波，上下有工人正在勞作。

初唐　莫321　南壁

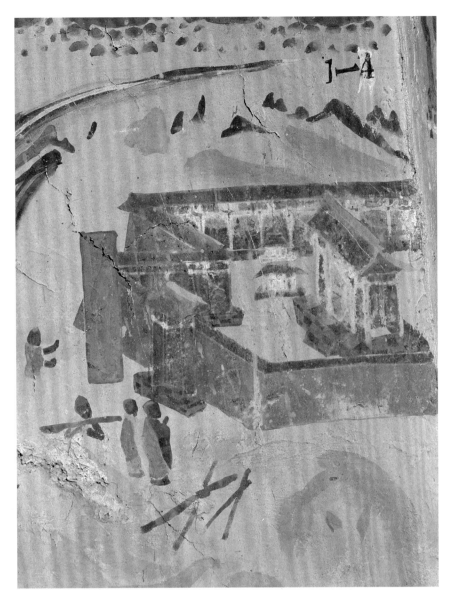

89 修建寺院

一座寺院即將竣工，曲折的圍廊內有一座佛殿，旁邊有一塔，寺院外有工人還在忙碌，僧人已開始參拜。在早期的寺院裏，塔居於中心，本圖的塔已移位在佛殿旁邊，中心被佛殿取代，是壁畫中寺院建築佈局變化的開始。

初唐 莫323 北壁

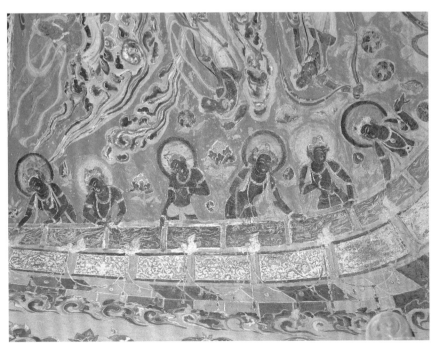

90 菩薩憑欄

雲層上的天宮平台，裝有重層華板欄杆，兩層華板間的節點處，雕有展翅飛翔的小白鴿，白鴿口含瓔珞，連接成圓弧線。六身菩薩憑欄俯視着下方，姿態各異，背景是湛藍的天空，營造出一派祥和的氣氛。

初唐 莫321 龕頂

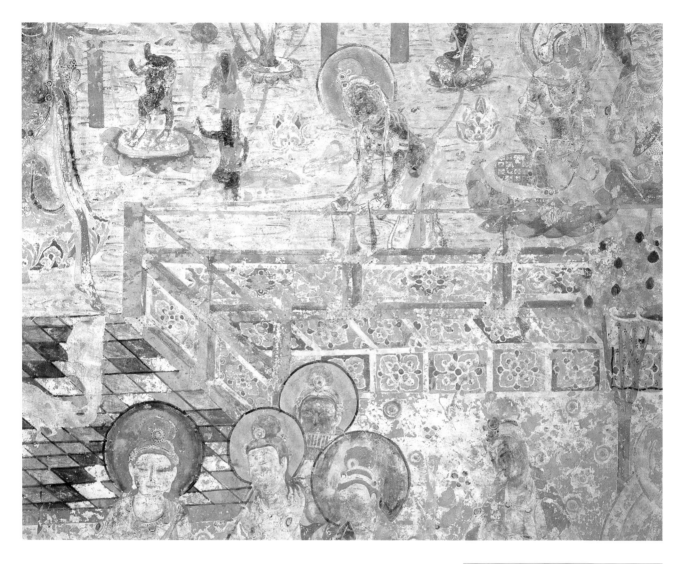

91　台基與欄杆

台基建在水池邊，台基表面與側面的方形分格中畫四瓣花作裝飾，台基上裝華板欄杆，板上彩畫花紋。在每個橫豎相交的節點處，畫出一矩形，可能是用金屬包鑲以加強節點。台基和欄杆相結合，豐富了建築的外觀和立面造型。

初唐　莫220　南壁

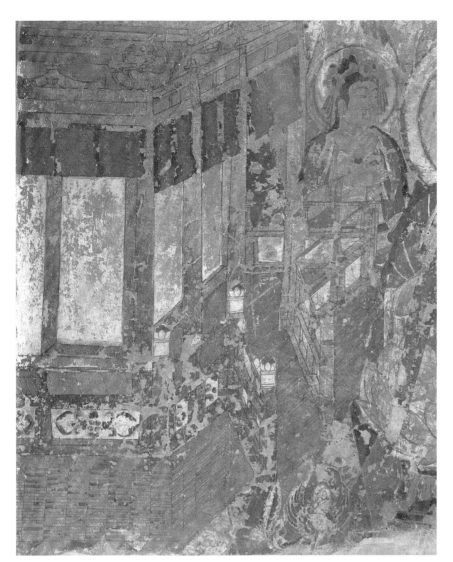

92 台基與欄杆

磚砌台基，下有方磚散水，台基的正面
中部設台階，台基及台階的邊緣有華板
欄杆，轉角處設望杆，杆頭上有蓮蕾裝
飾。

初唐 莫71 北壁

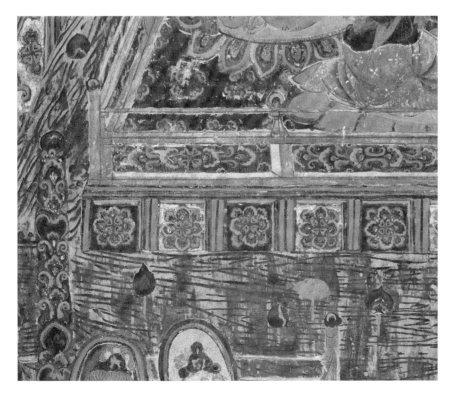

93 台基與欄杆

台基用方形隔身板裝飾，板上繪寶相
花，方塊之間有隔身板柱。台基上有華
板欄杆，也繪有寶相花。寶相花是當時
最為流行的圖案之一。

初唐 莫329 南壁

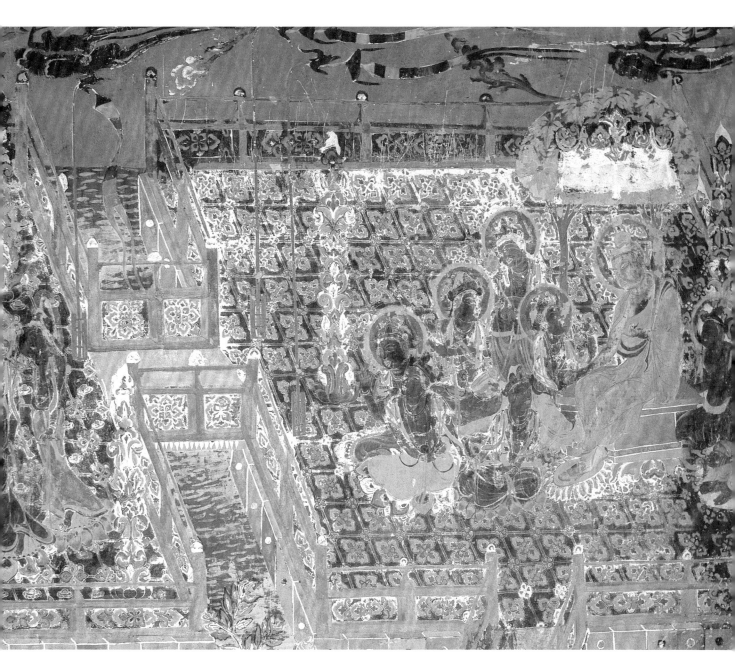

94 小橋與幡桿

兩座露台用小橋相連,橋上的欄杆裝飾
華麗,望柱頂部有蓮花裝飾,這一部分
可能用金屬包鑲,金屬望柱頭會產生熠
熠生輝,光彩照人的效果,增加華麗
感。橋兩端豎立三根龍頭幡桿,下部有
幡桿夾。幡是寺院的一種設施,懸掛在
桿頂的幡隨風飄舞,使幽靜的寺院增加
幾分生氣。

初唐 莫331 南壁

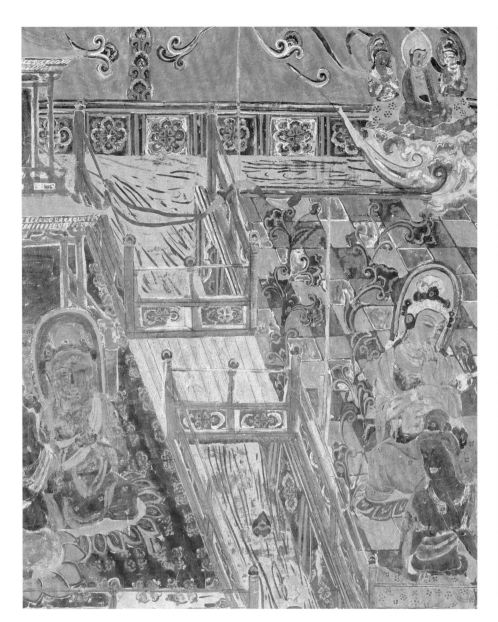

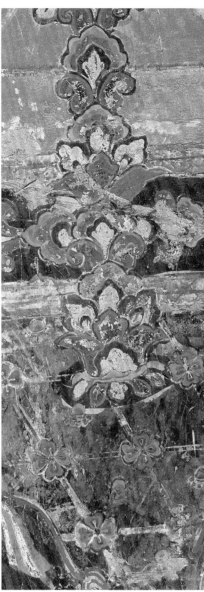

95 小橋與方磚地面

小橋兩邊的露台地面都畫成方格狀，一
邊方格內用華麗的花紋裝飾，一邊只用
不同的單色塊塗畫。考古發掘證明，唐
代宮廷及寺觀的殿堂地面上多用方磚鋪
裝。莫高窟洞窟內從隋代到元代普遍用
花磚作地面鋪裝。壁畫中的方磚着了
色，可能是畫工美化壁畫的相象之作。

初唐 莫329 北壁

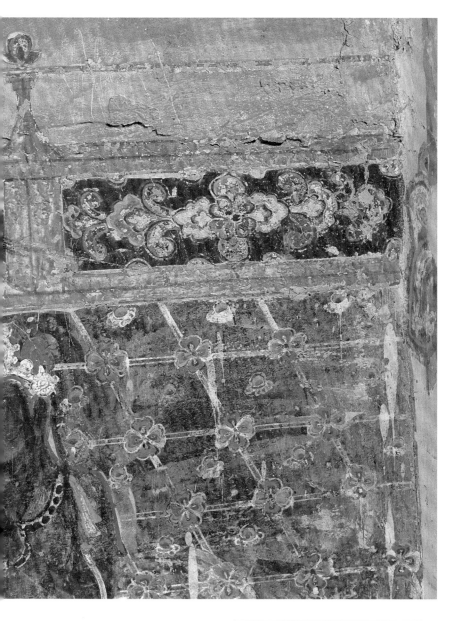

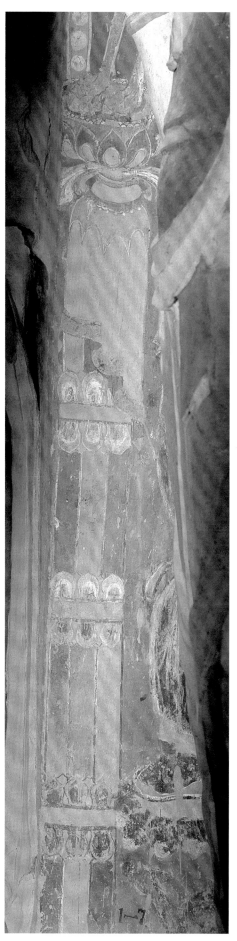

96 欄杆與花磚地面

華板欄杆圍繞的露台上用帶花紋的方磚
鋪裝,方磚的四角上有簡單的花瓣,拼
合之後,四個磚的角花,形成一個完整
的花朵,莫高窟保存有這種唐代花磚。

初唐 莫321 北壁

97 束蓮龕柱

佛龕左右畫八棱柱,柱身用束蓮分作四
段,上有仰蓮柱頭。仰蓮下有布帛包裹
柱頭,其用途與淵源還不清楚。

初唐 莫57 龕側

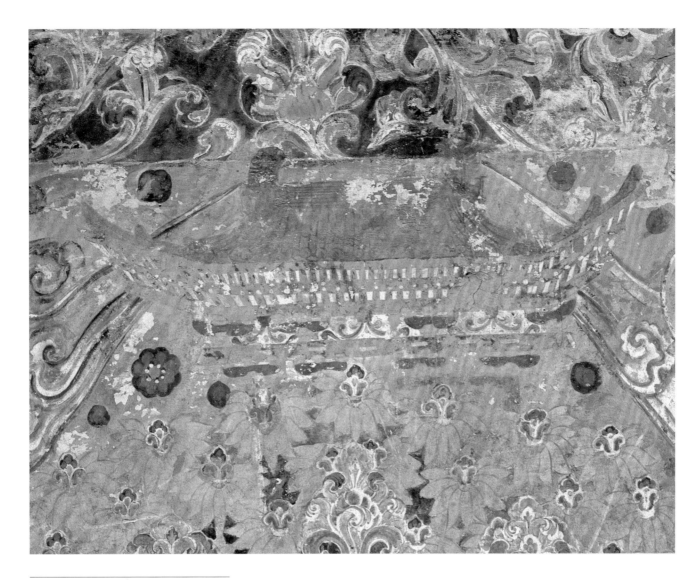

98 翹曲屋頂翼角

小殿的屋簷兩端高高翹起。從北涼開始
直到宋代,壁畫上的簷角大多都是平直
的,只有少數畫出翹飛。此小殿的簷部
有簷椽及飛椽,翹飛顯著。

初唐 莫220 南壁

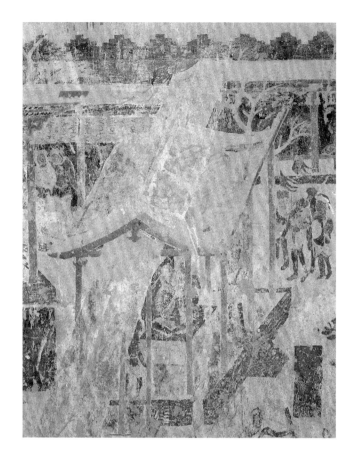

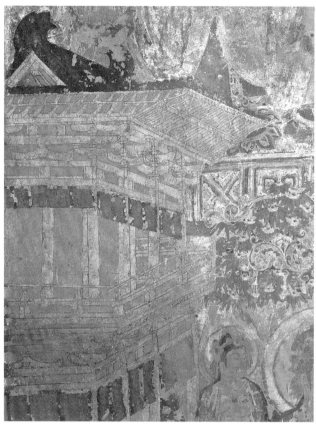

99　懸山屋頂

屋頂形式為只有前後兩坡屋面和一條正脊，屋面的檁條兩端都懸挑出山牆之外，可以保護山牆少受風雨侵蝕。這種屋頂結構簡潔實用，因而得以流傳至今。

初唐　莫321　南壁

100　斗栱

下層平坐的柱頭鋪作只出一跳斗栱，上層簷下柱頭鋪作出兩跳，跳頭上沒有橫栱，為單栱偷心造。轉角鋪作只有正側兩面的出跳，沒有45度角的華栱，從閣的側面看，柱頭之間有人字叉手作補間鋪作。上簷的斗栱多出一跳，出簷深遠，可使簷下的平坐及欄杆不被雨淋。

初唐　莫71　北壁

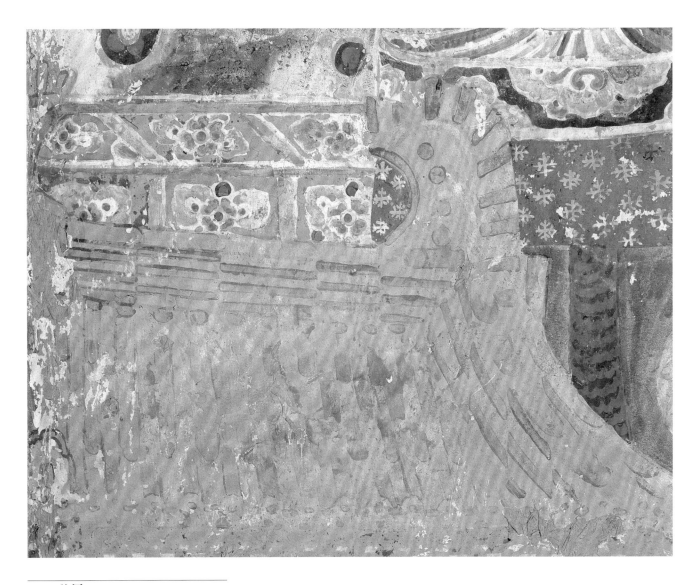

101 鴟尾

鴟尾的雙鰭上有若干平行的線道，鰭的
內側形成尖嘴彎勾狀，鴟尾的正身上有
聯珠紋。這是初唐壁畫中表現較清楚的
鴟尾形象，莫高窟同期所畫的鴟尾與此
大體相同。

初唐 莫220 南壁

輝煌的天上人間

盛唐（公元 705 ～ 781 年）

　　在盛唐近八十年中，莫高窟共開鑿了八十個洞窟，開元、天寶年間開鑿的第130窟，規模宏大，顯示出大唐盛世的氣魄，第217、320、45、172、148等窟的壁畫、雕塑藝術異彩紛呈。盛唐的成就，使敦煌石窟達到藝術的巔峰，成為光照千秋的文化瑰寶。

　　經變畫的繪製繼承初唐形式，用整個壁面畫一鋪經變。因為畫幅較大，畫面上的淨土世界場面疏朗，視野開闊。在觀無量壽經變、阿彌陀經變、藥師經變中，以表現大型寺院建築羣為主，兩旁畫有宮廷和城垣。在彌勒經變中以表現天宮的院落為主，附帶畫有城樓的形象。涅槃經變中根據故事情節也表現出城垣與城樓。而在法華經變中則是佛塔和民居建築較多。畫面上對寺院建築羣的描寫，突出佈局的恢宏和建築的壯麗，注意對建築局部刻畫。寺院中多重殿宇、樓閣、迴廊、角樓等單體建築的組合，井然有序，形成壯闊而深遠的建築空間。中心部分畫大小不等，高低不同的露台，是佛及菩薩、天人、伎樂歌舞的活動場所。大殿的上部與兩旁，在藍天彩雲的襯托下，造型優美的鐘台、經藏、碑閣錯落分佈在庭院之中，虹橋飛跨於樓羣之間，飛天穿梭在台閣之上，渲染出一派熱烈而祥和的西方淨土極樂景象。

　　盛唐的建築畫經過畫師們的努力，用繪畫透視技法，把他們從現實生活中得來的建築印象，在符合佛教內容的條件下，將其搬上了佛國世界，譜寫了一曲天上人間的建築樂章。雖然表現的主題是佛國世界，但實質上是歌頌了人間的建築之美，把現實的人文景觀和淨土理想融為一體，這正是畫師們在創作佛教經變時所追求的美學意境。

　　壁畫中的建築形象不失為這時期最好的、最直觀的形象資料，特別是寺院建築的資料，結合文獻與考古發掘的成果，也許能從中找到盛唐寺院形象的梗概。

第一節 盛唐寺院的佈局

在盛唐洞窟中，表現淨土信仰的經變佔絕對多數，特別是觀無量壽經變、藥師經變，其畫幅之大、構圖之嚴謹和高超的繪畫技巧，都是其他時代所不能比擬的。描畫在淨土世界裏的寺院建築，系統地反映了大唐盛世的寺廟院落的平面佈局，彌補了這時期缺乏建築實物的空白。

凹字形佈局是最常見的寺廟平面佈局。從建築畫中可以看出，寺院的組合正由簡單走向複雜，由樓、閣單獨運用向混合運用轉變，從單院向多院轉變，單體建築形式呈現多樣化。這種簡單的"凹"字形平面，以其對稱、簡潔而富有變化，是淨土變中最簡潔典型的一種平面模式，盛唐時期經變中龐大的建築羣大都由此發展而成。凹字形佈局方法由簡單到複雜，共有三種：

樓、閣與迴廊組成：盛唐初期的佛寺還沒有完全擺脫初唐的形式，樓與閣分別運用，"凹"字形佈局為寺院的主流模式。只不過在早期總體佈局中的單體建築形式比較單一，多是中間一座閣或樓，作為中軸線上的大殿或佛閣，其後面的迴廊向兩旁伸出一段後向前轉折，形成"凹"字形，然後再折向兩旁繼續延伸，又折向前，在每一轉折處，都有樓或閣。如第66、103窟的寺院由五座閣與迴廊串連而成，第208窟南壁觀無量壽經變中，用七座二層閣圍以曲廊組合而

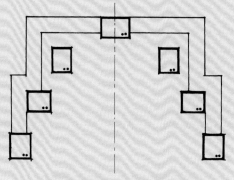

第208窟寺院平面推想圖

成，北壁彌勒經變中由三座二層樓、兩座堂屋用廊圍合成"凹"字形院落。第225窟南龕頂上的阿彌陀經變由一殿二樓加迴廊組成。

多種單體建築組成：第123窟阿彌陀經變中，大殿兩側由五種不同形式的單體建築：閣、閣樓式塔、二層樓、堂、亭，連大殿共七座，組合成"凹"字形平面，其間不用迴廊串連，各自獨立。第45窟觀無量壽經變裏，大殿兩旁有向前伸出的斜廊，斜廊盡頭是二層閣，後面還有向兩側伸出的"之"字形曲廊，盡頭又是一座二層樓，仍是"凹"字形平面。第217窟北壁的觀無量壽經變上部正中一閣樓，閣樓後面有迴廊向前轉折，形成"凹"字形後院，再向兩側轉折包攬前院。前院正中一大殿，兩旁參差不齊地安排着樓、閣、台，共八座單體建築。反映盛唐初期寺院佈局尚未規範，故有眾多單體建築羅列於庭院中的畫法。當然，不能排除畫師有意把原本

沿中軸線兩側佈置的台、閣等單體建築展開,排成橫向一列,以便展示各單體建築之美。

除凹字形佈局之外,初唐出現的"山"字形佈局,在盛唐僅見於第446窟的觀無量壽經變,經變僅殘存西半部,畫面已完全不同於初唐的簡單形式。值得注意的是畫面中上部有一突出的大平坐,平坐上再起堂、閣。平坐一側與二層斜廊相連,斜廊前有三層圓亭。圓亭的旁邊又有三層的高樓,斜廊後面和側面還有二層閣。殿、堂、樓、閣,斜廊、台榭重重疊疊充滿了畫面。這幅圖中的大平坐與三層圓亭都是莫高窟壁畫裏僅存的圖像。可惜這幅壁畫漫漶過半,經變中的寺院佈局已不甚清晰,但仍可看出單體建築的獨特造型使寺院的佈局形式發生了新的變化,成為盛唐壁畫中的又一種寺院組合。

盛唐淨土變中的建築畫,展示出寺院中最為宏麗的院內景象。第320、172、148窟的大型經變是這時期的精品。第320窟北壁與第172窟南北壁都是觀無量壽經變,畫面以較高的視點俯視寺內,表現了嚴格對稱的大寺院佈局。壁畫的中下部分是佛、菩薩、天人所在的大型露台,露台下,七寶池中綠水蕩漾,蓮荷盛開。上部正中是一座單簷四阿頂的大殿,其後又有兩重高大的殿屋,中軸線上的建築形象十分突出,殿

前兩側,各有一座配殿,後殿兩側向左右伸出迴廊,並轉折向前與兩側的配殿相連,組成"凹"字形平面。迴廊轉角處的屋頂上,各有角樓一座,為建築羣的天際輪廓增加了秀麗的曲線。第172窟的兩幅經變中,透過角樓,視線所及,但見原野茫茫,煙波浩淼,着筆不多,即把寺院的環境描繪得開闊而深遠,這是盛唐繪畫中平遠透視的新成就。

盛唐晚期規模最大的第148窟,是敦煌地方豪族李氏家族所建,窟內壁畫內容豐富,規模宏大,繪製精良。窟中的涅槃經變、觀無量壽經變、藥師經變,都是此類經變中的皇皇巨制,其餘如彌勒經變、天請問經變也有獨特之處。這些經變裏都畫有大量建築畫,是莫高窟集建築畫之大成的代表。東壁南北兩側的觀無量壽經變與藥師經變,表現了兩座唐代大型寺院的內部景觀,畫面中下部開闊的空間有大小不等的幾座出水露台,供佛、菩薩、天神、伎樂活動,後面背景是一片龐大的寺院建築羣。在中軸線上,有前後兩重佛殿,大殿兩側的配殿、迴廊、角樓、圓亭等錯落有致,顯現了寺院殿閣聳峙,高潮迭起的景象。

第320、172、148窟大幅經變中部佈置着幾重佛殿。兩旁的配殿或配殿後面迴廊繼續向前延伸出畫面之外,有意猶未盡之勢。受中原地區住宅格局影響

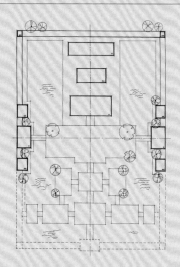

第172窟寺院平面推想圖

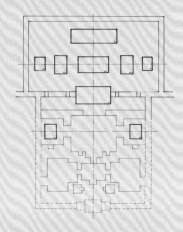

第148窟寺院平面推想圖

的寺院，無論是大寺小寺，總是以封閉的廊院空間為其佈局的主要特徵。晚唐文人段成式和美術評論家張彥遠，分別在《酉陽雜俎》、《歷代名畫記》中多處記載了寺院中"三門"、"東門"、"中門"、"中三門"等院門的位置。所以應該認為，寺院前面還應有三門、中門等前奏性的建築，才能組成一個完整的寺

院。以第320窟觀無量壽經變中的寺院為例，壁畫中的淨土寺院只表現了以大殿為中心的殿宇空間，大殿兩側有迴廊左右伸展，廊的盡端轉角上有角樓，角樓前方即殿庭的兩邊有相對的兩座配殿，與殿廊之間形成"凹"字形平面，大殿之前有大露台一處及小露台三處，殿庭內外樹木扶疏，整個院落佈置簡潔開朗，規整有序，成為一個完整的組合。假設把上部的廊從配殿再向前延伸，使其圍合成一個完整的院落，並在正面的迴廊中部設三門，與大殿相對，形成封閉的廊院，由門、堂和廊組成的庭院空間，就是當時宮廷和寺觀中習見的形式。

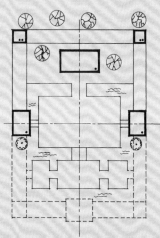

第302窟寺院平面推想圖

文獻中對大型寺院的規模多有記載，大寺由若干個院落組成，如唐長安的慈恩寺凡十餘院。據考古發掘，唐代長安青龍寺就有廊院遺址，文獻和考古

是相吻合的。

天宮寺院的佈局：在盛唐的彌勒經變中，兜率天宮表現為寺院的形式，其佈局可分為五種。

一、第208窟表現的是一座簡單的"凹"字形院落，由迴廊圍合一殿二樓，廊盡頭各有一堂屋，院落周圍有渠水環繞，而不是廊院。這種形式從盛唐開始一直到五代都有表現。

二、第103、217窟的天宮寺院以庭院展開的形式表現，其中第103窟由七座殿堂用廊子相連，對稱佈置；第217窟則有八座殿堂呈不對稱佈局，此形式僅見於盛唐。

三、第113窟的天宮以一座城的形式表現，此形式以後也多有運用。

四、第445窟北壁畫出大小十幾座方圓不同的院落，每一院落都座落在懸崖峭壁之上，依地形而建。這種形式僅此一處。

五、第148窟在南北兩壁上部都繪有大型而完整的天宮寺院，是天宮建築的精品。南壁的寺院佈局呈"凸"字形平面，由大小五院組成，中部一大院，左右兩小院，各用兩橫廊和樓、堂將小院再分作兩進。寺院正面有橫列的長廊共四十四間，正中是三間單簷廡殿頂的門屋，在兩側小院的交接處另闢偏門，形

成正面一中門二偏門的三門格局。三門是按佛家所謂"三解脫之門"的說法設置的，為建築賦與了抽象的宗教含義。北壁"天請問經變"裏的天宮寺院佈局與南壁相似，只是將正中的門屋變為門樓。

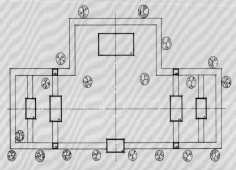

第148窟彌勒經變寺院平面推想圖

第148窟天宮寺院圖，平面佈局合理，院落大小兼有，院中有院，可以把日常禮佛的繁雜活動與少受干擾的念誦禪修區別開來，是一個合理的寺院規劃圖。大院的空間各立面都有不同的造型處理，樓閣聳峙，迴廊曲折，樓閣與迴廊的柱間各處都懸掛着簾幕，表現寺院中的生活情趣與寧靜的氣氛，寺院內外，綠樹成蔭，道樹成行。北魏《洛陽伽藍記》中描寫永寧寺"四門外，樹以青槐，互以綠水，京邑行人，多庇其下，路斷飛塵，……清風送涼"。可見自古佛寺都是很注重環境的綠化。盛唐壁畫中所畫，也是現實中寺院的寫照。

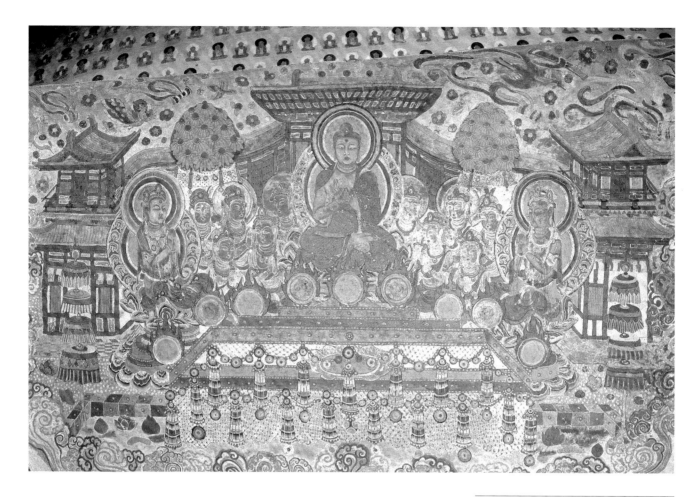

102 一殿雙樓

在阿彌陀經變中，佛及菩薩的背景畫一
殿雙樓，殿與樓之間有"S"形的曲廊相
連，構成"凹"字形寺院的主體建築
羣，這是壁畫中寺院的基本格局。殿樓
之前有矩形的蓮池，象徵西方淨土的
"七寶池"、"八功德水"。

盛唐 莫225 南龕頂

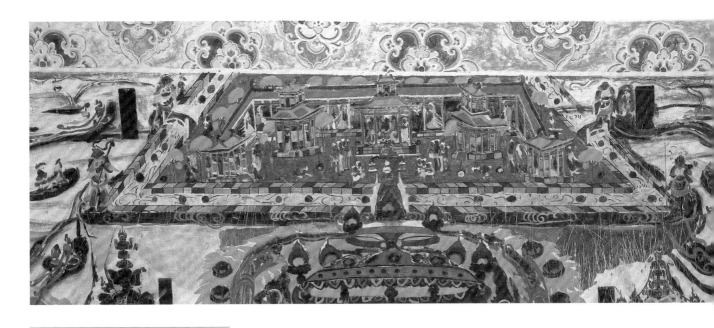

103 兜率天宮

天宮被畫作三面迴廊的"凹"字形庭
院，院內三座樓閣呈"品"字佈局，兩
側迴廊的盡端，各建一座三間的配殿，
構成完整的三合庭院空間。院外有水渠
環繞，是寶池的另一種形式。

盛唐 莫208 北壁

104 大殿與斜廊

寺院正中的大殿為歇山頂，正脊、垂
脊、戧脊和鴟尾都清晰可見，殿兩側的
重廊斜出向前接重層樓閣。重廊的兩側
又有迴廊延伸，並作轉折，表現出曲折
回環的佈局意匠。

盛唐 莫45 北壁

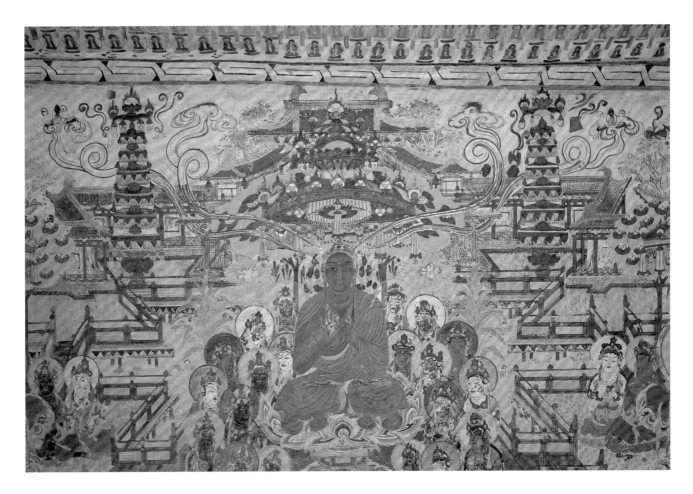

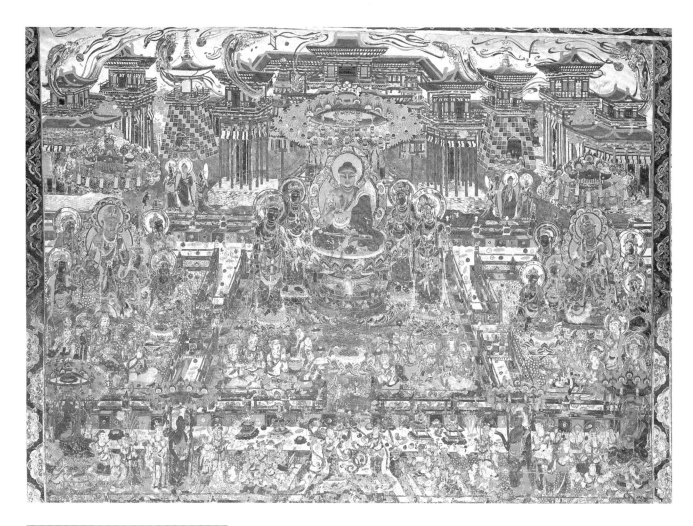

105　淨土寺院建築

這是莫高窟最具代表性的觀無量壽經
變，表現阿彌陀淨土。正中是佛及菩
薩、天人所在的蓮池與露台，中軸線上
有前後佛殿，前殿兩側有樓、閣、台、
碑閣各一座。後佛殿建於平座上，佛殿
兩側有迴廊周繞，呈環抱之勢，形成寺
院後部的突出部分，成為"凸"字形佈
局，壁畫中所見較多。日本奈良法隆寺
曾把迴廊改為"凸"字形平面。使迴廊
產生曲折變化，增加寺院平面的深度，
體現了一種新的規劃意匠。

盛唐　莫217　北壁

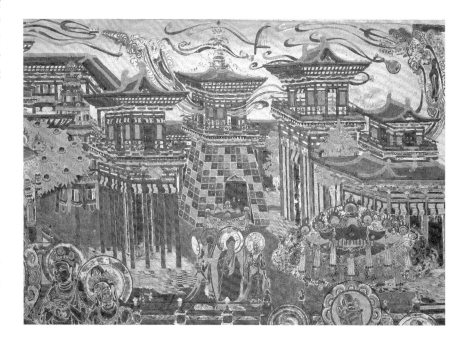

106　淨土寺院前的樓、閣、台、
　　　碑閣

碑閣的下層完全敞開，中有黑褐色的方
柱，應是碑石。豎立碑石記述有關事件
或歌功頌德，是自秦漢以來的習俗。

盛唐　莫217　北壁

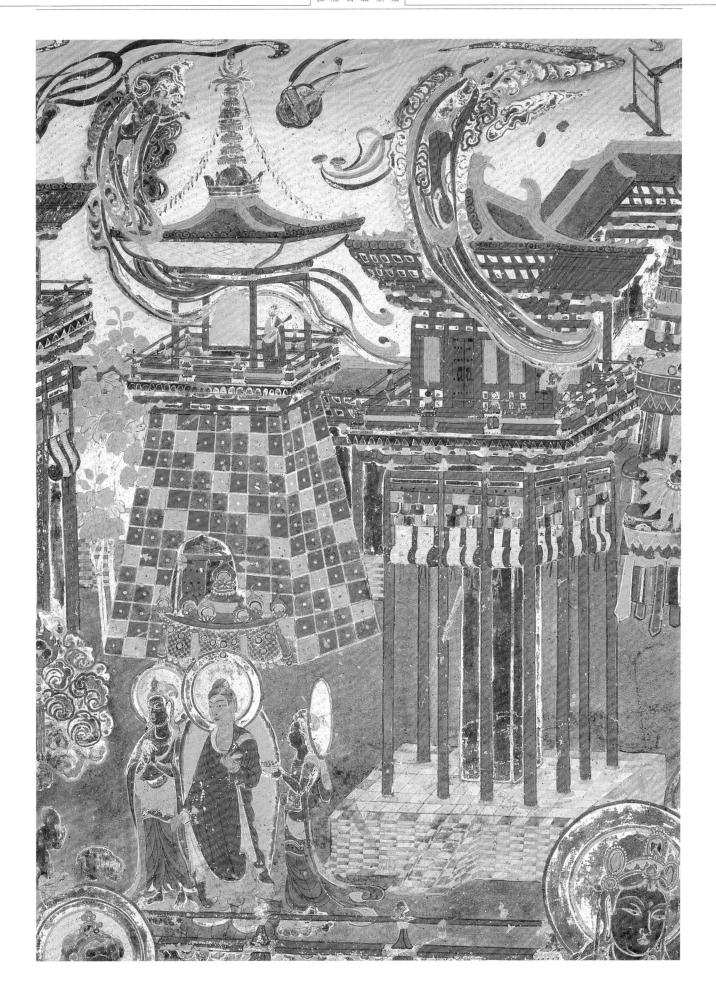

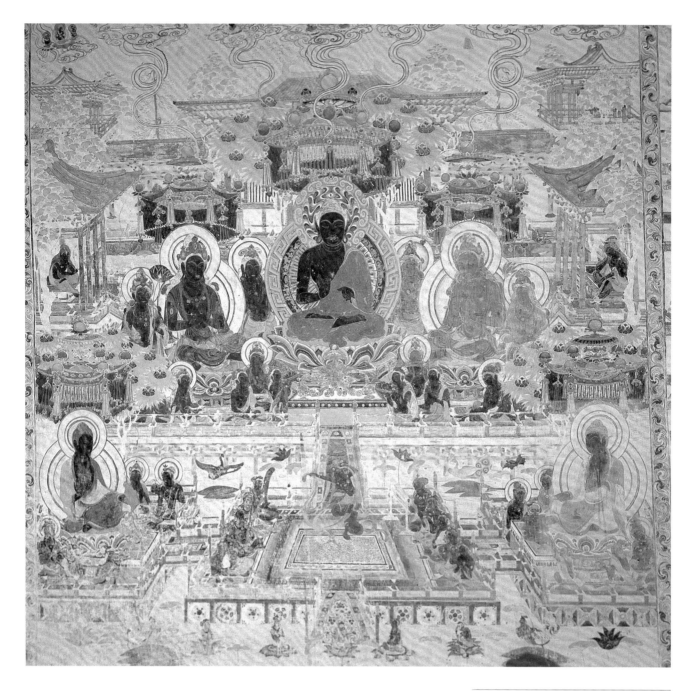

107 淨土寺院的鐘台和雀眼網

淨土寺院中的鐘台與經台相對,鐘台也
稱鐘樓,樓內懸掛一口洪鐘,旁邊站着
撞鐘的比丘。鐘樓的簷下畫作網狀,遮
擋了簷下的斗栱及椽子,僅露出角樑,
這是為防止雀鳥在斗栱間棲息而安裝的
金屬網,稱"罘罳",壁畫中所見很
少。鐘樓四角攢尖的屋頂上,安置塔刹
相輪,有鏈繫於屋頂四角,鏈上垂金
鈴。塔刹本來是縮小了的塔,放在鐘樓
上使建築造型更加美觀。
盛唐 莫217 北壁

108 淨土寺院

淨土寺院的中軸線上建有大殿,殿兩側
在迴廊轉角的屋頂上有角樓,大殿兩側
有配殿,與迴廊結合構成"凹"字形平
面,院中是寶池和露台,形成規範的寺
院佈局。
盛唐 莫320 北壁

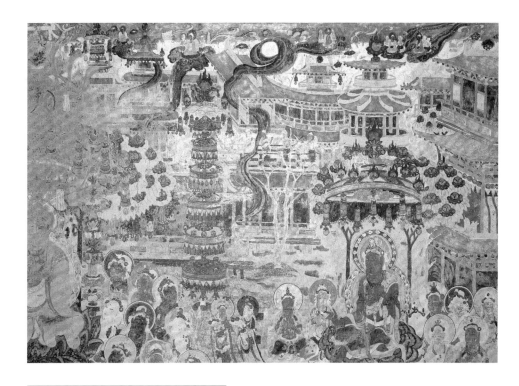

109　寺院之一角

壁畫東側已殘，西側僅存部分建築羣，佈局複雜，形式亦很壯觀。中部為二層平坐露台，側面有配殿，配殿後有重層斜廊與平坐相連，斜廊的另一端有二層圓亭及三層高樓，斜廊後還有高閣。二層平坐露台與重層斜廊是壁畫中僅有的一種特殊形象。

盛唐　莫446　南壁

110　圓亭與閣道

此圖是前圖的局部。唐代木構技術的發展，已經出現了多邊及圓形建築。二層圓亭，下層有六柱，頂有六脊，腰簷上起平坐，再建小亭，亭的頂部有火焰寶珠，是一座造型別致的建築小品。斜廊閣道在亭的後面，閣道上下二層之間有腰簷及平坐。

盛唐　莫446　南壁

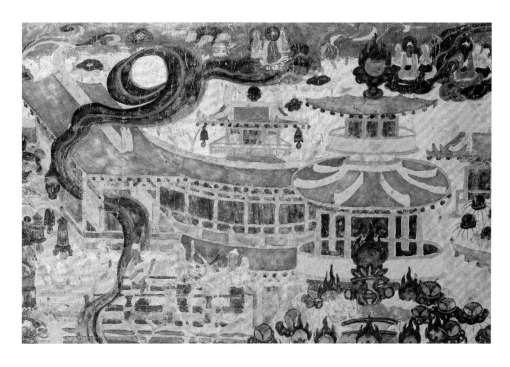

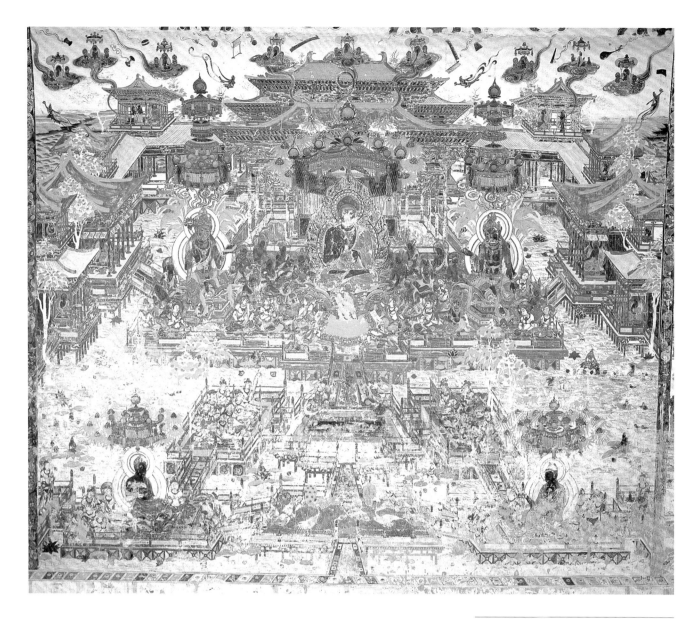

111 大型淨土寺院建築

在寺院的中軸線上，近處是出於水中的
平坐與露台，後面是三進大殿、閣等中
心建築，大殿兩側的配殿又是一殿二樓
的組合。眾多的殿、閣、樓、堂共同組
成迭宕起伏的天際輪廓線，莊嚴宏偉。
這是有代表性的淨土變建築畫，是大唐
盛世的畫家提供給後世的最完美的建築
信息，它反映了唐代寺院建築組合的傑
出成就。

盛唐 莫172 北壁

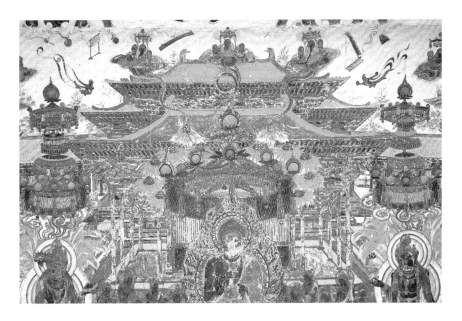

112　淨土寺院的殿宇

寺院正中的大殿及其後面的兩重殿宇，
均為四阿頂，頂上的斜脊弧線舒展，正
脊兩端有鴟尾。面闊五間，副階（殿周
圍的廊子）一周，殿屋二間，開直欞
窗，窗內掛綠窗紗。柱上有闌額兩重，
斗栱畫得極其規範工整，是盛唐斗栱技
術成熟的標誌。

盛唐　莫172　北壁

113　角樓與迴廊

淨土寺院中，在迴廊轉角的屋頂上出平
坐欄杆，平坐上建歇山頂殿屋，簷柱一
周，柱間完全開敞，顯得空靈通透。下
層是雙通道迴廊，中間一列柱上有門及
直欞窗，透過門道可見迴廊邊沿的欄杆

及後園的水面。越過迴廊屋頂的空間，
可見茫茫原野，溪流蜿轉。飛天凌空飄
舞，為畫面增加了開闊深遠的意境。

盛唐　莫172　北壁

114　配殿及雙樓

淨土寺院中的配殿，為一殿二樓的佈
局。樓雖比殿高，但殿的體量較大，位
置前突，樓殿組羣配合十分協調。在現
存的建築實例中，殿樓不是建在水中，
而是建在地面上，配殿與雙樓建於水中
的平坐上，這種建築形式與日本古建築
中的"寢殿造"十分相似。規模如此之
大的配殿，在唐宋遺跡中還沒有發現實
例。

盛唐　莫172　北壁

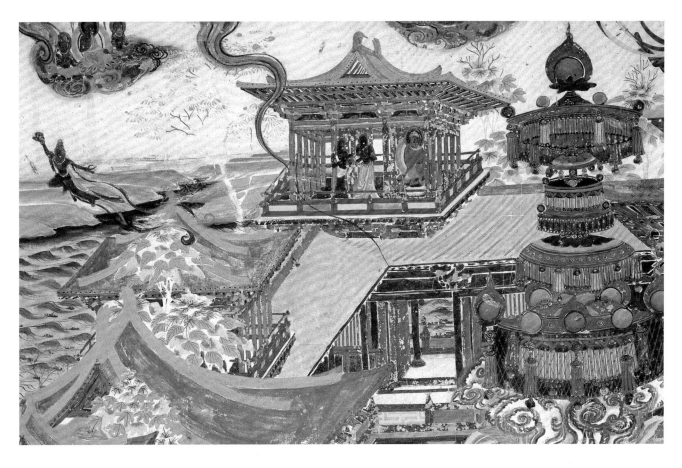

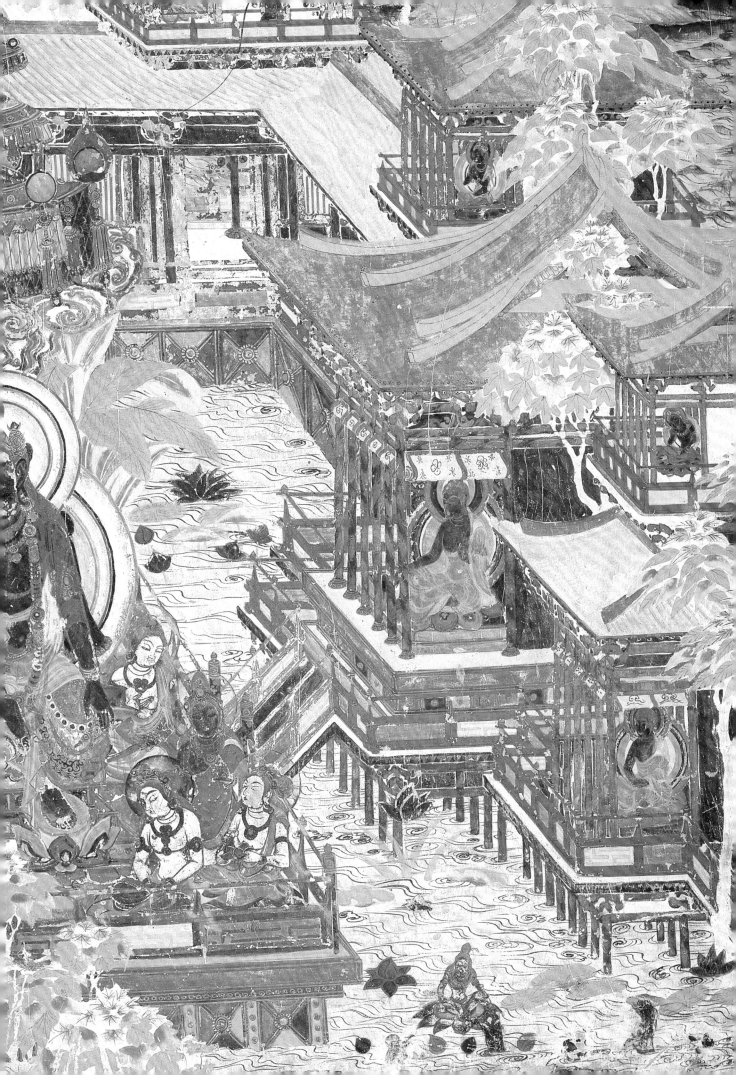

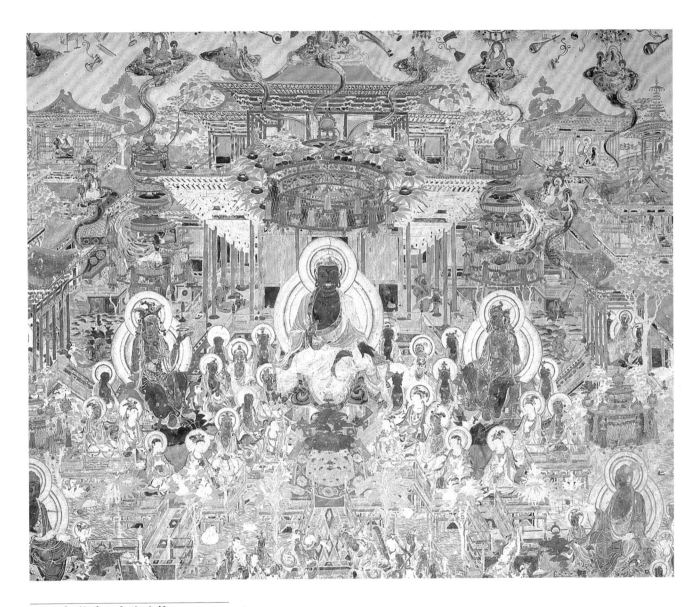

115 大型淨土寺院建築

畫面以俯視的角度，表現一座佈局對
稱、多進的大型寺院，而中軸線上的殿
閣則又以仰視的手法，使殿閣更顯宏偉
高大。用流動的視線來展示宏偉的建築
空間，表現了眾多建築之間簷牙相接，
錯落有致的節奏與韻律感，與同窟北壁
淨土寺院同是盛唐建築畫的傑作，而兩
壁相對畫淨土寺院，卻能發揮單體建築
的變化，使之不雷同，表現了寺院佈局
的多樣性。
盛唐 莫172 南壁

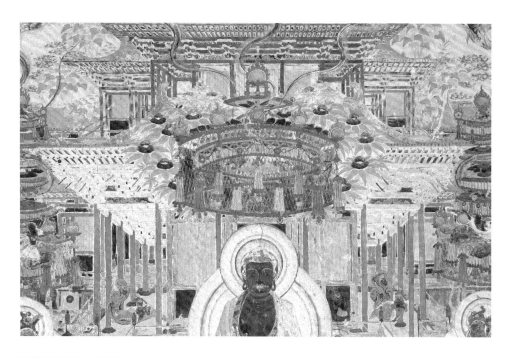

116　淨土寺院的大殿

此圖是前圖的局部。大殿面闊五開間，
開間狹窄，簷柱瘦高，柱上有一層闌
額，斗栱界畫很規範，能清晰辨別出
"雙抄雙下昂"的結構，柱頭之間有補
間鋪作一組。殿的簷口平直，翼角也不
起翹，壁畫中的殿宇普遍如此。

盛唐　莫172　南壁

117　大型淨土寺院建築

在藥師經變中，宏偉開闊的寺院空間，
容納了豐富的建築形象。庭院中部有一
大露台，前面佈置着五座大小錯落的小
露台。中軸線上有五開間大殿，左右兩
側橫向展開十八間迴廊，大殿及迴廊
前，月台寬闊，眾多的佛與菩薩、侍從
等漫步其間。迴廊之後，更有殿宇恢
宏，樓閣聳峙，飛虹當空，是當時宮殿
寺觀豪華建築的寫照。壁畫透視技法較
準確，創造了開闊深邃的空間效果，有
身臨其境之感。

盛唐　莫148　東壁北

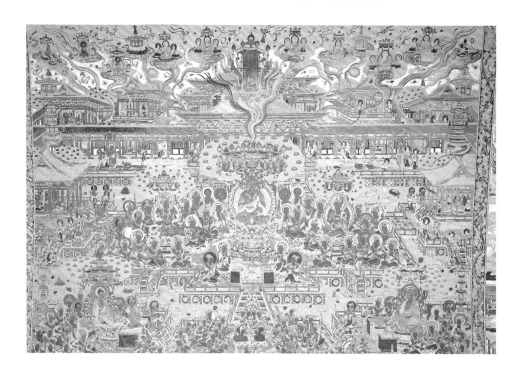

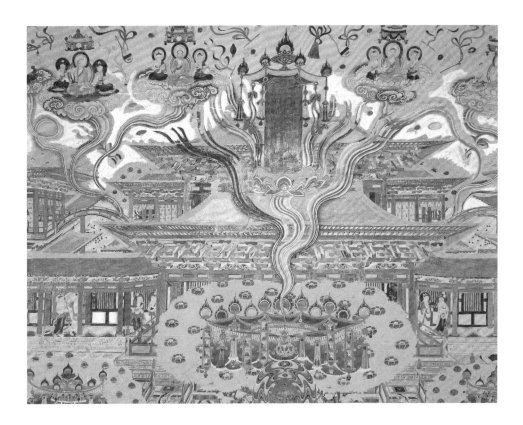

118 淨土寺院的前後殿

此圖是前圖的局部。五開間大殿位於正中，疊澀須彌坐台基，有左右雙階，大殿兩盡間露出直欞窗的一角。兩側有斜廊一段，稱作"抄手斜廊"，這種做法一直沿用到明代。後院的主體建築高於大殿，用飛虹連接兩邊配樓，又組成一組建築羣。依據考古發掘資料復原的長安大明宮麟德殿，即是前低後高的殿閣、樓台組合建築羣。

盛唐 莫148 東壁北

119 斜廊與迴廊

大殿兩側的斜廊與迴廊斷面可見到三根柱子。中間一列柱上設過道及直欞窗，形成隔斷，兩邊成為雙通道廊，即古文獻中常見的"重廊復道"。廊把獨立分散的門、堂、殿、閣等單體建築聯繫組成完整的院落，廊中的牆上可供文人墨客題詠繪畫，成為寺院內遊賞休閒的好去處。

盛唐 莫148 東壁北

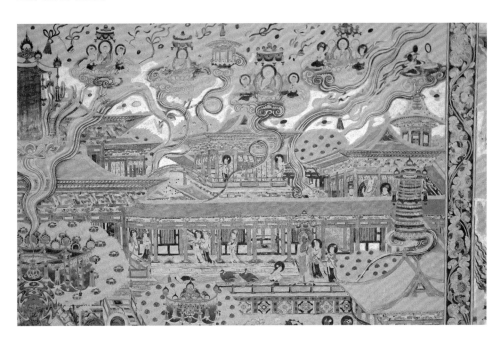

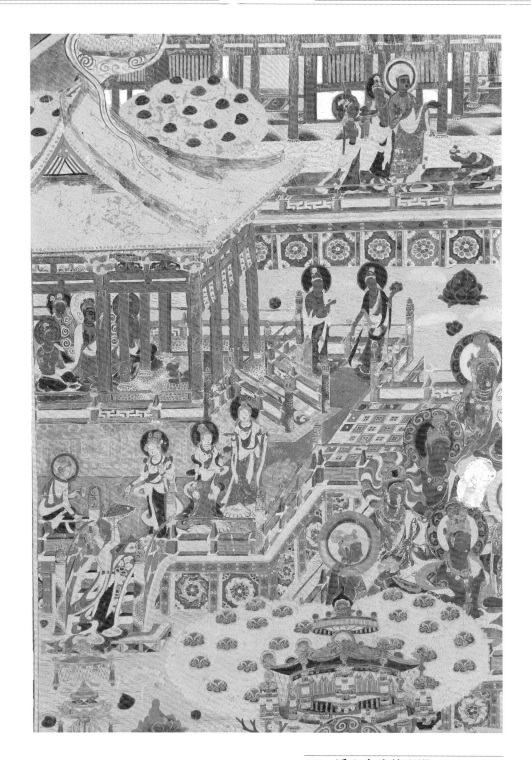

120 淨土寺院的配殿

大殿兩側的三開間配殿,下有須彌坐台
基,殿身不設牆壁門窗。正面額枋下懸
掛簾幕。歇山殿頂,山面下有曲脊,屋
頂上部前後兩坡兩側的搏風板山尖下有
懸魚,透過山面開口可見山內的椽條,
壁畫中的歇山屋頂通作這樣的處理。配
殿與大露台相連。華麗的重台須彌座出
現於盛唐,並造成深遠的影響。

盛唐 莫148 東壁北

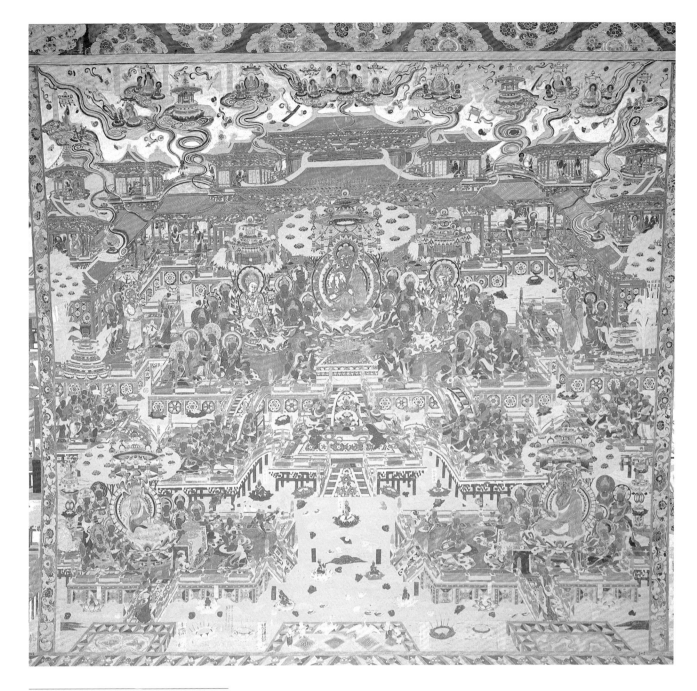

121 大型寺院建築

觀無量壽經變中的大型寺院，主體建築
呈"凹"字形平面，前有大小八座露
台，用多種不同形式的蹬道和階梯與主
體建築連成一整體。隋唐時宮廷、寺觀
一般都採用封閉式的廊院。盛唐經變中
省略了寺院正面的三門及兩廊，充分表
現了寺院的內部空間。

盛唐 莫148 東壁南

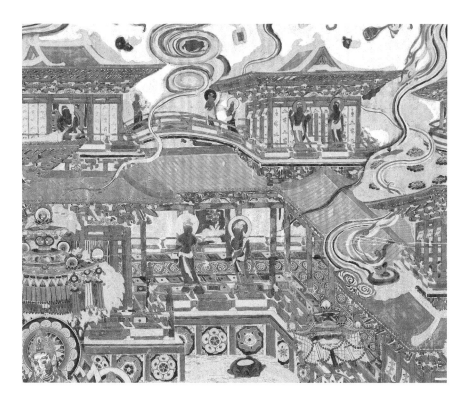

122 角樓與飛虹

此圖是前圖的局部。迴廊轉角處的屋頂上出平坐，平坐上建三開間角樓，樓的一周全部懸掛簾幕，角樓正面有拱形小橋——飛虹，通向另一樓閣，橋上有菩薩行走。建於遼代的大同下華嚴寺中的天宮樓閣模型，有凌空飛跨的虹橋，是一精製的實例。

盛唐 莫148 東壁南

123 兜率天宮

兜率天宮為彌勒菩薩住所，平面呈"凸"字形，中部一大院，兩側各一小院，小院中又用迴廊分隔為前後兩進。正面迴廊中有三開間的中門，左右兩院各設偏門，形成三門之制。整座寺院佈局合理，有一定的典型意義。

盛唐 莫148 南壁

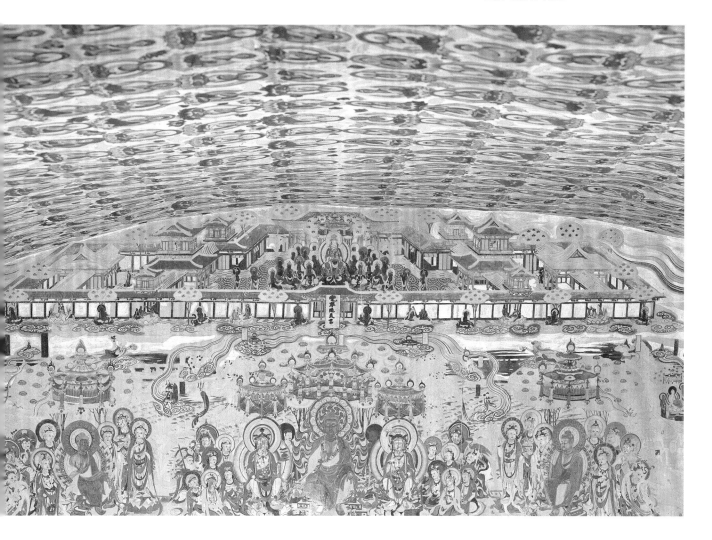

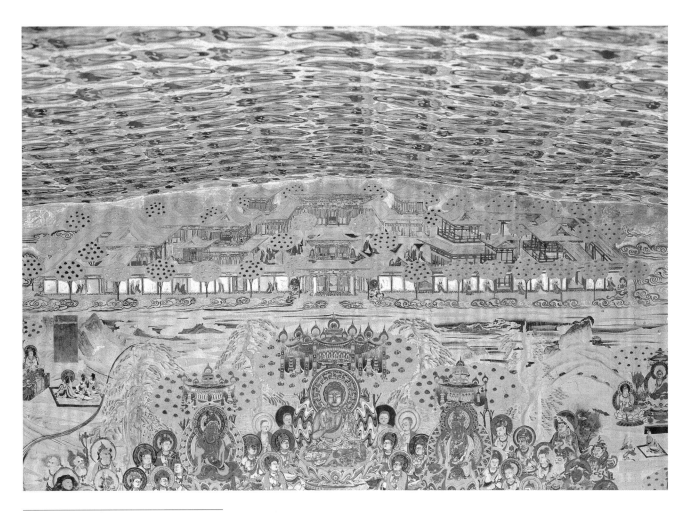

124　天宮佛寺

天宮的佈局與前圖基本相同，大殿為五
開間。中門為二層門樓，古代寺院中多
以樓作門，故亦稱樓門。日本現存寺院
用樓門的例子頗多。

盛唐　莫148　北壁

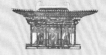

第二節 盛唐寺院裏的單體建築

壁畫中所見的寺院都是以建築羣圍合成的院落組合，而構成建築羣的單體建築類型繁多，常見的有殿、堂、樓、閣、鐘台、經藏、碑閣、角樓、門、廊、塔、露台等。它們就如棋盤中的棋子一樣，各自有着固定的造型和功能，但又是可以改變的，在不同的時代和不同的院落佈局中，單體建築由鬆散向嚴密緊湊過渡，盛唐壁畫中的寺院就處在漸變的過程中。

各種類型的單體建築出現的頻率不盡相同，有的類型在盛唐晚期以後就消失了。有的卻得到發展，如廊的作用，隨着寺院規模的發展，越加顯得重要，它將各個單體在不同的位置上組連成串，形成了主從虛實、千變萬化的院落建築羣。

殿、堂：一般來說，殿比堂要高大顯赫一些，殿在寺院中總是處在主要位置，如現在寺院中的大雄寶殿；堂則處於殿的前、後、左、右，如觀音堂、羅漢堂等。在隋代壁畫中已有七開間大殿，初唐卻只見三開間殿堂，此時在第172窟南北兩壁經變及第148窟東壁的兩鋪經變裏的大殿都是五開間，屋頂為四阿頂。據考古資料顯示，自初唐開始建造的大明宮，它的正殿含元殿面闊十一間，建於唐大中十一年（公元857年）的

五台山佛光寺大殿是七開間，佛光寺不是唐代的大寺，只能説是中等寺院，大殿已用到七開間，壁畫上大殿的規模一般都偏小了，可能是為了節省筆墨的原故。第445窟北壁有一座三開間的小殿，

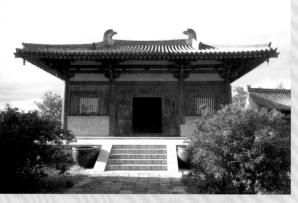

山西五台南禪寺大殿

寬大深遠的出簷與現存山西五台縣的南禪寺大殿極為相似，只是壁畫時間早於南禪寺大殿。唐代《歷代名畫記》記載隋末唐初的畫家鄭法士欲求楊契丹的畫本，"楊引鄭至朝堂，指宮闕、衣冠、車馬曰：'此是吾畫本。'"這段文字充分説明當時的畫家注重寫實，可見壁畫上的殿堂樓閣形象是以現實為依據的。

在同一窟內安排兩鋪淨土內容的經變，而且佈局基本相似，這就要充分發揮才不致雷同。如第172窟北壁用一組一殿二樓的形式作配殿，繼承了自隋代就有的一殿二樓形式，配殿的中間大殿為五開間，屋頂用歇山頂，與中軸線上的

大佛殿有所區別。南壁用五開間的二層樓作配殿,與中間大佛殿組合,仍然是一殿二樓的組合形式。第148窟東壁北側用三開間歇山頂的堂作配殿,南側用三開間的二層樓作配殿,於巧妙的平面處理中求得建築空間的變化。

樓、閣:樓和閣的區別在盛唐初期仍很明確,如第66、103、123、208等窟。而在第217窟淨土變中,有八座兩層建築,其中四座閣,兩座台,兩座樓。集樓、閣、台於一幅畫面中,所以很容易分辨出它們的特徵。最簡便的區分就是,閣的柱網上只有一層欄杆與一頂層屋簷。而樓可見兩層屋簷,下層屋簷稱"腰簷",腰簷上設平坐欄杆。這即是樓與閣在外觀上顯著的差別。

其他較特別的閣如平閣,在第171、445窟仍有,與初唐壁畫中的平閣形式正好銜接。

碑閣見於第217窟四座閣中,中部的兩座。在下層柱網之間,有深褐色的方柱體,應理解為碑石,故稱為碑閣。初唐第71窟也是兩兩成對的形式,在很多大小寺院裏都有用碑石鐫刻的經文、佛像及記載建寺因由的碑銘,據記載長安千福寺有楚金和尚的《法華感應碑》,由一代名家顏真卿書丹,徐浩題額。而為碑建閣的,壁畫中只見於初唐和盛唐初期的寺院裏。以後的實物則有建於北宋開寶四年(公元971年)的河北正定隆

興寺,在主體建築大悲閣前,左右各建碑亭一座;建於明代的青海樂都瞿壇寺,前院兩側亦有碑亭各一座。

閣的形象到盛唐以後就從壁畫中消失了,這在盛唐已見端倪。第172、148窟大幅經變中見不到閣的蹤影,僅在第172、148窟"未生怨"故事畫中還存有閣的形象。宋、遼、金以後留下的古建築實物中,凡以閣命名的高層建築,雖然還保存着閣的構造特點,但上下層之間增加了腰簷,與樓的形式更為相近了,如河北正定隆興寺大悲閣、薊縣獨樂寺觀音閣等。

台:鐘台與經台也屬於台一類建築,第217窟淨土變中的鐘台最為典型,鐘台分上下層,下層為台,四方形,下大上小。第91窟觀無量壽經變中的鐘台與經台是兩個八邊形的高台,台上的八邊形小殿卻用圓形的攢尖屋頂,形象特別。這時高台的台壁都用不同顏色的方格或菱形繪成,可能用以表示為"七寶"所成,現存河南安陽唐代建的修定寺塔,是一座單層方塔,已經採用浮雕磚貼面。第217窟鐘台四壁用四色方格飾面,有可能是琉璃磚飾件。

角樓:第172、148窟中的大型寺院裏,在寺院迴廊的轉角頂上,出平坐再建面向中間的歇山式小殿,即為角樓。第148窟的角樓前,還用飛虹跨越作為交通,飛虹上菩薩穿行,充滿了人間情

趣。晉《鄴中記》中早有"殿東西各有長廊，廊上置樓"的記載，壁畫中的角樓形象從盛唐晚期才出現，自此後，在廊上置樓的建築形式一直影響到宋代，角樓也常常作為鐘樓和經藏，安排在迴廊上或轉角處。

迴廊：早在北朝和隋代壁畫中的宮廷和民居中就出現了廊院的形式，但用迴廊組合各單體建築，形成一統的寺院，則從初唐開始。盛唐晚期用迴廊組合多種單體建築，形成了規模壯闊的大型寺院。迴廊的應用使寺院的佈局更加靈活。第172、148窟都表現了大型的寺院，第148窟共有四座大型寺院，對於迴廊的應用也各不相同，有的長廊舒展，有的廊上建角樓飛虹，形成美麗的天際線，有的用長長的迴廊圍合出寺院的範圍，再用迴廊分隔內院。迴廊成為組織院落，變換佈局不可缺少的調節要素，以後的寺院一直大加運用。

在第148窟藥師淨土變中，大殿兩側有一段斜廊，明清宮廷、寺院中稱作"抄手斜廊"，它使迴廊與殿堂的高台基直接相連，在殿堂與迴廊的立面形象上區別主從，有序而又富於變化。

寶池與露台：是畫師依據佛經中淨土世界的"七寶池"、"八功德水"創作的。是阿彌陀經變、觀無量壽經變、藥師經變寺院內的重要組成部分，最初出現於隋代，經初唐發展到盛唐的大幅經變中，已呈巍巍壯觀之勢。大片的水面上出平坐建露台，更有甚者將寺院殿閣也建於水中平坐上，如第172窟北壁所繪。北魏《洛陽伽藍記》中記載"昭儀寺有池"，"景明寺……房簷之外皆是山池，……寺有三池，水物生焉"。"寶光寺，園中有一海，……菱荷覆水，青松翠竹，羅生其旁"。文獻傳達了北魏洛陽佛寺中的園林美景，可能有意附會佛經裏的水環境，不一定與佛經中的"七寶池"、"八功德水"完全相符。唐《寺塔記》中記載"大興善寺……寺後有池……白蓮藻自生"，"招福寺內舊有池"，"楚國寺……有放生池"。從以上情況看來，唐代長安諸寺內有池水，但並不佔有十分重要的地位。壁畫中的淨土世界，一寺之殿、閣、廊、台皆建於寶池水中，只能理解為畫師依佛經內容而創作的西方極樂世界。

在現存的古寺觀中，山西太原晉祠中有金代建的聖母殿，殿前有"魚沼飛樑"，池上架有平面為"十"字形橋樑，但池的面積較小。只有雲南昆明始建於南詔的圓通寺（現存建築是元代以後的），迴廊院內有大面積的水面，池中有石橋、大亭、甬道等建築，與唐代壁畫中的淨土寺院景象相近。

壁畫上的池水中，露台的數量很多，可能是誇張之作，但露台的存在則並非虛構。露台的名稱早在漢代就已出現，到唐代時則有露台、舞台、砌台等諸多名稱。壁畫上的寺院裏更有很多天人伎樂在露台上歌舞的場面，亦是源於現實。《洛陽伽藍記》記載，北魏洛陽城中的景樂寺，"至於大齋，常設女樂，歌聲繞樑，舞袖徐轉，逞技寺內，奇禽怪獸，舞抃殿庭，飛空幻惑，世所未睹，……士女觀者，目亂睛迷"。"崇聖寺……妙伎雜樂……城東士女多來此觀看"。宋代《南部新書》中追憶唐代"長安戲場，多集於慈恩，小者在青龍，其次薦福、保壽……"。《唐書》記載宣宗時，萬壽公主曾在慈恩戲場觀戲。可見古代寺院還兼作文化活動場所。

作為演出用的舞台則不見有唐代遺物，僅從文獻記載中可見唐代宮廷中有舞台設施，如唐崔令欽《教坊記》中"內伎與兩院歌人，更上舞台唱歌"。杜牧詩曰："向無羅袖薄，誰念舞台風"。作為寺廟裏演出的舞台，在山西、河南的一些宋代神廟圖碑上可見有露台形象，並有榜題書"路台"。今嵩山中嶽廟竣極殿前仍有露台遺跡，長寬各 11 米，高 1.13 米，台面以青磚鋪砌，周邊砌以條石，南北兩側皆有台階可上下，與廟中所存圖碑裏的露台相符。現日本大阪四天王寺中的庭院中間有一座石砌露台，台周圍有欄杆，是寺院的重要文物。壁畫上寺院的中心露台已出現升高的趨勢，兩側奏樂的露台降低，好似如今舞台與樂池的關係。宋遼以後，寺院內的露台經過演變，由低矮的露台逐漸升高為戲樓，並移向寺外。

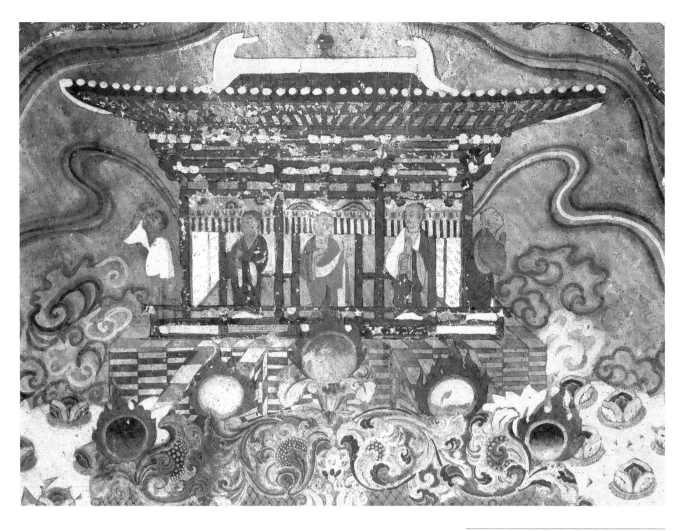

125　三開間小殿及其拒鵲

阿彌陀淨土變中畫的三間小殿，下有磚
砌台基，分左右兩階，殿身比例适當，
闌額下懸挂帷幔，廡殿屋頂，檐口呈緩
和弧線，兩側翼角向上舉，正脊中部置
火焰寶珠，脊兩端鴟尾較大，鴟尾上部
安有“拒鵲”，形如放射狀的金屬刺，
用以防止鵲鳥栖息在鴟尾上。這種設
施，壁畫中僅盛唐的個別洞窟中有所表
現。

盛唐　莫445　南壁

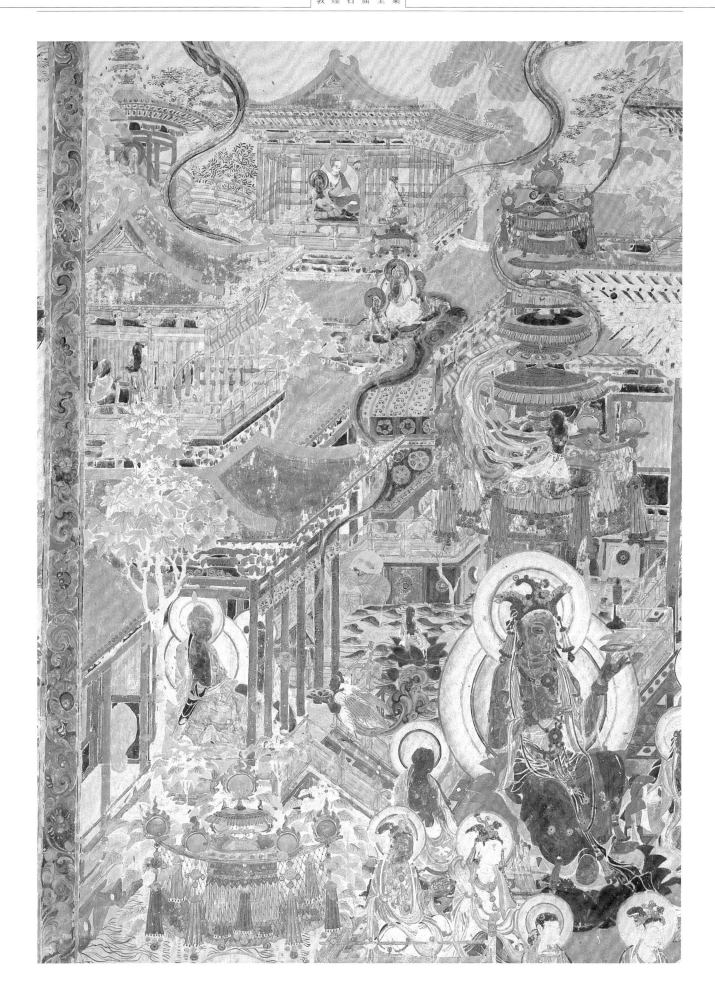

126 二層樓配殿

大型寺院的一側，可看到五開間的二層
樓配殿與迴廊、角樓。配殿樓前的迴廊
向前延伸出畫外，後面在層樓之後還有
一座圓形木塔掩隱在樹叢中，造成前後
側面還有許多建築與院落的暇想，使有
限的畫面容下了無限的空間。整幅繪
畫，透視基本合理，展示了盛唐建築的
富麗與恢宏。

盛唐 莫172 南壁

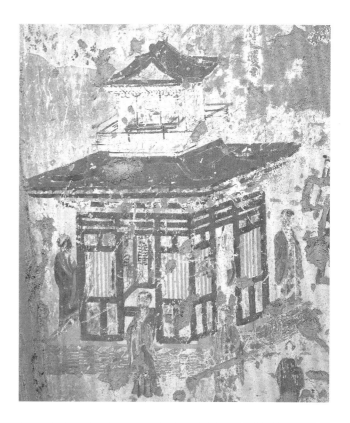

127 四門樓

用透視畫法表現二層樓的正側兩面，下
有磚砌台基，每面中部設台階。下層每
面三開間，四面開門，上下層之間起腰
簷，上建平坐欄杆，平坐上建小三開間
樓，層高面寬顯著縮小，造型別致。

盛唐 莫217 南壁

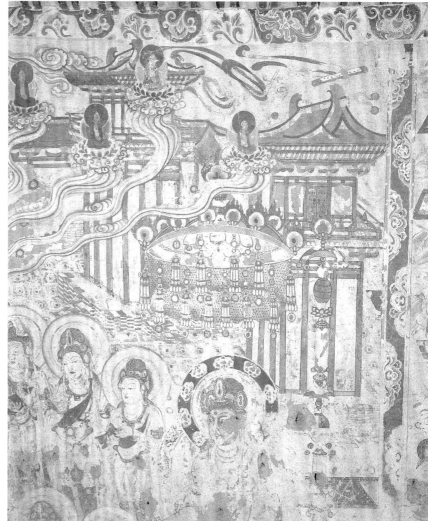

128 二層閣

閣的形象多見於初唐時期，盛唐壁畫中
表現不多，可能與盛唐以後樓、閣二種
建築形式相互融合有關。這裏的二層閣
完全繼承初唐形式，盛唐以後，閣的形
象就在壁畫中消失了。

盛唐 莫103 北壁

129　有塔剎的二層閣

一座正面的三開間二層閣，上下層之間
設平坐欄杆，當心間有門，次間有窗。
攢尖屋頂，上有塔剎、相輪、雙層寶蓋
及仰月等裝飾。塔剎用於閣樓頂上，在
壁畫中始見於盛唐，因其造型華麗，富
於裝飾性的緣故，以後各代頻頻出現。
盛唐　莫123　南壁

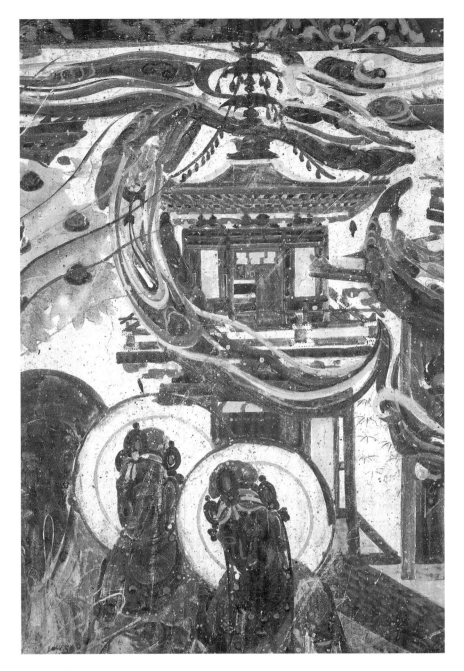

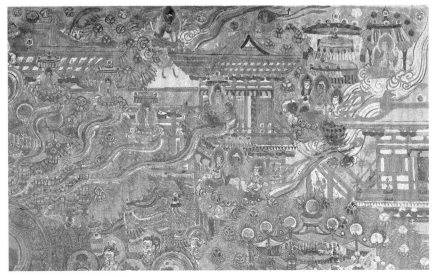

130　樓閣與迴廊

大殿一側有迴廊折而向前，迴廊的盡端
有二層閣，大殿與迴廊之間也建有二層
閣。盛唐初期這種"凹"字形廊院，是
寺院建築中最常見的佈局。
盛唐　莫66　北壁

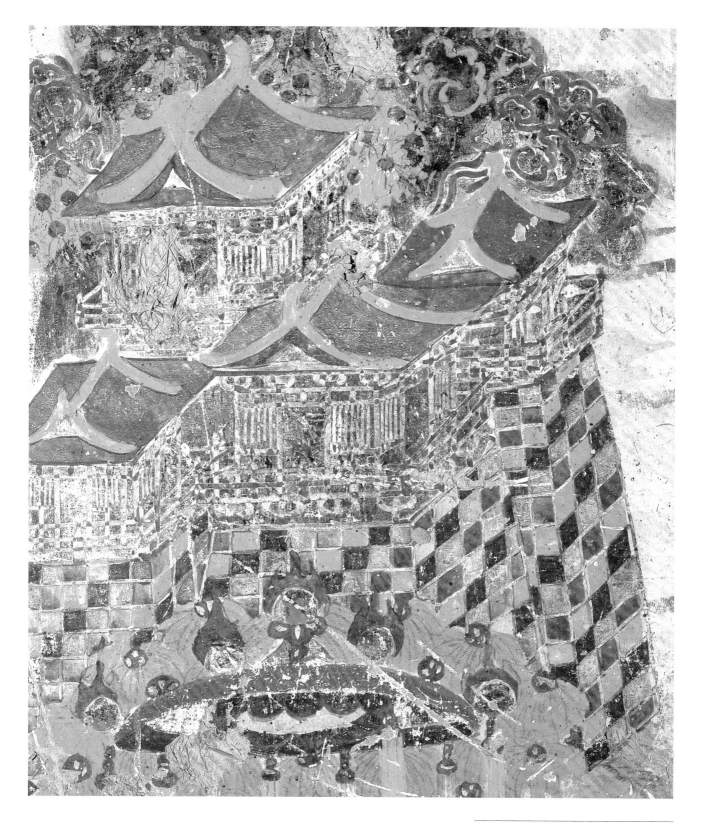

131 四座高台

畫在"十六觀"中的"寶樓觀",用四座高台集中佈置成高台建築羣,形成一組觀賞性建築,宋代名畫《金明池奪標圖》中的水殿,以及現存北京北海前的團城,都有相似的意趣。

盛唐 莫217 北壁

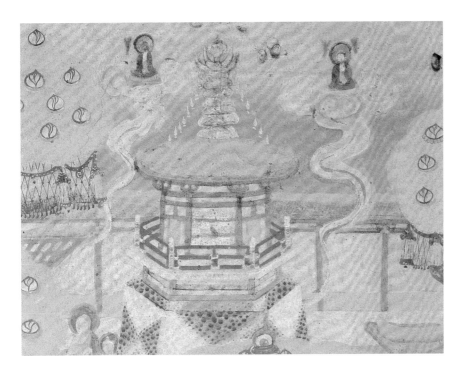

132 八角經台

在八角高台上立平坐，上建小樓，四面
開窗，圓形攢尖頂，上有塔剎相輪。台
身各面劃成二角及菱形，用不同顏色、
不同大小的圓點裝飾，象徵鑲嵌七寶。

盛唐 莫91 南壁

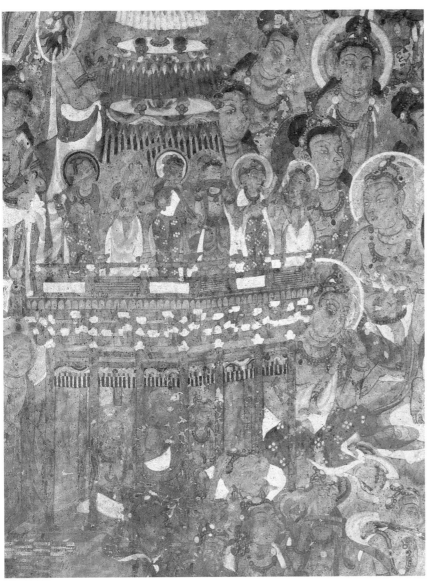

133 平閣歌台

始見於初唐壁畫中的平閣，在盛唐還少
有出現。這座平閣柱網建於台基上，柱
頭上有平坐欄杆，上有伎樂演奏。現存
古建築中沒有實例，新疆阿斯塔那墓出
土的平閣模型，與此極為相似。盛唐以
後，壁畫中再沒有出現此式建築。

盛唐 莫445 南壁

134 屋頂平台

柱網斗栱之上建殿屋，屋頂之上另起平
台，台上有人物活動。此類建築多見於
初盛唐早期壁畫中。

盛唐 莫445 北壁

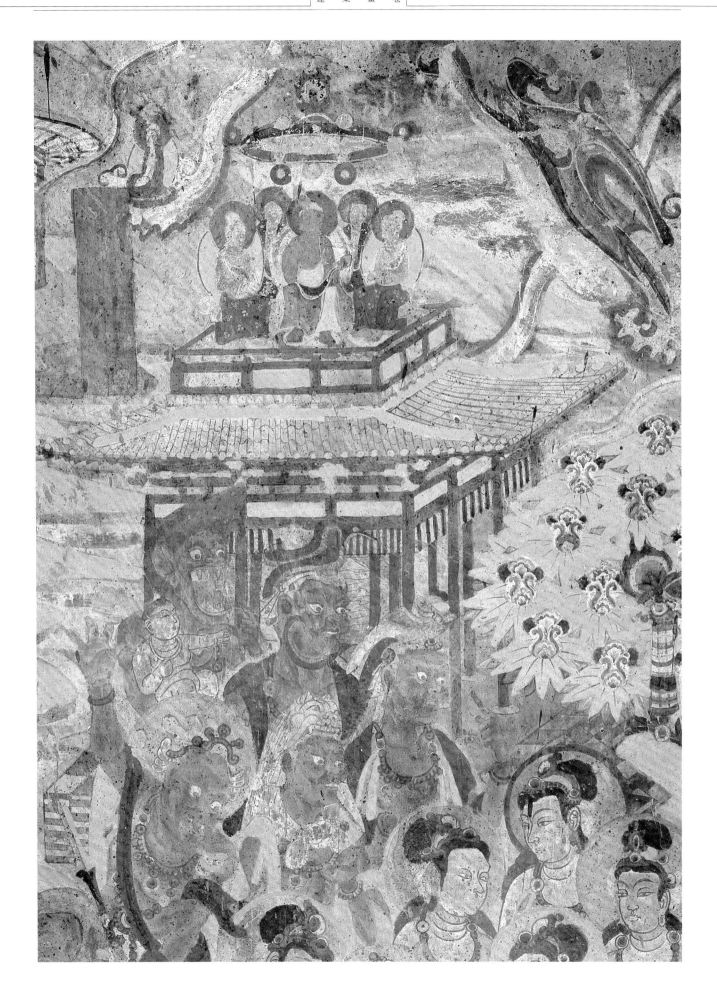

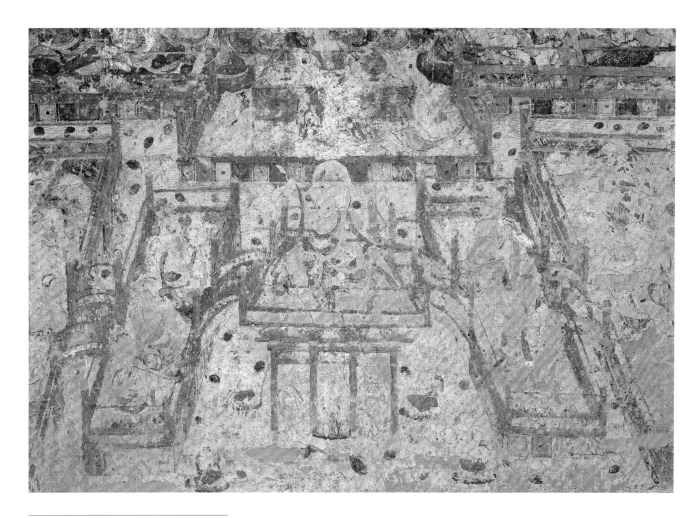

135 平坐露台

平坐露台建於水中，中間平坐的柱網比
較高，露台上有伎樂舞蹈。兩側露台較
為低矮，上有伎樂伴奏，頗似現代舞台
與樂池的關係。
盛唐 莫120 南壁

第三節　盛唐的佛塔

　　塔是隨佛教傳來的建築類型，但在長期的建築實踐中，中國人賦予塔以新的觀念和建築造型，在中國大地上遺存的唐塔數量不少，種類繁多，千姿百態，成為古建築類型中不朽的形象。見於盛唐壁畫中的塔，主要以磚石或木結構的單層塔較為多見，高層塔則以另外的建築形式加塔刹出現在壁畫裏。

　　單層磚石塔：第217窟南壁法華經變中，共繪出四座單層塔，塔身有方形與圓形兩種。形式除有方圓之別外，其餘基本相似。塔下有磚砌台基，正面有台階，塔身呈矩形或圓柱形，有的稍有收分，上部較小，正面開圓券門。塔頂作覆鉢或直坡頂，其上再作須彌座、小覆鉢、塔刹相輪及傘蓋，並以仰月、寶珠為刹頂。寶蓋兩側有鏈引向塔簷，鏈上懸掛金鐸。河南安陽林泉寺唐代摩崖窟龕中的塔形與此相似，實物有山東歷城神通寺隋代的四門塔。關於圓形單層塔，唐代《寺塔記》和《歷代名畫記》中都記述了唐代長安崇仁坊資聖寺有"團塔"或"圓塔"，可見唐代圓塔是確實存在的。

　　單層木塔：最早見於隋代壁畫中，至盛唐時，其形式發展變化很大，最具代表性的是第23窟法華經變中"見寶塔品"裏的多寶塔。此幅壁畫以塔為主體，畫幅較大，精細地描繪了塔的整體形象及細部。覆蓮承載着華麗的須彌座

塔基，須彌座邊沿一周有欄杆，其上再作出平坐與欄杆，形成重層台基與欄杆。在基座與欄杆的中部設台階直達塔身。盛唐壁畫中殿堂的台基也多作重台欄杆，一改素平台基的樸素形象。台基上的塔身為三間四柱小殿式，當心間較寬，不設門戶，塔內多寶佛與釋迦牟尼對坐，左右兩次間有直櫺窗，簷柱四根，上有四鋪作斗栱，三補間均作人字栱。塔頂作四角攢尖式，屋面坡度平緩，簷端平直，翼角不起翹。塔刹由須彌座、山花蕉葉、相輪六重、華蓋寶珠等組成。華蓋以下有鏈條繫於四簷角，鏈上懸鐸。整座塔結構合理，造型優美。陝西扶風法門寺塔的地宮出土了一

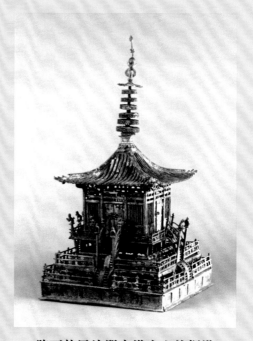

陝西扶風法門寺塔出土的銅塔

座銅塔模型，形式與此塔極為相似。

第148窟中的舍利塔，形式簡化為一層須彌座與欄杆，它的形式為中晚唐大量繪製的單層木塔提供了精美的粉本。

單層木塔也有圓形的形式，第172、148窟大幅經變的天際線上都可見到圓形木塔高聳的塔剎。其塔可見六柱，柱間不設牆壁門窗，攢尖頂上有塔剎高聳，形象輕盈剔透，在莊嚴的佛寺中，起到調和氣氛並為天際線增色的作用。圓形攢尖頂上，有四條屋脊，似乎說明圓形木塔是由多邊形塔發展而來，同時也說明攢尖屋頂用垂脊把屋面分為幾個扇形，可以用普通的瓦鋪蓋屋面。也許當時還沒有像北京天壇祈年殿的圓錐攢尖頂上專用的竹節瓦（即瓦壟從下到上，瓦的寬度愈來愈小），所以作如此處理，可以簡化鋪瓦的難度。圓形木塔，雖是小型建築，但圓形木構建築的出現，是木結構技術高度發展的產物，也是建築造型更趨多樣化的反映。

高層塔：這時的高層塔均是以其它建築類型出現的，這裏將它們稱為塔，只是緣於它們頭上都戴有一頂塔剎"帽子"，如第123窟的二層閣上，在其攢尖頂上作相輪與雙重傘蓋塔剎，並有懸鐸的鏈繫於簷角。第217窟的四方形鐘台與經台，第91窟的八邊形鐘台與經台，其攢尖頂上也有與第123窟閣樓上相似的塔剎。這些建築或可稱為塔形建築，它們的形式直接影響後世，中唐與五代都出現過二層佛殿加塔剎的建築形式。

塔院：以塔為中心的院落，在印度稱為支提，現印度、中亞、新疆的佛教遺址中，不乏這種例子。塔院是漢地對其形象的稱呼，唐代長安寺院中有很多對塔院的稱呼和記載，如"崇仁坊資聖寺團塔院"，"千福寺有東塔院"等等。日本奈良東大寺的考古發掘證明，寺前的東西二塔，都是塔院的形式，這種塔一般不是為埋藏舍利而建，是表示為佛所建的精舍。壁畫中的塔院形式從初唐開始，以後各代都有少數的塔院延續下來。這時期只有第103窟法華經變中有一塔院，表現出三面圍牆，側面有三座墩台，正面的台有門，可稱"台門"，院內中央有單層磚石塔，磚砌台基，從軸側透視的畫法中可以看到兩面均有台階與圓券門，塔身上部有覆鉢及塔剎。

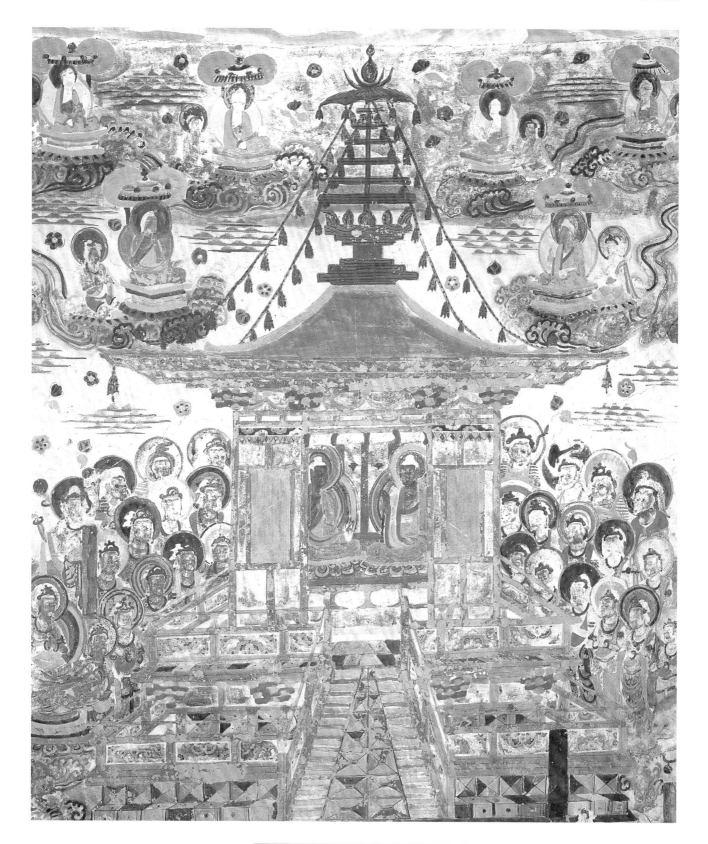

136 單層多寶塔

"見寶塔品" 中畫有單層木塔，塔為須
彌座台基，兩重欄杆，形成穩定華麗的
塔座，平坐上建三開間小殿，塔內可見
釋迦及多寶佛並坐床上。四角攢尖的塔
頂上有塔剎，寶蓋下用四鏈繫於四角，
鏈上懸金鈴。從盛唐起，這種木塔在壁
畫上所見甚多。陝西扶風法門寺地宮出
土的金銅塔，與此塔非常相似。

盛唐 莫23 南壁

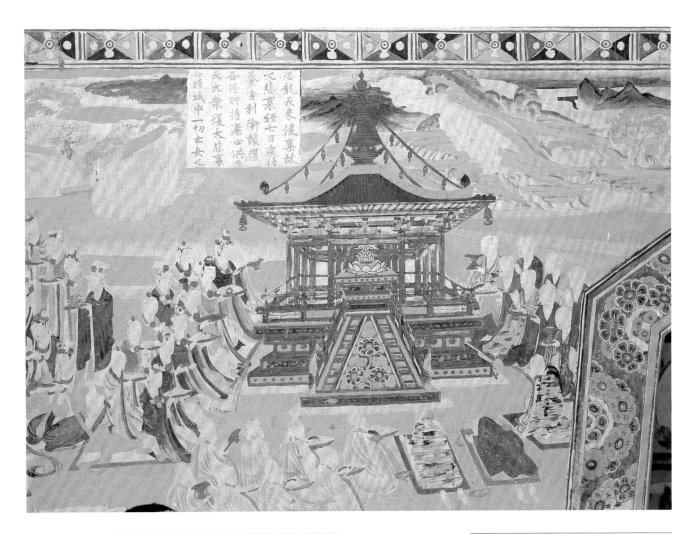

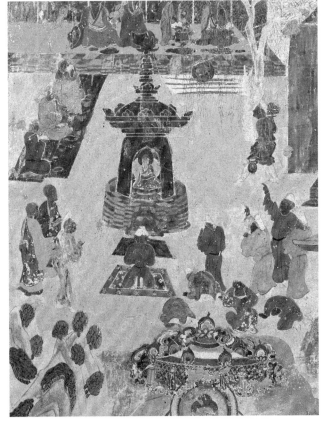

137　單層舍利塔

涅槃經變中畫的舍利塔，塔下是單層須彌座，塔身四面開敞，塔內置小型須彌座，供奉釋迦牟尼的舍利。

盛唐 莫148 北壁

138　圓形單層磚石塔

法華經變中表現起塔供佛，塔下為磚砌方形素平塔基，有散水一周。正面台階直對塔龕，龕內供有佛像。塔身圓形，簷邊裝飾山花蕉葉，塔頂的覆缽上豎塔剎相輪。現在圓塔不多見，但在華北地區有很多相似的方塔遺存。

盛唐 莫217 南壁

139　圓形單層磚石塔

塔內供佛經。據佛經說，供養佛、法、僧三寶可得無限福報。塔中所供佛經即表示"法"。據《歷代名畫記》記載，長安資聖寺內曾建有圓塔。

盛唐　莫217　南壁

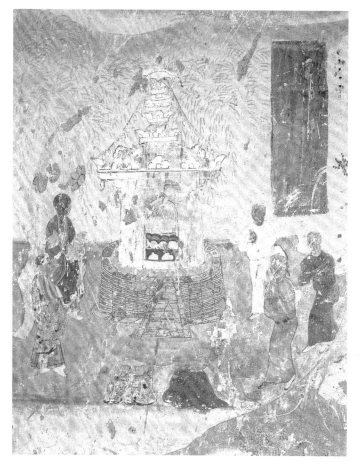

140　窣堵波

塔身為圓形，正面開門，坐落在覆蓮之上。塔頂上用五重相輪及仰月寶珠作結。造型與以後的喇嘛塔有一定關係。

盛唐　莫31　北壁

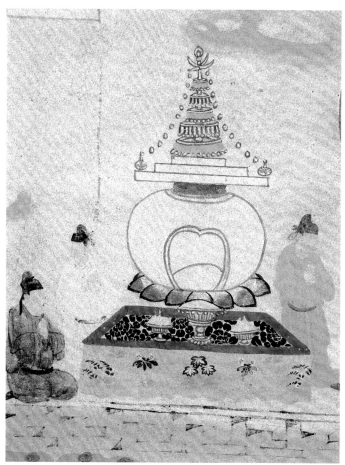

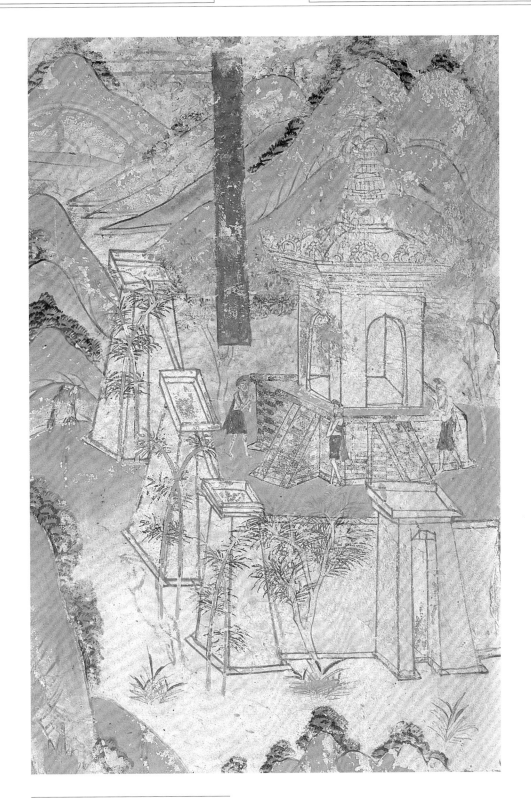

141 塔院

塔院形式來自西域,所以城牆有平台式
的城門,轉角亦有平台式墩台。院內有
磚石造單層四門方塔一座,疊澀出簷的
邊上裝飾山花蕉葉,頂上有覆鉢與塔
剎。塔的造型與山東歷城神通寺隋代的
四門塔頗為相似。

盛唐 莫103 南壁

第四節　盛唐的城門及城垣

盛唐壁畫中的城主要表現了觀無量壽經變裏的皇城與宮城，法華經變裏的市井城市。這些城的形象，包括城門、城樓、角樓、城垣。無論甚麼性質的城都表現出城防的不同設施，充分展現了盛唐時期對城防建設的重視。

觀無量壽經變中的"未生怨"故事，從初唐開始出現即有皇城與宮城的形式，並影響以後各代。盛唐初期第217窟"未生怨"中頻婆娑羅王的宮城，只表現了城的左側部分，有城門、城樓、角樓以及夯土的城垣，城中僅畫一座殿堂，省略了宮城裏的後宮。盛唐後期"未生怨"逐漸發展成條幅的形式，繪於大幅經變畫的一側，由於故事從下向上敘述，所以城牆和城樓都畫在下方，如第320、172等窟。

第172窟南北兩壁相對而畫的兩幅"未生怨"故事畫下部，都畫有王舍城頻婆娑羅王的宮城城門樓局部，如果將這兩幅圖拼成一幅，正好是一座完整的城門圖。城門墩台高聳，中有三道門洞。城門墩台呈兩級階梯狀突出於城牆之外，墩台上立平坐欄杆，中間建正樓五間，兩側退進處各建夾屋兩間，共為九間城樓。兩旁有城牆相連，城牆上全部建有長廊。南壁的城牆在右邊向前轉折一段後，再向兩邊延伸，將城門墩台包抄在凹形平面內，形成城闕之制。北壁城牆下在右邊有值班用的曲尺形房屋一

座。唐代東都洛陽的應天門，是宮城正門，根據考古發掘，門的左右有突出的雙闕，兩闕東西相距85米，闕與城門形成"凹"字形平面，和文獻記載的"門有二重觀，……左右連闕"的情況相符。這裏表現的宮門正是洛陽應天門的寫照。以後北宋東京的端門，明清兩朝北京紫禁城的午門都是由此形式發展而成的。

這兩幅城門圖下都有守衛的兵丁，門兩側置戟架。南壁右邊的戟架平行放置於城門兩旁，架上列大旗和八支戟。北壁於值班的房屋前亦放置戟架，上列長戟五支。第320窟的宮城也於城門右邊有值班用房，房前列有五支的戟架。按照唐代典章制度，天子門闕有放置戟架列戟一定數量的規定。圖中所畫是的頻婆娑羅王的宮城，符合王公門外列戟的規定，可見當時的畫師必須認真對待國家的典章制度。

在涅槃經變裏，唯有第148窟中有建築形象，其中城畫得很壯觀。繪於西壁的兩座城，北側的一座用鳥瞰的角度俯視城中的活動。城牆正中均畫城門及城樓，上方的城門有兩個門道，門洞一側有平行直立的排叉柱，城樓是五開間，歇山屋頂。側面的城門為單門道，上有三開間歇山頂城樓，城垣的轉角處出墩台，上建攢尖頂的角樓。此城左側另有一城，三座城門均開一道門洞。此

窟南壁彌勒經變下部也有規模稍小的一座城，正門與側門及墩台上的建築體量依次縮小，主次關係明確。正門用雙門道，側門用單門道，數量依次遞減。

在漢及唐長安城遺址中，發現城門門道兩側均用排叉柱。明代修建的嘉峪關羅城過洞，也作這樣處理。大凡夯土城台的門洞在改用磚砌拱券門洞之前，一般均在門洞兩側立排叉柱，門洞頂部用木平楔。唐代長安大明宮北面的玄武門，根據考古發掘資料所作的復原圖，即為一個門道，上建五開間、深兩間的城樓，形狀與盛唐壁畫中的門觀形象相似。

這時期的彌勒經變多以寺院建築羣作兜率天宮，第113窟卻表現了一座凸字型平面的城垣，突出的正面有城樓與角樓，退後的城牆中部有敵樓，轉角處有角樓。另外在觀無量壽經變的"十六觀·寶樓觀"中有很多城樓形象，如第217、171等窟。

從眾多的城與城垣形象中看出，城門多為磚砌，城牆用夯土築成，多數城牆上有雉堞。文獻記載，十六國時期後趙的鄴城，城牆就已用磚包砌。考古發掘出唐代長安的大明宮遺址，宮牆全部用夯土築成，僅宮城各門的墩台用磚包砌表面，厚度約50厘米。都城長安尚且如此，一般州縣的築城之制，不會超過

長安的標準。壁畫上城防設施大都有角樓之設，城垣的轉角處，兩面受敵，此處設墩台，上建角樓，一是加強了轉角處的防禦，二來也可壯城垣的觀瞻。晉《三國志》注引中記載，"審配於鄴城東南角樓，望見太祖兵"。可見角樓是一種很古老的建築類型，直到明清的都城、皇城都有角樓的設置。自盛唐壁畫中出現的城、城垣、角樓等形象，一直沿用到五代、宋。

法華經變"化城喻品"，主要講述商旅在行進的路途中遇到重重困難，眼前即刻幻化出一座城市，商旅可以進城休息。因此壁畫表現了一般的市井城市，其中最典型的是第217窟南壁繪了兩座城市，一座為中原城市，一座為西域城。中原城市只畫出城的一側，可以看出城的上部規整方正，城牆有城門，轉角處有角樓。城中有殿堂兩處，表示衙署，右上角一帳幕內有僧人講說，並有二人聽法，表示佛法的流佈。城中空曠處，有很多人活動，其一側在地上擺設了幾樣物件，可能是表示商賈貿易的情景。西域城僅畫出三面城垣，城門墩台與角台以及城內的一座兩層建築都用石材修築，城外一商隊正急忙向城內奔去，商隊前有一胡人引導。這兩座城市形象，再現了絲綢古道沿途城鎮及其生活的場面。

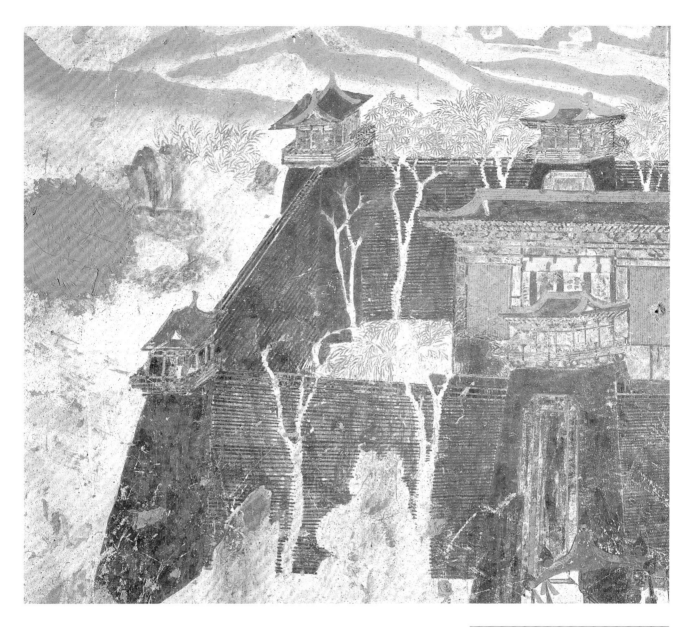

142 城門與城垣

"未生怨"故事畫有頻婆娑羅王的宮
城，城中有殿堂。城門及角樓的墩台用
磚包砌，城垣為夯土夯，城樓與城牆相
交處畫一門洞，是衛兵在女牆內行走的
通道。

盛唐 莫217 北壁

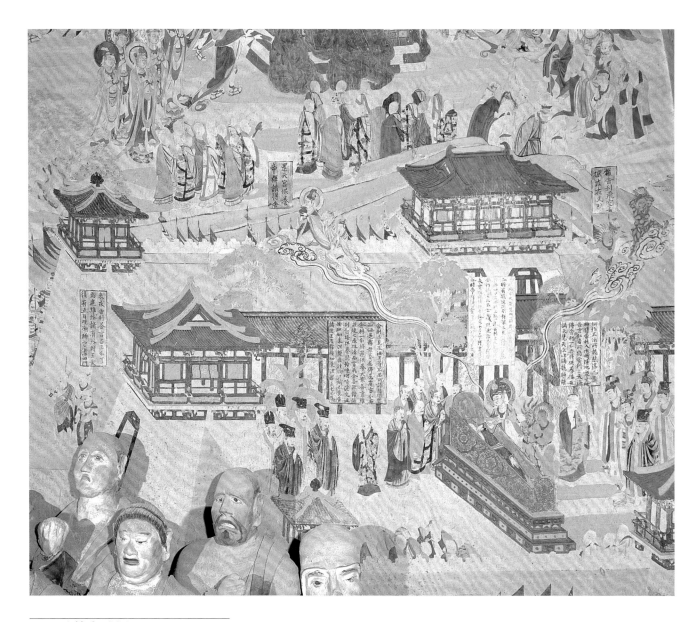

143 城樓與城垣

涅槃經變中的城，只畫出三面，後面城
墩是雙門道，上建五開間歇山頂城樓，
城垣轉角處有四角攢尖頂角樓，城中有
廊房一列。庭院中表現釋迦牟尼涅槃後
入殮的場面。整幅畫面以俯視的角度構
圖。

盛唐 莫148 西壁

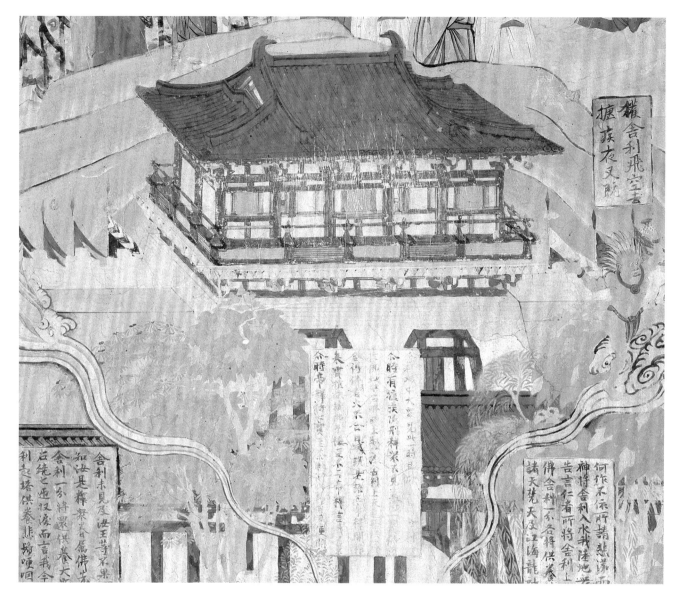

144 五開間城樓

此圖是前圖的局部。城門墩台用磚包
砌,墩台頂上置地栿、平坐,斗栱上有
雁翅板、臥櫺欄杆。城樓五開間,明間
及稍間開窗,窗額、腰串、蜀柱、窗頰
等構件均勾畫正確。屋頂作歇山式,有
正脊、垂脊、戧脊和山面的曲脊、鴟尾
等,都描繪準確。青瓦、白牆、紅柱,
構成一幅優美的建築畫。

盛唐 莫148 西壁

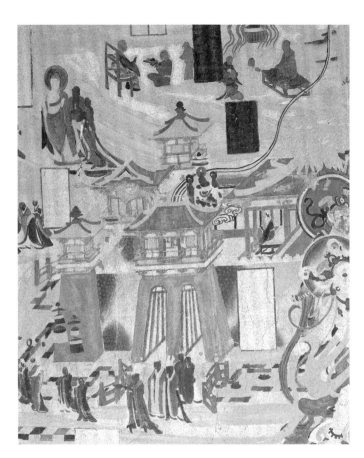

145 城樓與角樓

正面城門闕雙門道，門洞作梯形，中有
兩根蜀柱，構成類似現代梯形桁架的形
式。門道一側可見五根排叉柱，與考古
發掘出的唐代長安城門完全一致。城門
外有曲折的城濠一周，城濠上建橋，直
對城門。概括地反映了唐代建城的原
則。

盛唐 莫148 南壁

146 城闕

"未生怨"故事中所繪頻婆娑羅王的宮
闕城樓，整體佈局為"凹"字形平面，
城門開三門道，是王城規格。城門墩台
上的城樓為五開間，兩側有夾屋一間，
城垣上有廊屋與城樓相連，形成一組莊
嚴雄偉的宮闕建築羣。考古發掘出隋唐
東都洛陽的皇城應天門，以及北京明清
故宮的午門都採用了大體相似的佈局。

盛唐 莫172 南壁

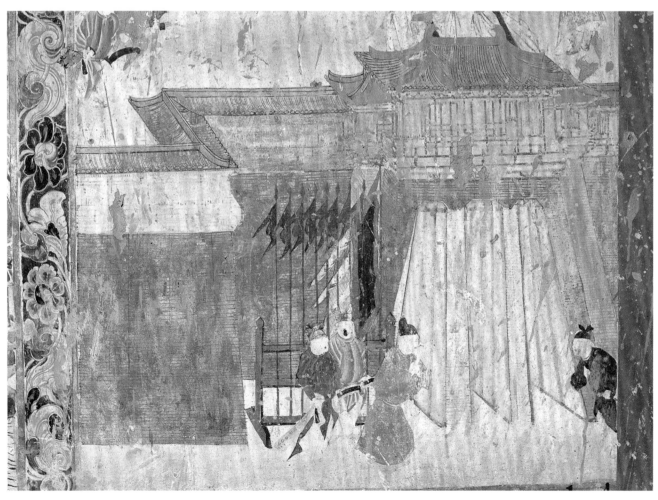

147　不規則形城垣

在“寶樓觀”中，只畫出一半城垣，不
規則形，可見五座城樓及角樓，前面的
城門洞呈圓券形。壁畫中的城門僅有個
別為圓券門洞，做法是將梯形之外加套
圓形的拱券。

盛唐　莫171　北壁

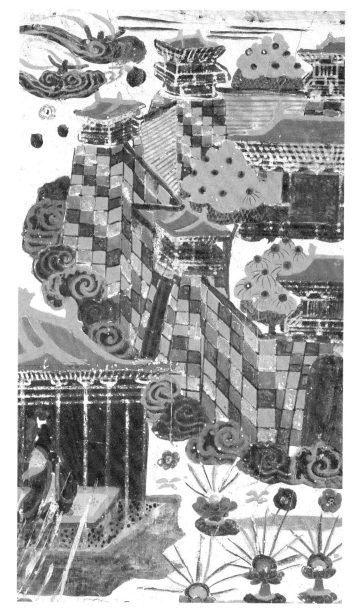

148　天宮城垣

彌勒菩薩居住的兜率天宮，城垣正面突
出，呈“凸”字形平面，中部為城樓，
城垣轉角處有角樓，角樓之間有敵樓。
牆面用彩色琉璃磚貼面。城內的三處殿
堂，呈“品”字形佈局。

盛唐　莫113　北壁

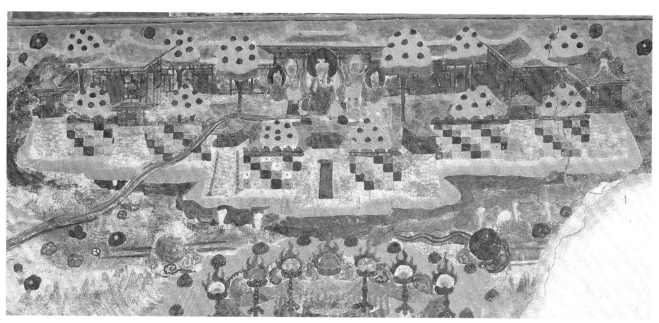

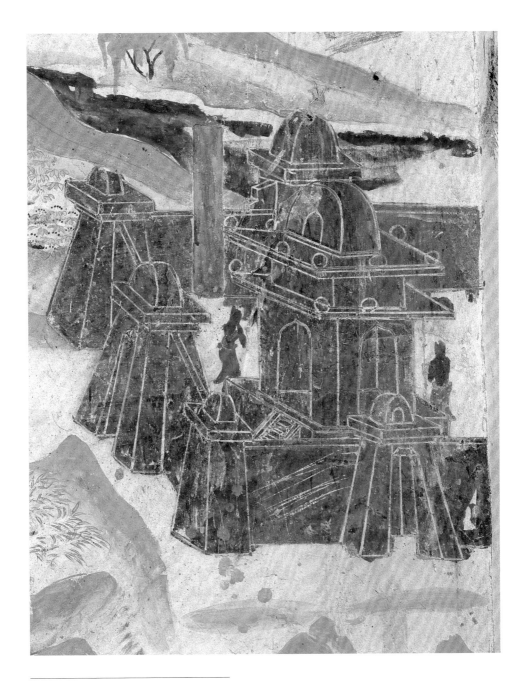

149 西域城

"化城喻品"中畫的一座小城堡,牆垣
各面開門,轉角處有角台。城堡中有一
座兩層建築,所有建築頂均有拱券形結
構,表示出與中原完全不同的建築風
格,建築學家梁思成稱其為"西域
城"。

盛唐 莫217 南壁

第五節　盛唐的宮廷與民居

盛唐壁畫上除了大量描繪佛和菩薩的淨土世界之外，在觀無量壽經變及法華經變中的一些內容裏，還反映了人間社會的生活場景，因而也就出現宮廷與民居等世俗建築形象。

宮廷：第445窟將天宮畫成庭院式，多種形式的庭院建在懸崖上，形式頗為特殊。有一進至三進的多重圓形院落幾座，有前圓後方形式獨特的院落幾座，圓形的院落與北京香山清代園林見心齋相似。多重的圓形院落，形狀如同桃形，前面的院門開在正中，兩邊的圍廊呈扇面弧形繞向後面，院內以同樣的弧形廊子分隔。

典型的宮廷主要出現於盛唐興起的觀無量壽經變側多以條幅畫"未生怨"及"十六觀"的式樣。在"未生怨"中講述古印度的王舍城，頻婆娑羅王被太子阿闍世"幽閉置於七重室內"的故事。盛唐第320、172兩窟的"未生怨"條幅從下到上，依次表現宮城、宮門、殿、樓閣、

御苑等幾個部分的內景。最下面是宮城的城門，門外列戟架，旁邊有衞戍兵丁。院內有太子阿闍世騎在馬上，由士卒押着頻婆娑羅王進入宮門。然後表現頻婆娑羅王被囚禁在殿中，韋提希夫人秘密為王送食。阿闍世太子知道後，提劍欲殺其母。院中有迴廊及三間四阿頂的殿堂，殿內有床，床後有屏風，阿闍世在殿前追殺母親。最後韋提希夫人也被囚禁在閣內。後院應為御苑，臨水建築為閣，下層柱網間全部開敞，透過柱網可看見苑中的池水。最上面的山林遠景是釋迦牟尼居住的耆闍崛山。

盛唐各窟繪製的"未生怨"，大同小異。第148窟的"未生怨"，按照故事發展情節，組織表現了"帝宮九重"的意境。這裏沒有高大厚實的城牆與門樓，從下到上，只用七道橫廊圍出六重不同佈局的院落。畫面中七道廊的形式為第二、三、五、七是橫廊，第一、四、六是轉角圍廊。院內殿堂建築第一、三、五院繪在右邊，第二、四、六院繪在左邊，而且每一建築根據畫面需求，只繪出一半或少半，這樣的安排，使條幅的畫面佈局穩定，且顯得生動活潑。

整座宮廷用迴廊圍合與分割後，再用樹木修竹點綴其中，就更顯宮院內迴廊曲折，庭院幽深。第四院裏有一座八邊形小殿，透過殿的開口可以窺見殿內有床及屏風等生活設施，表明是宮廷中

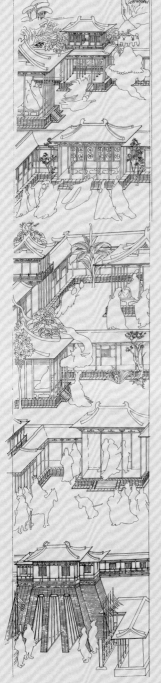

第172窟宮城

的后寢，帝后在這裏生活起居，因而特
意安排這種活潑的八邊形小殿，使生活
的場景充滿情趣。這種小殿第217窟中也
出現過，現存日本奈良法隆寺東院的主體
建築——夢殿，其形式與此十分相似。

民居：壁畫中為避免構圖的呆板，
有時畫院落的大部，或是庭院的一角，
靈活處理，很有特色。

第23窟南壁法華經變的"化城喻品"
中，本應該表現一座城池的形象，但卻
畫了一座典型的北方民居大院。在夯土
院牆之內，另有廊廡圍合的內院，正中
堂屋三間，兩側各有夾屋三間，堂屋之
內均有床。與堂屋相對，也有房屋，猶
如北方四合院裏與大門平列的一排房
屋，被稱為倒座。宅院的門不在軸線中
間，而偏向一側，與北方四合院的宅門
在東南角相同，夯土院牆的一側有烏頭
門的院門。壁畫中反映的是當地流行的
一種宅院佈局。古時西北地區農村中上
人家的民居，住宅多用土牆作外圍牆，
正面有便於車馬出入的大門，稱為車門
或大車門。車門裏為一停車小院，之後
才是住宅院牆和院門。直至20世紀中
葉，在敦煌城鄉仍保存有這種宅院形
式。建築是時代的一面鏡子，一兩千年
來敦煌民居的變化竟然如此緩慢！

在《法華經》中有"如子得母，如病
得醫"兩句簡樸的比喻。在第217窟法華
經變中畫師把它演繹成一幅優美的畫

面，在花樹掩映的庭院內，有廳堂三
間，磚砌台基與散水，室內花磚墁地，
堂內有床，床後有四扇屏風，堂側有偏
房三間，比廳堂稍為低矮。正對廳堂可
見烏頭門一角。院中垂柳拂簷，綠竹幾
竿，顯得生趣盎然，從畫面看去，完全
是一幅漢地民居清新閒雅的生活場景。

與漢地民居宅院僅一牆之隔的旁邊
還有一院落，它不是木構大屋頂建築，
而是以磚石砌築的拱券式建築。宅院圍
牆是西域式的城牆，有墩台式院門，轉
角處有角台。院中偏後一座拱券式廳堂
坐落在磚石台基上，正側兩面開有圓券
門，從門中看到廳堂內有床，廳堂前有
低矮的床榻，一位斜披錦巾的胡人抱嬰
兒側身而坐，另一相同裝扮的胡人抱嬰
兒正走向床榻。院內彎彎的竹梢與拱券
殿堂相映成趣。在室外放置床榻是西北
地區夏天常見的納涼習俗，現在新疆及
敦煌農村中還可看到這種情景。可惜這
幅西北少數民族民居圖殘損較嚴重。

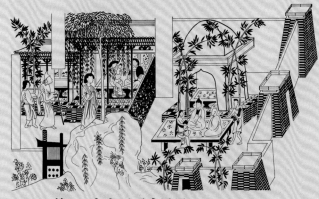

第217窟中西兩式民居

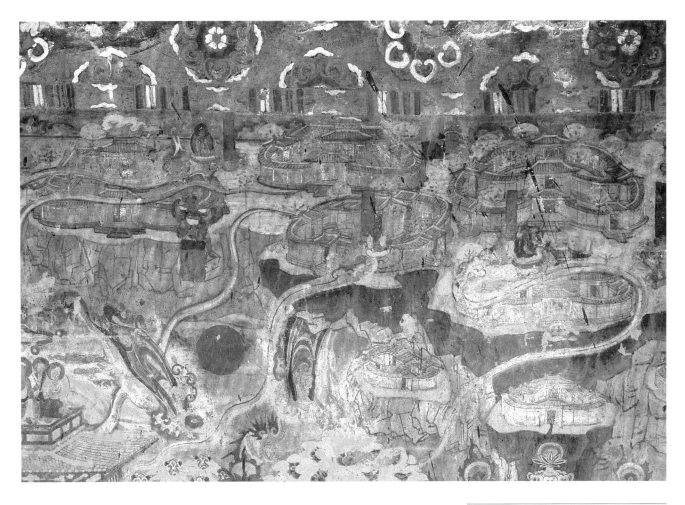

150 庭院式兜率天宮

兜率天宮被畫成十座庭院，院落平面各
不相同，有方形、圓形、心形、前圓後
方形等，院落分一進和多進。反映了當
時庭院建築的多樣性。本圖是其中部分
院落。

盛唐 莫445 北壁

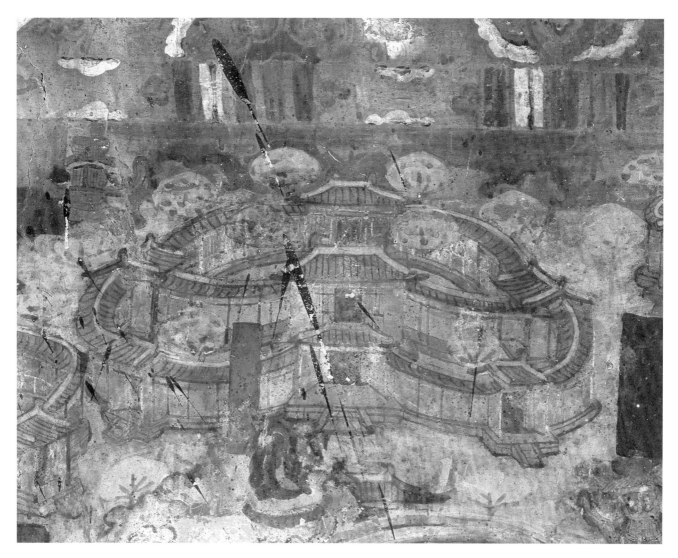

151 天宮中的心形庭院

庭院平面作對稱的心形，後部是半圓
形，前部自中門兩側為兩個半圓。院落
分為前後兩進，中門、過廳處於心形的
凹處，兩側突出的廊院形成一段扇面
牆。中門兩側與迴廊的交點上，都有院
門。

盛唐 莫445 北壁

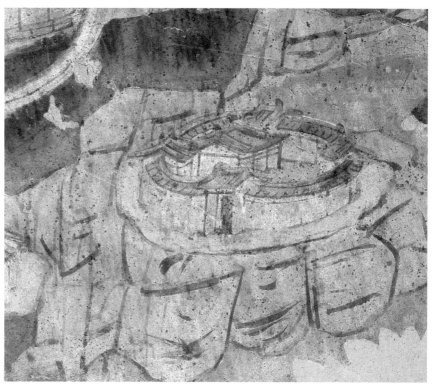

152 天宮中的圓形庭院

庭院建在一塊獨立的峭壁上，圓形的廊
屋一周，四面有門，院中有三間堂屋，
形式與北京香山的清代園林見心齋相
近，別有情趣。

盛唐 莫445 北壁

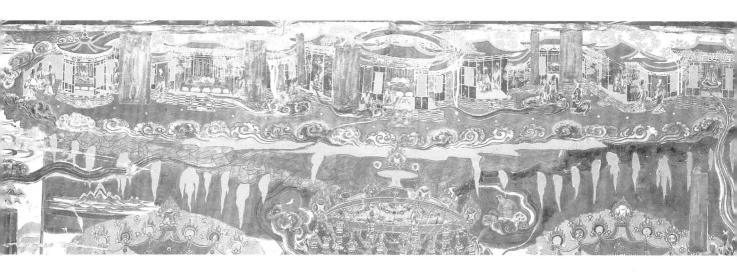

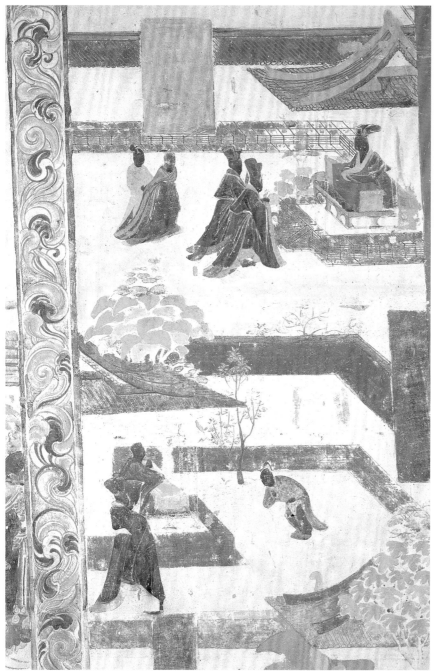

153 展開的天宮

畫在法華經變上部的天宮,以展開的形式表現八座殿堂,之間用迴廊相連,左側是一座八角堂。殿堂中均安置床榻,有菩薩或趺坐在床上,或垂腳坐在床沿,反映了當時人們的生活習俗。

盛唐 莫217 南壁

154 宮廷院落

"未生怨"故事中,畫有太子阿闍世在宮廷中囚父擒母的幾個場面,院落以圍牆分隔,殿堂的柱已褪色模糊。堂中床上坐阿闍世王子,床上放置靠几,供床上的人扶靠或書寫閱讀。

盛唐 莫320 北壁

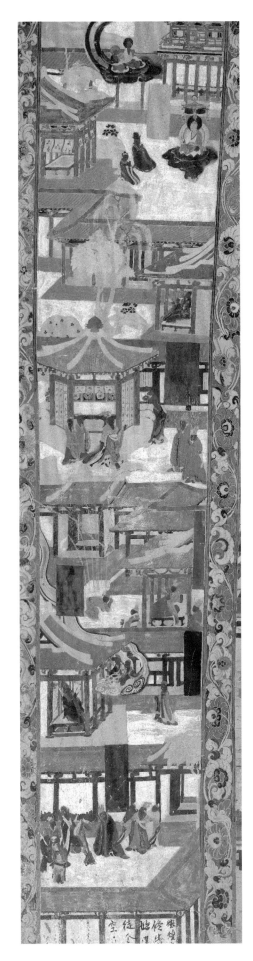

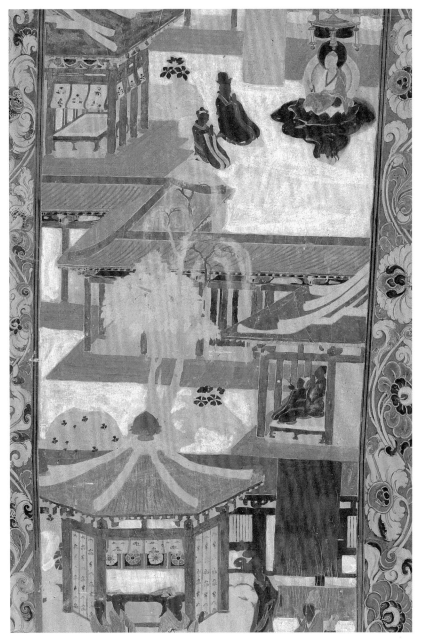

155 七重宮廷院落之一

"未生怨"故事中的宮廷,佛經上記阿
闍世太子在宮廷政變中,將父王囚禁在
七重深院中。畫師在條幅式的空間內,
利用各種建築分割畫面,由下而上構築
了七重宮院,表現了宮廷的深邃,以及
眾多人物活動的情景。

盛唐 莫148 東壁

156 七重宮廷院落之二

此圖是前圖的局部。宮廷內迴廊曲折，
中間開有門通往內廷。院中建有八角
殿，殿的簷下掛簾，殿內設有床及屏
風，表示是可以安寢的內廷。

盛唐 莫148 東壁

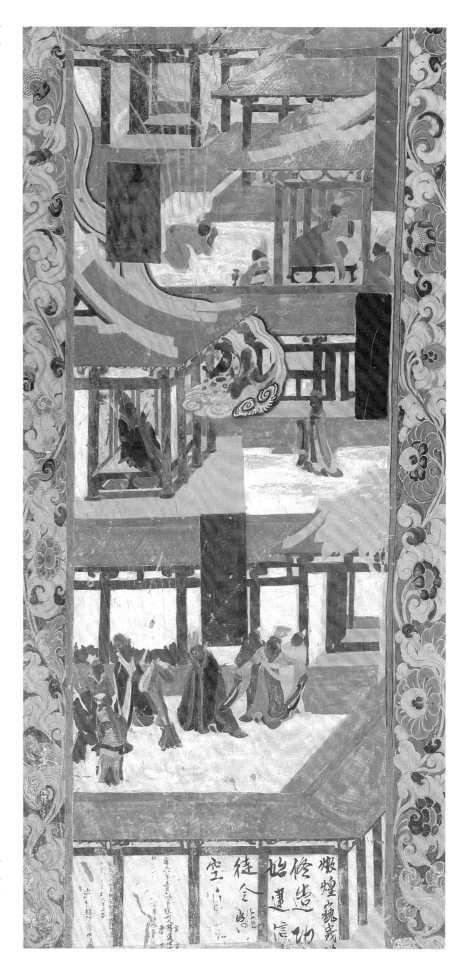

157 七重宮廷院落之三

此圖是前"未生怨"故事中宮廷院落的
局部。宮庭的外朝四周建有迴廊，廊上
開門，院內建歇山頂殿堂。

盛唐 莫148 東壁

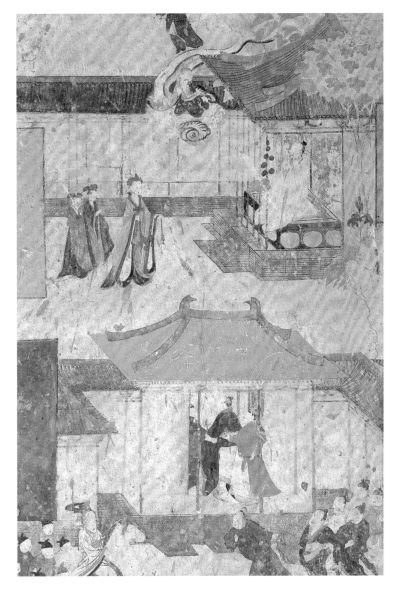

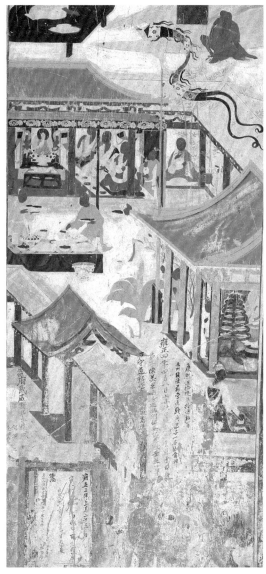

158 四阿頂宮門

"未生怨"故事中阿闍世王子囚父王的
場面。阿闍世命人押父進宮門,宮門位
置內收,兩側呈"凹"字形平面,門屋
有三階,上為四阿頂,符合帝王之居所
用的高規格建築等級。

盛唐 莫172 南壁

159 懸山頂門屋與院落

藥師經變的"十二大願"中畫寺院裏齋
僧燃燈祈福的場面。由烏頭門進入寺院
內,又經一懸山頂門屋進入內院。內院
正殿中供有七重燈輪一座,殿旁豎一幡
桿,桿上長幡飄拂。廂房內正在供佛及
齋僧,院中有一桌齋飯,幾個僕役在一
旁勞作。反映出宗教活動的忙碌景象。

盛唐 莫148 東壁

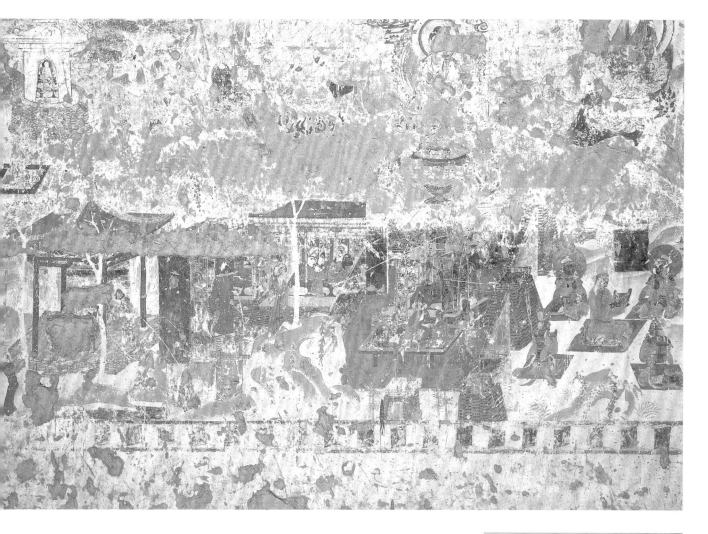

160 中西兩式民居

法華經變中畫的民居，左院是漢式住
宅，右院是西域民居。漢式住宅前有山
石掩映，院內廳堂三間，下有磚砌台
基、散水，室內方磚墁地，內部有床，
床後有屏風。院中有醫生前來診病。右
院有高牆及墩台衛護，院中有拱券形的
房屋，房前的庭院中有床，上坐一婦女
和一老人，床邊有一斜披錦巾的胡人，
手抱嬰兒側身垂足而坐。現在新疆維吾
爾族民居雖然不作拱券形了，但生活依
然保持圖中的方式。

盛唐 莫217 南壁

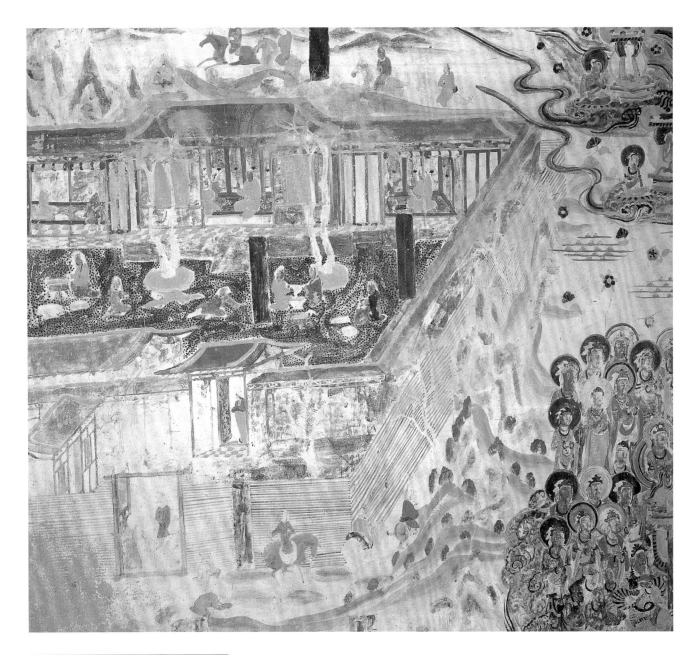

161 民居院落

法華經變中畫一大院落,外有夯土圍
牆,正面有烏頭門,門內小院之後才是
院牆及院門,門內庭院開闊,上房三
間,兩側偏房各三間。這種外有夯土高
牆的住宅形式,在西北地區一直沿用到
近代。

盛唐 莫23 南壁

第六節　盛唐的建築結構與施工技術

盛唐的大型經變由於畫幅大，所以對建築細部的描繪更加精細，特別是從第217、172、148窟的經變畫中，可以看到盛唐時期對建築細部的處理方式。通過對建築細部的描繪，表現了建築與人物的關係，使畫面充滿生活氣氛。

在大型經變中，對台基、欄杆、鋪地花磚、出水平坐、柱礎、斗栱、屋簷下防鳥雀的網、歇山屋頂的山面、鴟尾及鴟尾上面的拒鵲，都有清晰的表現，使中古時期高超的建築技藝與裝飾藝術一覽無餘。

台基與欄杆：露台的台基是盛唐壁畫中表現的主要形式，特別是第148窟，由於畫幅巨大，佛殿前的大小露台高低錯落，實體的砌台與架空的水中平坐，和露台上曲折迴環的欄杆形成呼應。第172、148窟露台台基的上枋以下，用蜀柱分隔成若干隔身板作台壁，板上用團花或其它紋樣裝飾得繁複華麗。

壁畫所繪地面的裝飾，除繼續使用花磚鋪地外，還用其它形式表現佛經上的七寶地面，如第217窟的地面用大小不同的白點不規則佈滿地面，表示用珠寶鋪裝；第148窟兜率天宮的地面全部用曲折迴環的圓圈表示用瑪瑙鋪裝的地面，以符合佛經對西方極樂世界的描述。

欄杆仍採用金屬片包鑲，以加固節點，並有很好的裝飾效果。華板的形式在盛唐早晚期有所變化，早期一如初唐，多用繪以圖案的華板，晚期較多採用勾片欄杆形式，並一直影響以後。台基與欄杆的組合，形成一道新的裝飾帶，共同組成建築立面構圖中的重要元素。

平坐：第172、148窟的大幅經變畫中，寺院的庭院內有大片的水面，於水中立柱，組成柱網，柱上置斗栱欄杆，成為平坐，平坐之上再建殿堂、露台，形成生動的立面建築形象，這種做法與日本建築中的"寢殿造"十分相似。

斗栱：這種中國木建築的特殊結構，到盛唐進入完全成熟的階段。以第172窟的斗栱為例，北壁淨土變寺院內，各種繁簡不一的斗栱分別用於不同等級的建築上。如結構簡單的出一跳四鋪作斗栱用在迴廊上，出兩跳五鋪作斗栱用在角樓及後佛殿夾屋上，出三跳六鋪作斗栱用於後佛殿的上層，正中的大殿，其轉角鋪作採用比較複雜的四重結構的斗栱，專業術語稱為七鋪作雙杪雙下昂重栱計心造斗栱，第148窟中心大殿的斗栱也是此做法。這種形式的斗栱是盛唐及以後壁畫中所見最複雜，高規格的斗栱，而且畫得精確合理，符合結構規範。

第217窟北壁寺院建築羣裏有一座鐘台，屋簷下的斗栱部分用綠色的網罩住，這是為防止雀鳥在斗栱間做巢的措施。宋代《營造法式》中稱"護殿簷雀眼網"，其他古籍中又稱作"罘罳"。製作方法是"用渾青篾，每竹一條劈作一十二條，刮去青……其雀眼徑一寸"。發展到以後又採用金屬網，至今在一些古建築中仍能看到。壁畫上對這種設施的表現僅此一例，實是難得的珍貴資料。圖見本章第一節。

屋頂及瓦件：盛唐壁畫的屋頂形式反映了各單體建築在建築組羣中的主次關係，四阿頂用於主要建築，如大殿、城樓正門等。配殿、角樓以及城樓的側門均用歇山頂。屋面全部葺瓦，簷口平直，簷角基本不起翹飛，屋頂正脊兩端有帶雙鰭的鴟尾，斜脊、垂脊和戧脊的端頭僅有脊頭瓦和筒瓦。簷邊只見筒瓦的圓瓦當，板瓦的端頭沒有"滴水"。瓦面和脊分別作青灰與石綠色，綠色可能代表當時建築中已出現的綠色琉璃瓦。

瓦件上的小構件"拒鵲"，在第445、217窟的殿、碑閣與二層樓的鴟尾上都有清楚的描繪。《營造法式》"用鴟尾"條中記"鴟尾上用鐵腳子及鐵束子安其搶鐵，之上施五義拒鵲子"。這一形象只有盛唐壁畫中才可看到，另外在敦煌絹畫上也有表現。

第445窟彌勒經變中有一幅拆樓圖，表現了房屋拆除的施工場面。建築施工場面在壁畫中反映很少，因此很珍貴。畫面上二層樓上層的屋面瓦與椽子都已被拆除，僅留樑架部分。樓房內部的間架結構為三開間歇山頂形式，四椽栿的大樑，栿的中部用一個大駝峰代替叉手，兩架樑之間還有上、下平槫及大角樑，大角樑上又架子角樑，樑頭不起翹，結構清晰合理。樓上有工人正在勞作，地上堆放着散亂的磚瓦木料。

盛唐畫師在描寫建築時，特別注意了房屋的斗栱、欄杆等比較細緻複雜的小構件，如果不是對建築細部有深刻詳細的了解，是無從下筆的，更不能刻畫得如此清楚，況且細小的構件也難以保存至今，所以建築細部的描繪對於古代建築的研究是無可替代的重要資料。

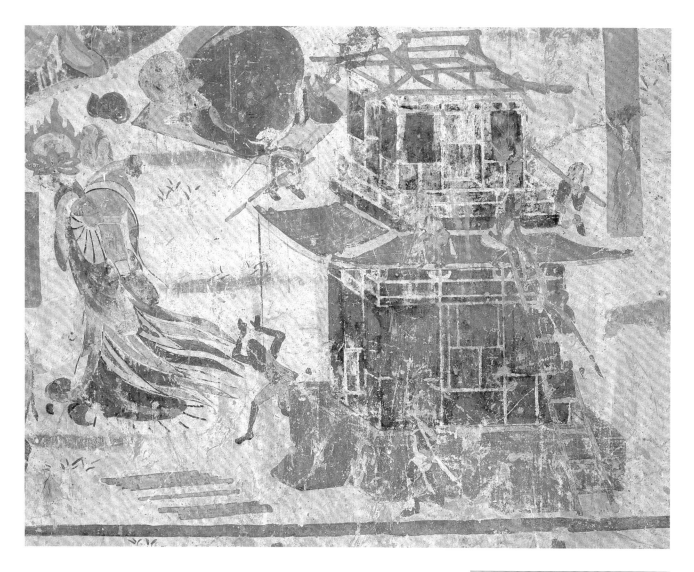

162　拆樓圖

彌勒經變中描繪彌勒佛把一座寶樓施捨
給婆羅門，婆羅門聚而拆之。樓為二
層，上下均為三開間，上層開間收小，
兩層之間有腰簷。上層屋面和椽子已經
拆除，歇山房架的結構暴露在外，四角
有角樑，角樑一側有子角樑。平樑上安
放三角形駝峰，作用與叉手相同。駝峰
上有一斗，上承脊檁。畫師將建築結構
交代的清晰而準確，是十分難得的形象
資料。

盛唐　莫445　北壁

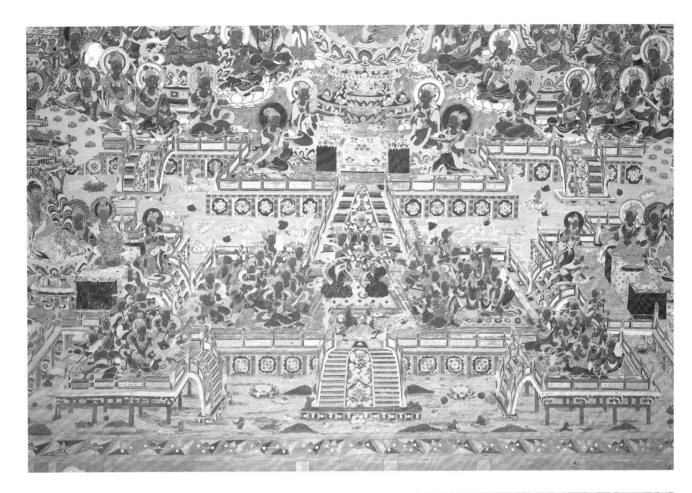

163 露台與台階

三座露台出於水中，呈"品"字形佈局。小露台於柱網上建平坐，前有弧形梯道，顯得小巧輕盈。大露台為實心砌築，正面隔身板上用團花圖案裝飾，工整富麗。露台中部有寬大的弧形台階，台階兩側有踏跺，中間為斜坡御路。露台與台階邊沿設勾片欄杆。露台上有伎樂舞蹈和伴奏，形成熱烈的歌舞場面。

盛唐 莫148 東壁北

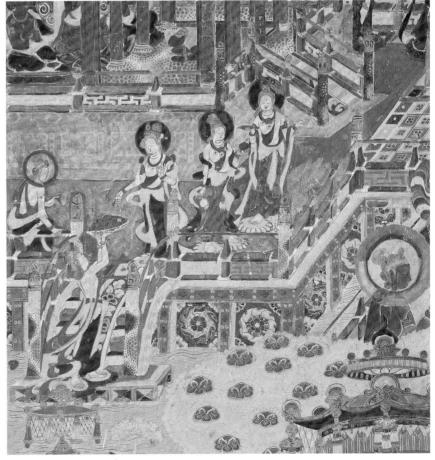

164 配殿台基

配殿台基四周隔身板上用團花圖案裝飾，側面有弧形台階通往水池中。站在台階下的菩薩雙手高高托起一個大花果盤，月台上的菩薩正欲去接，動作優美，上下呼應，為淨土世界的菩薩創作出人情化的意境。

盛唐 莫148 東壁北

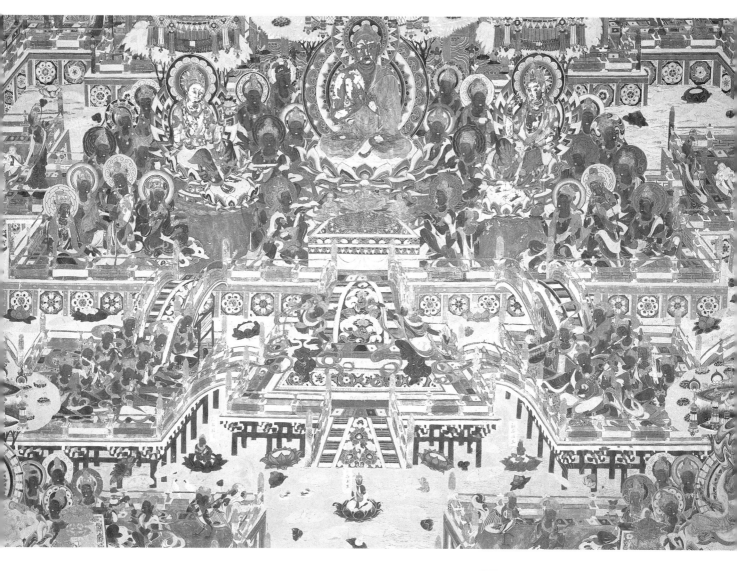

165 平坐與欄杆

露台出於水中，呈“品”字形佈局。露台於柱網上建平坐，前有斜坡梯道，環周設有欄杆。露台上有雙人對舞，兩側坐伴奏的樂隊。實是宮廷或寺觀內演出場地在壁畫中加以美化的結果。

盛唐 莫148 東壁南

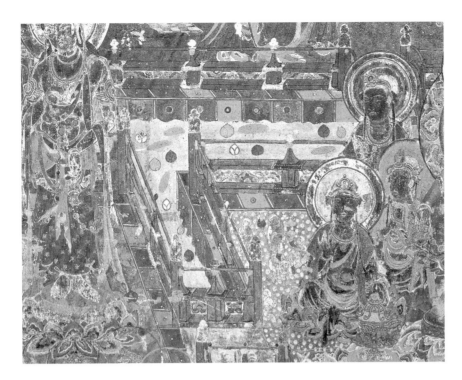

166 華板欄杆細部

華板欄杆的結構畫得清晰而具體,從欄杆上的橫木(由下而上,為地栿、盆脣、斗子尋杖)、蜀柱、望柱以及節點處的金屬包鑲等可以看出當時的工藝和技術水平。儘管從建築畫的角度上看,透視技法尚有不妥之處,但仍給人留下深刻的印象。

盛唐 莫217 北壁

167 迴廊細部

圖中對迴廊的台基、地面、欄杆、柱枋、斗栱、屋面及瓦件等構件,都有精細的描繪,如地面花磚的花紋,柱下的覆蓮柱礎。並將建築之間的關係,處理得相當準確,表現出很好的透視技法。

盛唐 莫148 東壁

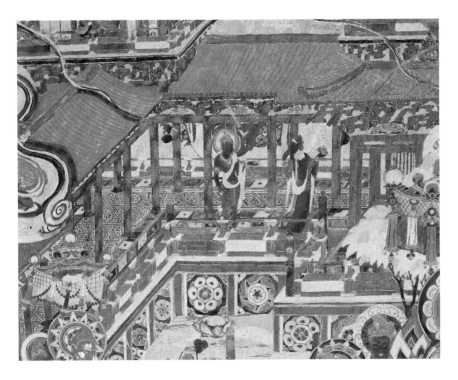

168 大殿斗栱

大殿翼角的轉角及補間鋪作各一組,轉角鋪作作雙抄雙下昂,即是從柱頭鋪作上,櫨斗口內向前挑出兩跳華栱,從華栱跳頭上出兩跳下昂,第二跳昂頭上出令栱及替木承簷檁。令栱中心出批竹昂形的要頭,是斗栱出現要頭最早的例子。

盛唐 莫172 南壁

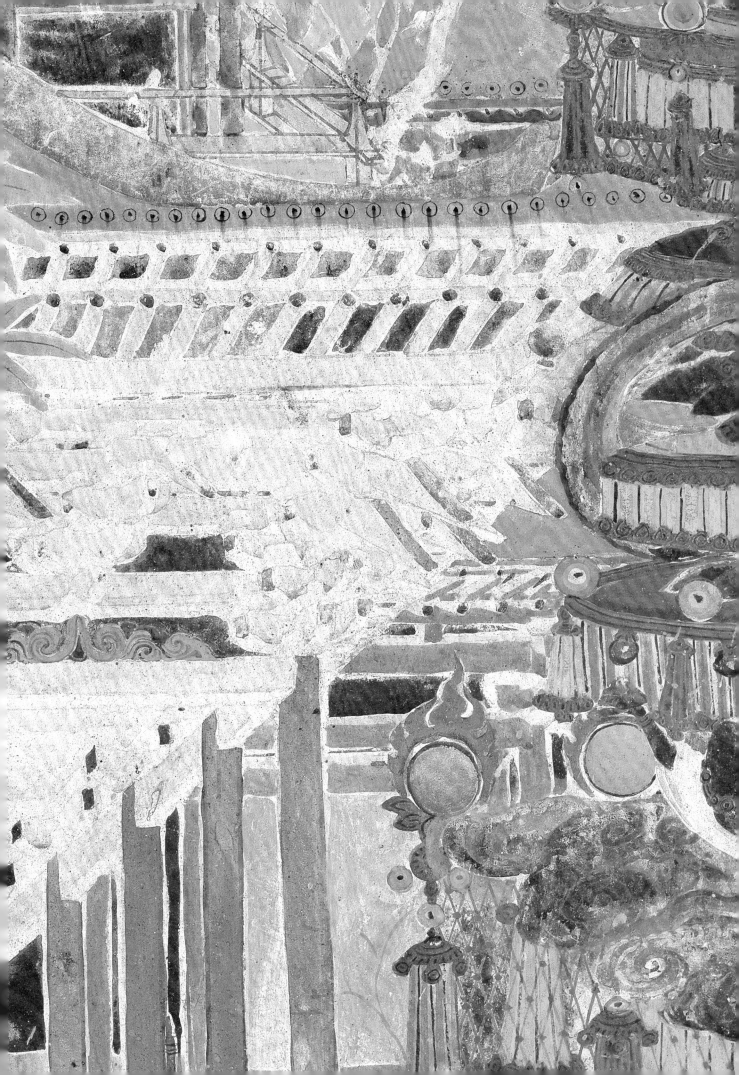

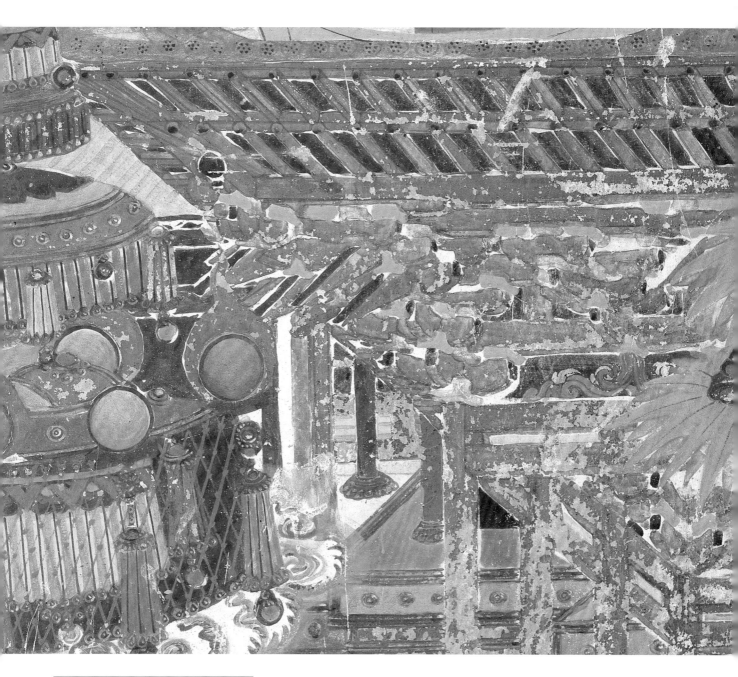

169 大殿斗栱

大殿斗栱與前圖相似，其補間鋪作最上
層的令栱中心不出要頭，令栱有替木是
其特點。莫高窟現存的宋代窟簷中尚有
這種斗栱實物。

盛唐 莫172 北壁

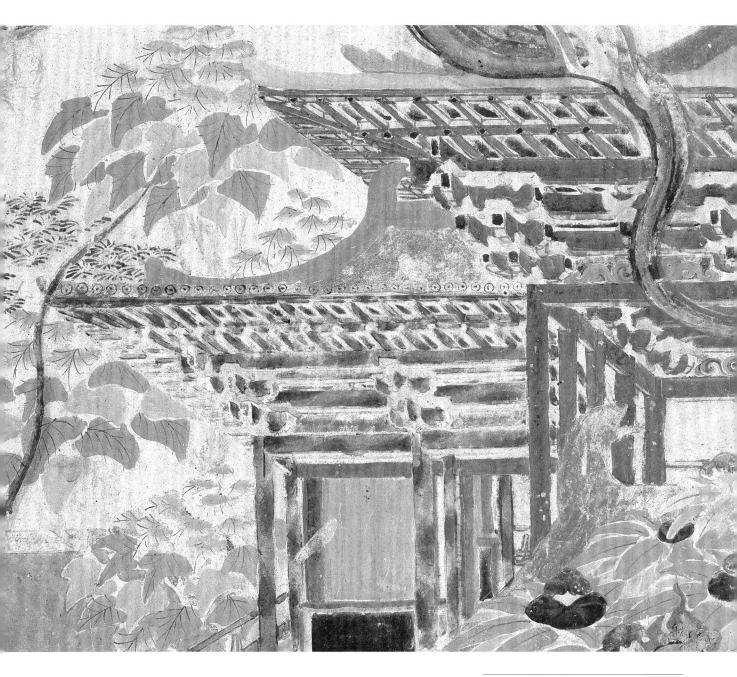

170 後佛殿斗栱

壁畫中的後佛殿似為樓閣，閣的兩側有
夾屋，轉角鋪作出雙抄單栱計心造，沒
有出下昂，夾屋柱頭鋪作之間沒有補間
鋪作。這種斗栱結構在莫高窟的宋代窟
簷上保存有實物。

盛唐 莫172 南壁

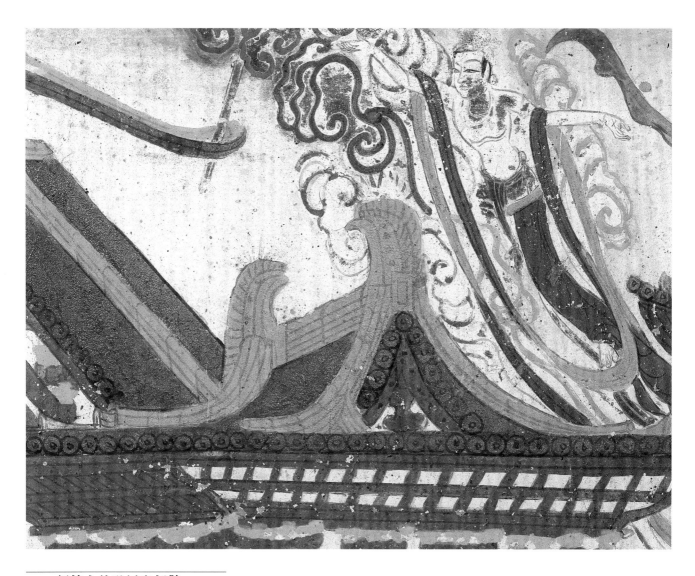

171 經樓上的鴟尾和拒鵲

經樓歇山頂上，正脊兩端有鴟尾，鴟尾
背部有雙鰭，尾鰭內繪聯珠紋，鰭上部
作芒刺狀的"拒鵲"，以防止飛鳥在鴟
尾上棲息。

盛唐 莫217 北壁

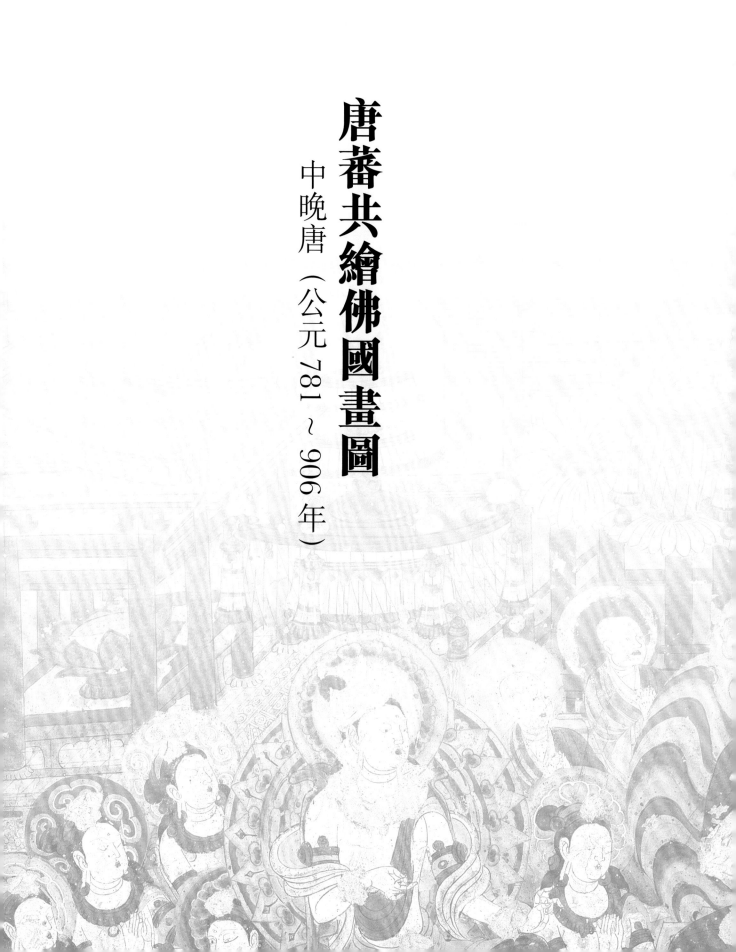

唐蕃共繪佛國畫圖

中晚唐（公元 781～906 年）

　　唐建中二年（公元781年）吐蕃佔據敦煌，因為吐蕃人篤信佛教，在此期間，沙州僧徒日增，開山鑿窟之聲不絕於耳。在敦煌石窟的歷史分期中，把吐蕃時期稱作中唐。唐大中二年（公元847年），敦煌人張議潮收復敦煌，三代世守，是敦煌石窟的晚唐時期。這前後兩個階段，對敦煌石窟的開鑿都有所建樹。

　　中唐期的第158大涅槃窟、榆林窟第25窟，以及晚唐的第196、85窟，都是這一時期大型石窟的代表。經變畫由初盛唐時以一個壁面畫一鋪經變，改為一個壁面畫二到四鋪經變，由橫向構圖改為豎向構圖。經變題材從盛唐的十七種發展到二十幾種，仍以觀無量壽經變、阿彌陀經變、藥師淨土變、彌勒經變較多。在這些經變裏集中展現了寺院建築羣的繪畫水平。而在華嚴經變、維摩詰經變裏，中晚唐擴大了建築畫的規模，加入了城與城樓的形象。由磚石建造的窣堵波依然是塔的主流形象，法華經變中則以三開間小殿式的單層木塔為主要形式。其它如民居、宮廷等住宅建築被安置在法華經變和大幅經變下部的屏風畫中。建築形象及其裝飾含有一定的吐蕃風格。這種藝術風格和繪畫技巧，一直影響到晚唐和五代以後。

　　敦煌壁畫中的佛國淨土，中唐時在吐蕃的影響下曾有過一段繁榮，畫面細膩，技藝精湛，力求完美，到了晚唐佛教藝術從高峰逐漸走向低谷，畫風凝滯，在建築繪畫上開始了程式化的傾向。

第一節　中晚唐寺院的佈局及單體建築

中晚唐壁畫中的建築，經過初盛唐的發展，無論建築整體規模或單體建築形象，都達到了頂點，但是在寺院的羣體佈局方面，始終保持中軸線對稱和封閉式廊院的平面形式。這一時期經變畫中寺院建築羣佈局，主要以三種形式表現：

一、沿用初盛唐時期以大殿為中心的一進或兩進院落。由於畫幅改為豎向構圖，院落內部就顯得較為狹窄，但畫面卻有了縱深感。晚唐第85窟所畫寺院，中軸線上的大殿後有幾重殿閣，大殿前兩側有配殿，並用迴廊相連，形成"凹"字形院落空間。榆林窟第25窟的觀無量壽經變仍保持盛唐的佈局方式，圖中大殿後還有一重迴廊，形成封閉的後院，中間用迴廊分隔前後院。

這種迴廊既是空間的轉換，又是庭

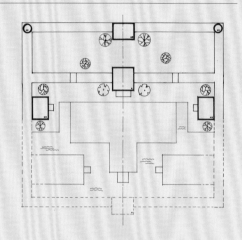

榆25窟寺院平面推想圖

院內的交通要道。而且建築比例準確，透視基本合理，通透的空間感很強，仿佛可以深入其境，使人有一種"曲徑通幽處，禪房花木深"的情趣。第159窟觀無量壽經變中的寺院後院，將迴廊繼續向兩側延伸，明確表示出中院之外的兩側還有院落，是一座規模很大的寺院。根據唐代《寺塔記》記載，唐代長安的長樂坊安國寺中有東禪院、影堂、利涉塑堂、聖容院等，寺院中有東塔院、西塔院，慈恩寺中有十幾院。壁畫上表現的多重院落，是對現實的忠實反映，並把它高度概括，延伸出畫面之外，任憑觀覽者遐想。

二、表現了完整的建築羣。初盛唐時期大殿和配殿由"品"字形佈局，發展到"凹"字形的平面構圖，到中晚唐時期，經變畫中寺院平面突破了"凹"字形的構圖，開創了一種表現完整寺院的構

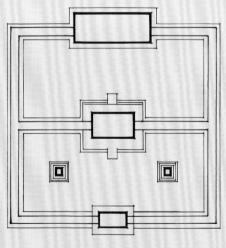

新羅感恩寺平面圖

圖形式。如第361窟的藥師經變，在狹窄的空間中，上部沿用"凹"字形平面的三合院，下部佈置一列橫廊，組成封閉的四合廊院，橫廊上建三間樓門。廊上左右再置鐘樓、經藏及其他樓房等，表現了完整的寺院建築羣。這種表現方式多用於藥師淨土變，以後五代、宋、西夏一直沿用這一佈局方式。

三、橫向三院組合的寺院佈局。自盛唐第148窟的彌勒經變、天請問經變中

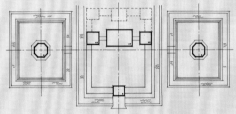

第231窟三院式天宮平面推想圖

出現橫向三院組合天宮寺院圖像後，到中晚唐時期，在第231、237、85窟等的天宮建築中，都以橫向構圖的方式表現組合的三院。

三院的組合形式是，中院三面開門，院內有大殿、廊院、角樓、虹橋等。兩側的偏院除前面有門屋外，向着中院的一側也有一門屋。兩邊的庭院設置成兩邊對稱佈局，在用欄杆圍繞的庭院中建一座八邊形小殿，或在廊院中建一座面向中院的二層樓。第85窟彌勒經變上部的兜率天宮，是一座規模宏大的三院組合，中部有方形的城池，左右偏院均面向中央的城，並有通道往來相

通，偏院又分作前後兩院，右側的院中有一佛閣，左側的院中有一單層四門塔，佛閣和塔都不在院子的中軸線上，打破了嚴格的對稱佈局。

橫向的三院組合很適合壁畫上部的構圖方式，它既來源於現實中宮廷、寺觀空間構圖的固有形式，也符合《彌勒經》中對兜率天宮的描述，即東西十二由旬（由旬是佛教的度量概念），南北七由旬構成，呈橫向的矩形圖。因此橫向三院組合，是畫師的藝術構思和宗教上理想空間模式巧妙結合的成果。

中晚唐的寺院建築羣整體佈局中，第201窟的寺院羣比較接近盛唐風格，第231窟則融合了許多吐蕃藝術，在大殿兩側或佛塔兩側樹幢幡。第361窟又出現以二層佛塔作為中心建築的塔院佛寺，直到五代、宋還受其影響。

這時期的單體建築大多保持了盛唐的形式，但也有個別在融入吐蕃藝術風格後，出現一些新的變化，如寺院中軸線上的大殿改為二層樓作為主體建築，樓頂作四阿頂或攢尖頂，攢尖頂上有火燄寶珠，呈塔剎形式，見第231、361窟。

鐘樓和經藏在寺院中是必不可少的建築，它們的體量較小，盛唐時多放置在庭院中，而這一時期，它們的形象作為羣體的一個調節劑，可以自由佈置，如第361窟在寺前迴廊的轉角頂上；第

158窟則在寺院的後廊之外另建獨立的鐘台和經台；第85窟的鐘樓及經樓分別列置在後院的兩側，第231窟又分置於前佛殿兩側，在配殿的位置上。這樣的佈置，付與寺院建築羣的平面及空間形式較多的變化。

中晚唐時期的各種淨土變中，凡有鐘樓者，相對的均為經藏，經藏的形狀多作八角形、圓形，或下層八角形，上層為圓形的二層小樓，樓頂為攢尖頂。寺院裏"鳴鐘濟苦，兼以集眾"，有深刻的宗教含義，曾有"洪鐘震響覺羣生，聲遍十方無量土，含識羣生普聞知，拔除眾生長夜苦"的偈句。佛寺的鐘聲，又往往引發文人騷客的無限遐想。唐詩人張繼夜泊楓橋聞鐘，產生了詠鐘的千古絕唱。

初盛唐的平閣到這時已不見蹤跡，平閣上的女鼓吹，移到迴廊的轉角平坐上，見第231、361、85等窟。《鄴中記》中說，十六國後趙的鄴都昭陽殿"殿東西各有長廊，廊上置樓"。在迴廊上造屋，可見於盛唐壁畫中迴廊轉角處的平坐鐘樓與經藏，而中晚唐則只留平坐，不建屋，平坐上鼓樂齊鳴，別有一番情趣。平坐與中間的樓閣用弧形的虹橋相通，為整座寺院後部的天際輪廓線增添一道美麗的曲線。

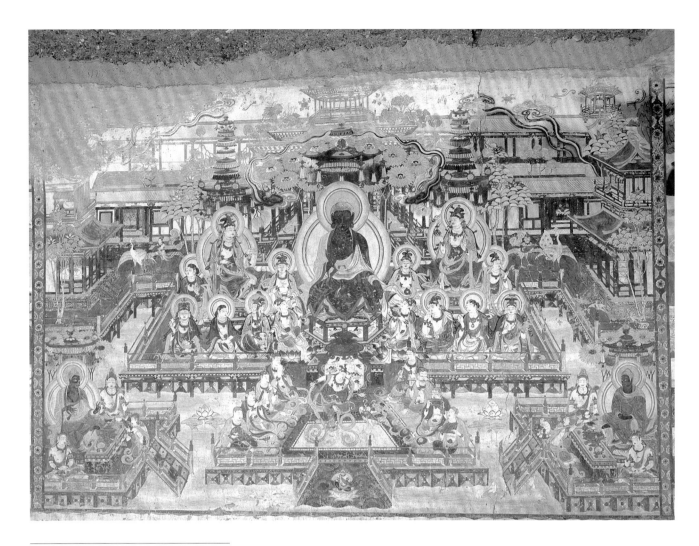

172　淨土寺院

淨土寺院的建築繼承盛唐風格。殿、
閣、廊、台佈局疏朗，庭院中花木扶
疏，禽鳥漫步，七寶池中蓮荷盛開，童
子嬉戲於水中，露台上歌舞正酣。畫師
創造的西方極樂世界，正是人間美景的
再現。畫面表現出建築的立體空間，為
吐蕃時期壁畫的代表作。

中唐　榆25　南壁

173　淨土寺院的配殿

淨土寺院的配殿為二層樓，殿內置大
床，床後屏風隱約可見，柱間的額枋下
簾箔高捲。腰簷的博脊上起平坐欄杆，
天女坐在欄杆上，別有一番優雅和自
在。歇山頂上面有曲脊及懸魚。樓的細
部結構交代明晰，反映出唐代建築秀麗
莊重的風格。

中唐　榆25　南壁

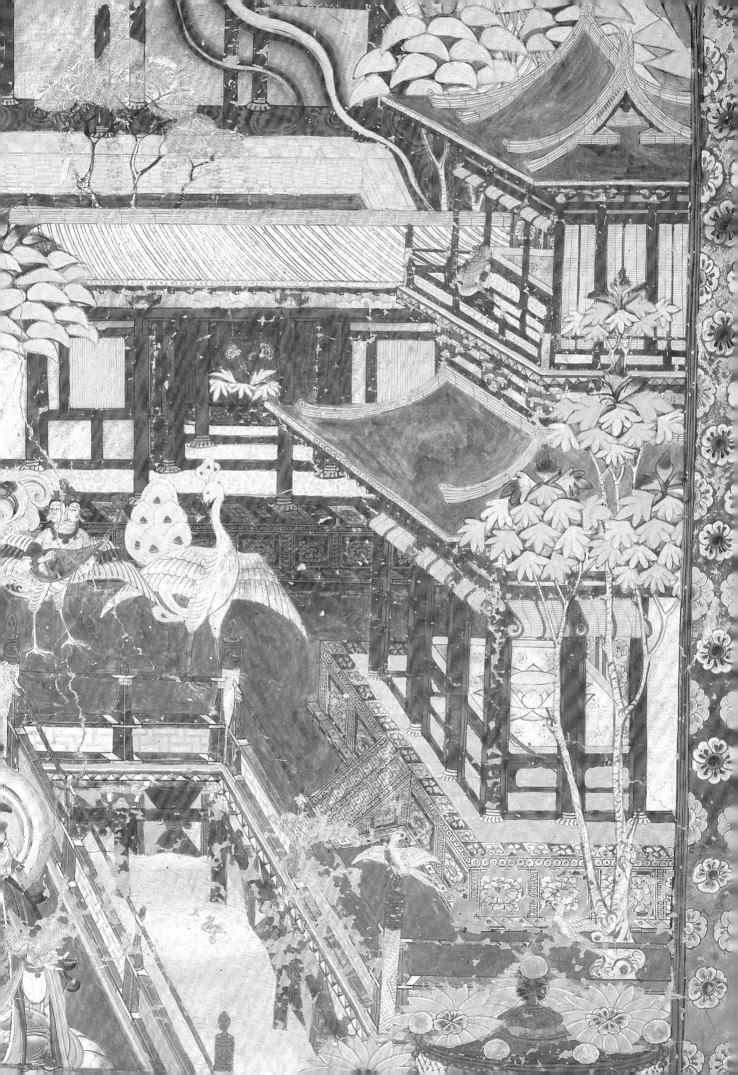

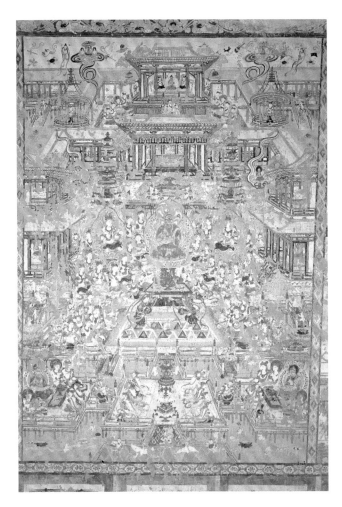

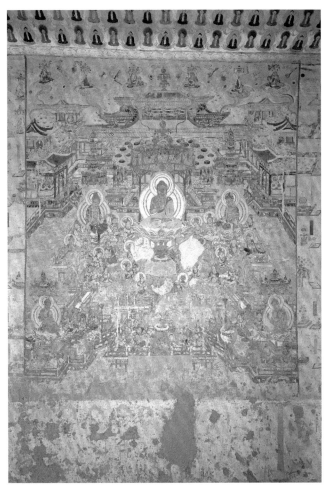

174 淨土寺院

淨土寺院的前部平面呈"凹"字形，有
一殿二閣及兩座圓形角樓，中間是露
台。後院迴廊一周，中有佛閣，後廊向
左右延伸出去，表明兩側還有院落。界
畫工整細緻，構圖嚴謹，對人物的線描
精細、設色淡雅，是吐蕃時期的代表
作。

中唐 莫159 南壁

175 淨土寺院

寺院大殿設左右二階，屋身有廊廡一
周，地面畫出雲紋圖案，表示西方淨土
的建築都是用七寶所成。古代畫師有粉
本相傳，畫師之間也相互描摹，故此圖
雖成於吐蕃，但與盛唐風格近似。

中唐 莫201 南壁

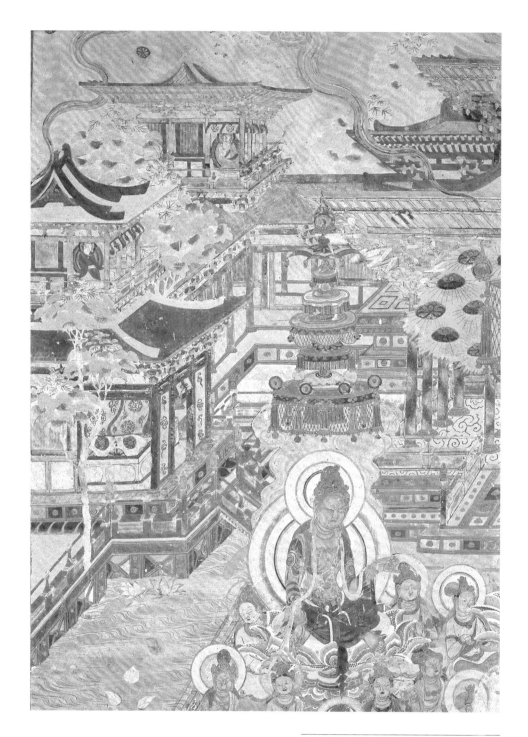

176 配殿與角樓

此圖是前圖的局部。配殿為二層樓，建
於月台之上，殿正面懸簾箔。透過側面
一間，可以看見殿中有大床。腰簷的博
脊上起平坐建樓。迴廊轉角處的頂上起
平坐，上建角樓。

中唐 莫201 南壁

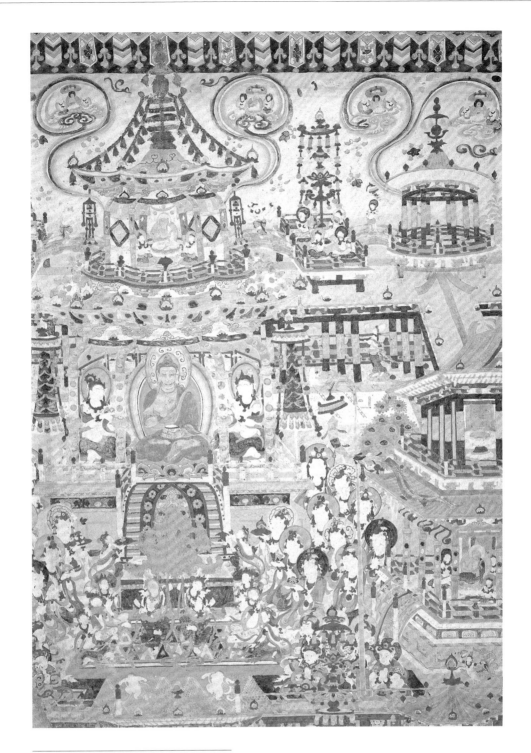

177　淨土寺院的大殿

大殿為二層塔樓式，攢尖頂，上有塔
剎。上層建築平面為花瓣式，頗為獨
特。由於柱子上端向內彎曲，欄杆、闌
額、屋簷都是弧形。迄今尚未發現有吐
蕃時代可作參照的建築。吐蕃時期的壁
畫中塔樓式大殿多有出現。

中唐　莫361　北壁

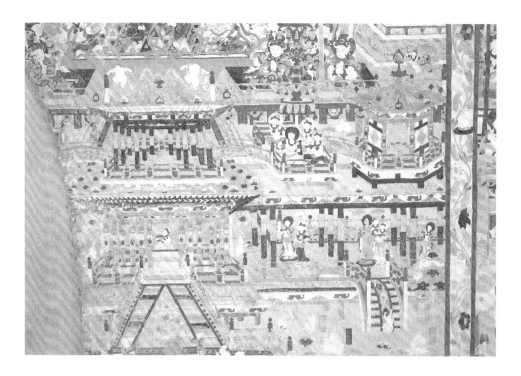

178 三門與鐘樓

文獻中多有唐長安寺院設三門的記載。
三門，佛教又稱為"三解脫之門"。唐
代偶有稱山門的，大概是受禪宗影響，
希望寺院遠離塵世，遁隱山林，後世通
稱寺院之門為山門。三門右側有八角形
鐘樓，符合鐘樓在東的一種說法。

中唐 莫361 北壁

179 淨土寺院

寺院中的大殿，為二層塔樓式，上層簷
部有山花蕉葉，頂部有覆鉢與塔刹相
輪，形成窣堵波式。簷下兩翼角懸掛長
幡。露台兩側是鐘樓和經藏，均為攢尖
頂，頂上有傘蓋、火燄寶珠等飾物。圖
中多數建築採用正投影高視點的畫法，
這種方法表現建築的佈局，一直影響到
近代。

中唐 莫361 南壁

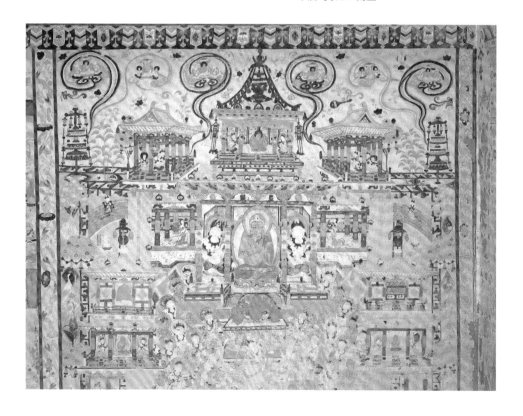

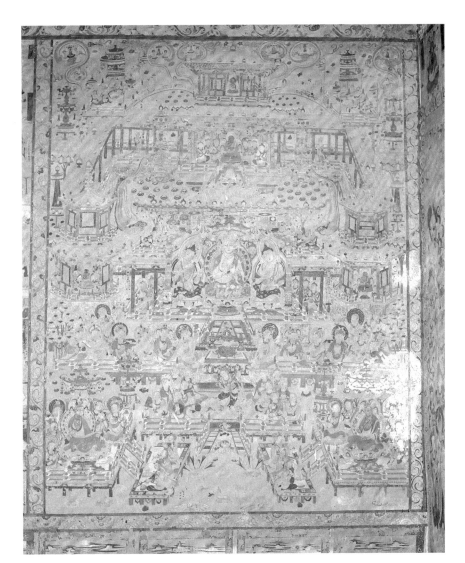

180 淨土寺院

寺院的寶池內露台高低錯落，大殿為二層樓式，下層環有廊廡，腰簷上起平坐欄杆。廡殿頂，簷下滿綴寶珠。大殿兩側有八角鐘樓與經藏。後院為方形，樓兩側有虹橋通往迴廊上的平坐。

中唐 莫231 南壁

181 三院式天宮

天請問經變中畫的天宮，三院作橫向構圖，三院並列且各自獨立，兩側院面向中院，每院的主體都是二層樓閣。唐代的大寺院都由若干院組成，日本和尚圓仁的《入唐求法巡禮記》中説長安興唐寺中就有東般若院、淨土院、東塔院等。

中唐 莫231 南壁

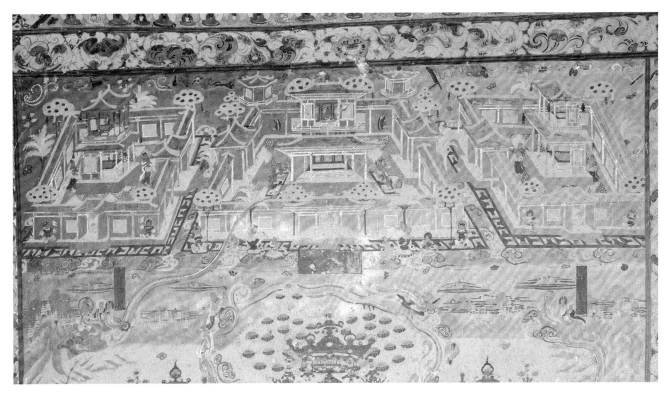

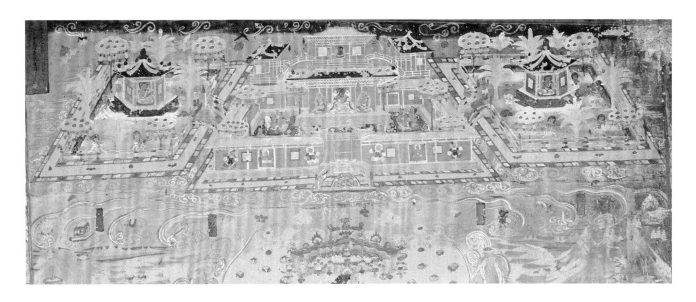

182 三院式兜率天宮

彌勒上生經變中畫的兜率天宮，由三院
組成，中院是方形的廊院，院後有二層
樓的佛殿，後部迴廊，轉角處有角樓，
角樓與佛殿有虹橋相通。左右兩院稍
小，中有八角堂，四周有欄杆環繞，院
內多種花木。三院之外都有水渠圍繞，
水中生長蓮荷，用以象徵淨土園林。

中唐 莫231 北壁

183 單院式天宮佛寺

天宮為單院佛寺的典型佈局，方形廊院
中有一殿二樓，成"品"字形格局，正
面廊上有單簷三間的中門，兩側廊上的
門，不起門屋。院內沒有鐘樓及經藏，
這在當時較為特殊。

中唐 莫237 北壁

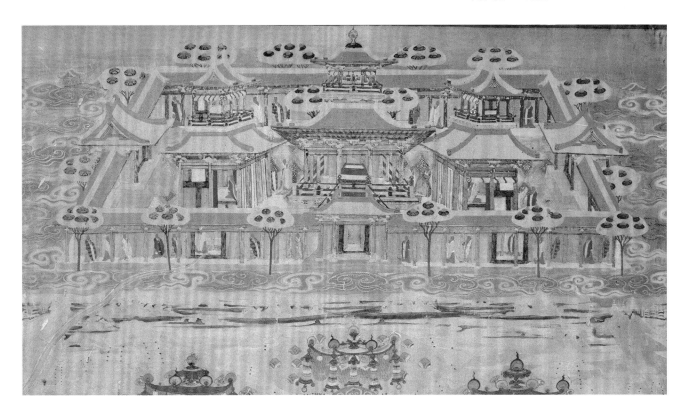

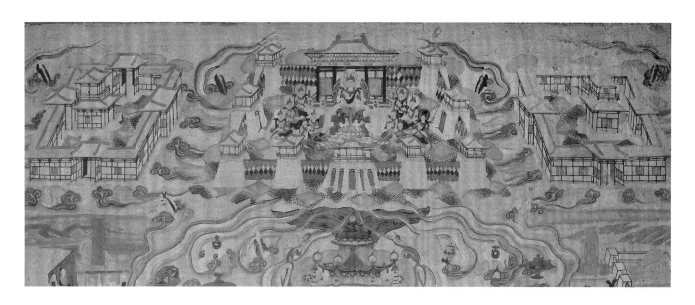

184 宮城式天宮及五門道城樓

坐落在須彌山上的兜率天宮是大型寺院的縮影。中院是宮城，城中只有一座三間佛殿，城的四面有門，四角建角樓，正門設五個門道，與角樓之間有敵樓。壁畫中畫五門道的城樓，也僅此一例。兩側的偏院，四面廊上有門，院中有二層佛殿。

晚唐　莫138　北壁

185 大殿與圓亭

大殿下有重台須彌座及欄杆，大殿斗栱描繪清晰，屋面瓦用幾種不同的顏色繪出，表示用彩色琉璃瓦鋪成。迴廊後有圓塔分置兩旁，頂部有塔剎，是寺院中東、西塔的表示。

中唐　莫237　北壁

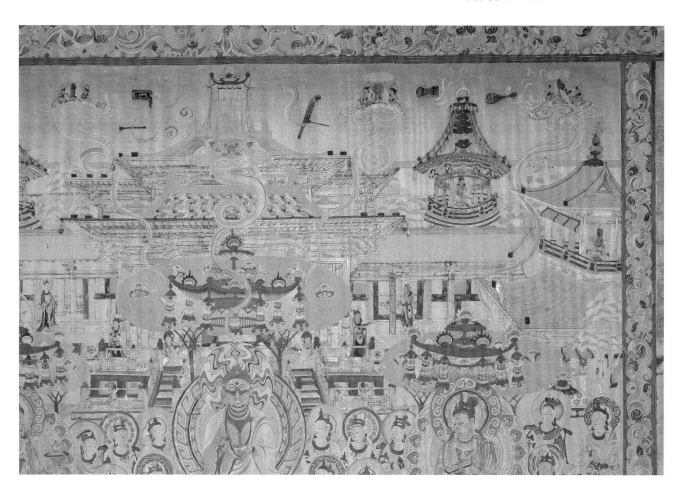

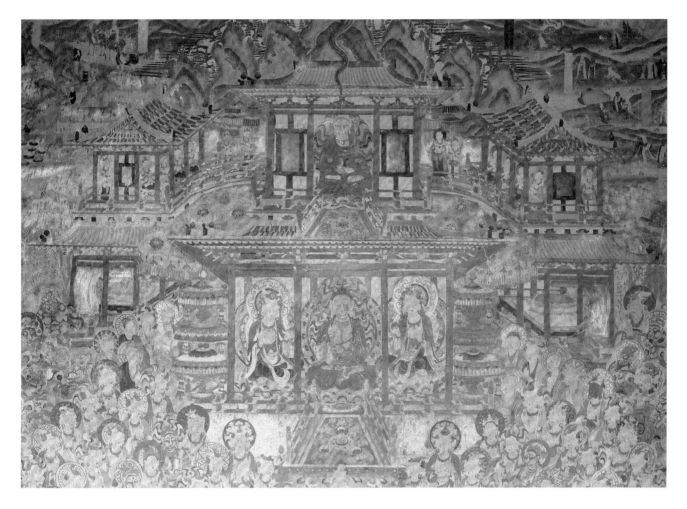

186 三樓組合

寺院中的大殿與配殿構成三樓組合，大
殿是一座三開間二層樓，樓上平坐前闢
有象徵性陛道。兩側的配殿體量較小，
面向中間的大殿，大殿與配殿上層有弧
形的虹橋相通。屋頂用彩色琉璃瓦裝
飾。

晚唐 莫156 北壁

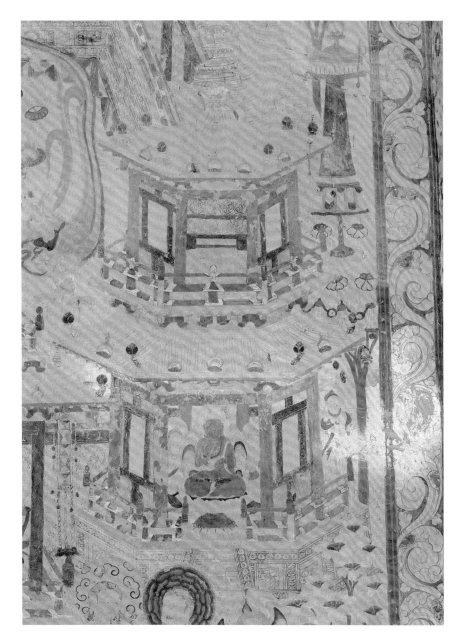

187 八角經樓

經樓為八角兩層,建於須彌座台基上,台基邊沿有欄杆。腰簷的博脊上起平坐建八角樓,透過門洞,可以看見裏面有成捆的經卷供奉在經案上。攢尖頂上有塔刹相輪,塔刹本是佛塔的標誌,自盛唐開始在鐘樓、經樓的攢尖頂上置塔刹,吐蕃時擴展為在大殿樓上也安置塔刹。

中唐 莫231 南壁

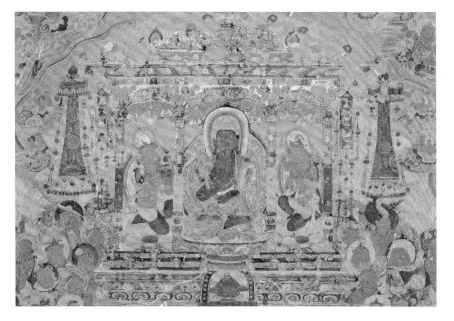

188 吐蕃式佛殿

三開間的佛殿具有鮮明的外域風格。台基束腰的裝飾繁複,上有仰蓮、上枋,欄杆望柱呈腰鼓式。立柱柱箍鑲嵌珠寶,柱頭上用獸頭紋裝飾。拱券、拱楣均呈蓮瓣式,盔式屋頂用捲草雲紋裝飾,簷邊及頂裝飾有火燄寶珠。整座建築造型及裝飾奇特繁複,莫高窟僅此一處。

中唐 莫231 北壁

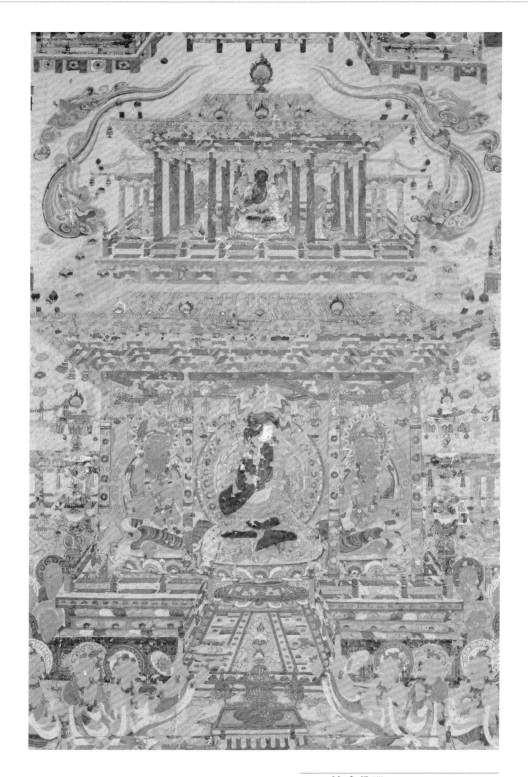

189 樓式佛殿

三開間的佛殿建於須彌座台基上，二層
在平坐上建樓三間，兩側有夾屋。四阿
頂，脊正中有寶珠。須彌座及柱子的裝
飾受吐蕃建築的影響。

中唐 莫231 北壁

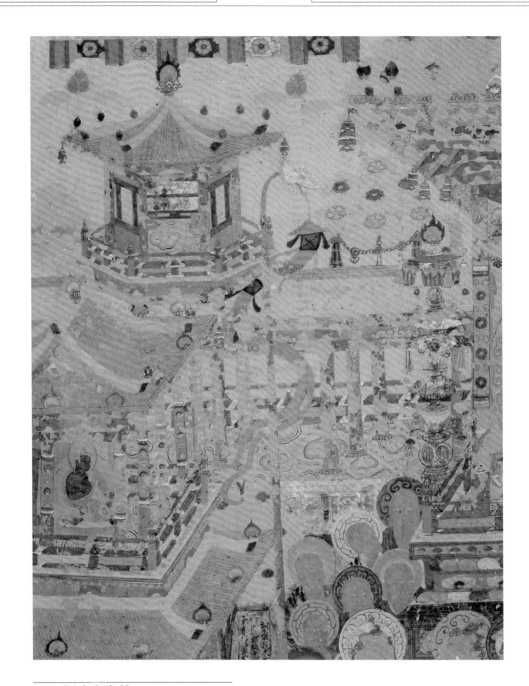

190 迴廊與角樓

八角經樓建於迴廊轉角頂上，形成角
樓。角樓下的迴廊上起平坐，平坐邊沿
有欄杆，角樓正面開敞，可看見樓內的
經藏。屋頂為攢尖頂，上置火燄寶珠。
經樓小巧精致，結構合理，是當時建築
小品的真實寫照。

中唐 莫231 北壁

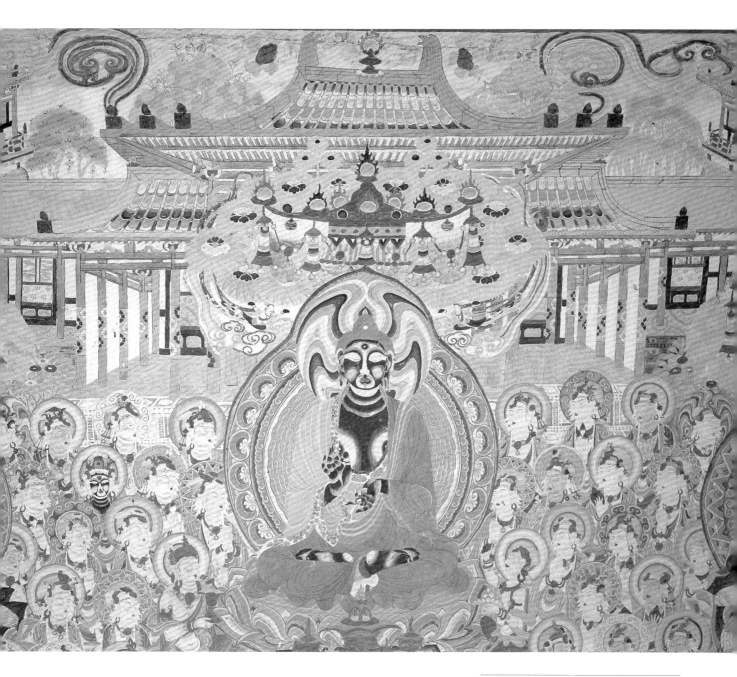

191 琉璃瓦頂的大殿

整座大殿屋面的瓦分別用白、土紅、綠
及由鉛丹變色做成的黑色四色相間排
列。筒瓦和板瓦的用色相同,但排列相
互錯位,形成有規律的顏色變化,表示
琉璃瓦屋面。正脊兩端的鴟尾比例碩
大,脊瓦有清楚的分段,應是預製的。
中唐 莫158 東壁

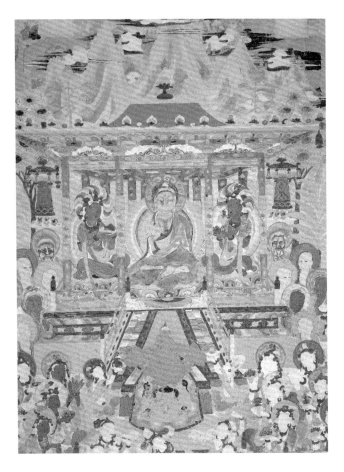

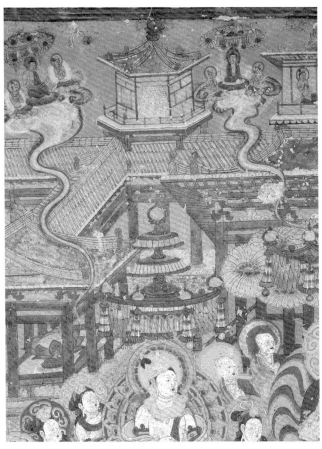

192 小佛殿

三開間小殿的外觀及結構均與中原式建
築相同,唯柱子、額枋表面滿鑲珠寶,
屋簷下不是椽子,而是仰蓮,屋簷在筒
瓦的位置上亦是珠寶。殿兩側有幢幡,
是吐蕃的習俗。

中唐 莫361 南壁

193 配殿與鐘樓

寺院的一角,配殿內有床,床上置蓮
台。迴廊上建六角鐘樓,鐘的紋飾清晰
可見。屋面佈筒板瓦,正脊、斜脊都是
疊瓦而成。正脊兩端有鴟尾,上繪聯珠
紋,背有雙鰭。五代以前的壁畫中,鴟
尾通作此式。界畫墨色清晰如新,是吐
蕃時期的代表作。

中唐 莫112 北壁

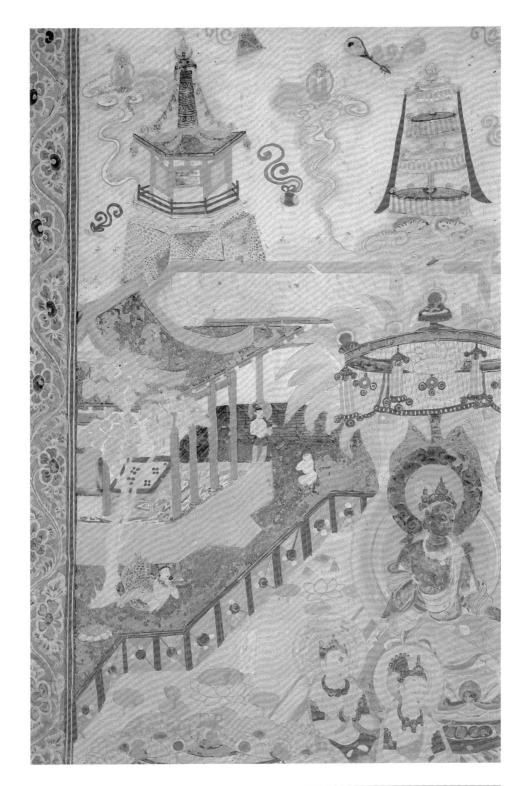

194　配殿與高台

寺院的一角，月台之上，再起台基，是
盛唐以後的普遍做法。迴廊之後有高
台，用磚石建成，表面用色點劃分出不
同的塊面。高台上起平坐，建經樓。經
台、鐘台，是當時寺院中不可缺少的建
築。

中唐　莫126　北壁

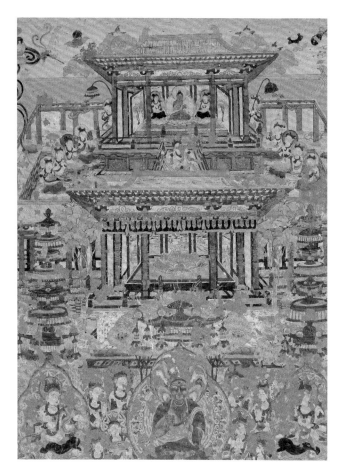

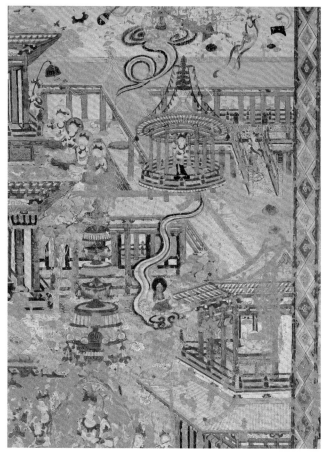

195　前後佛殿

吐蕃時期的經變畫改為豎構圖，畫幅較
小，所以沒有盛唐寺院的氣魄了。此圖
卻利用狹小的空間，將殿堂樓台勾畫得
極為精細，前殿三開間，殿中有大床，
床後有山水畫屏風。柱與闌額上有彩
畫，闌額下懸掛帷幔，色彩紋樣清晰可
辨，斗栱簡潔，唯兩柱間的補間用捲草
形駝峰，上有小斗支撐於柱頭枋下，轉
角處可看見角樑，其上沒有子角樑，所
以簷端保持平直，翼角不起翹。後佛殿
與前佛殿的結構形式基本一致，只將建
築體量與裝飾稍作更改，即成為前後兩
院的主體建築。

中唐　莫159　南壁

196　迴廊的三院之交

寺院中一側，用兩個"丁"字形迴廊，
將寺院分為前後左右三重院落。在迴廊
頂建圓亭，上有塔剎裝飾，因而也可稱
圓塔。

中唐　莫159　南壁

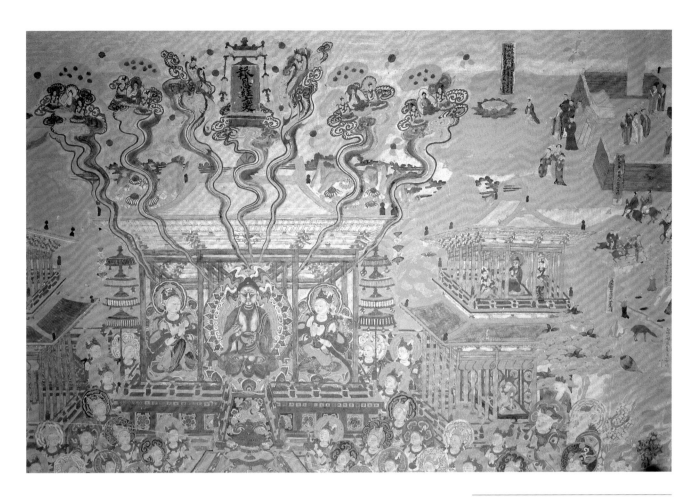

197 大殿與配殿

寺院為一殿兩樓的組合,呈"品"字形佈局。大殿為三開間,樓則為五開間。柱間全部開敞,可以看見殿、樓內的斗栱、樑架。現存實物中山西大同的金代善化寺,大雄寶殿前左右有東西二閣成品字形佈局。

晚唐 莫85 南壁

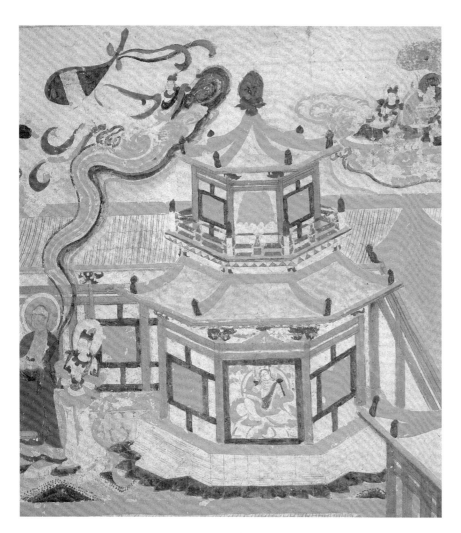

198 八角鐘樓

八角鐘樓下有磚砌台基，台基四面有台
階。樓內菩薩在蓮花座上作遊戲坐。屋
頂上起平坐，建八角鐘樓，內懸洪鐘，
八角攢尖頂上冠以蓮花、寶珠。

晚唐 莫85 北壁

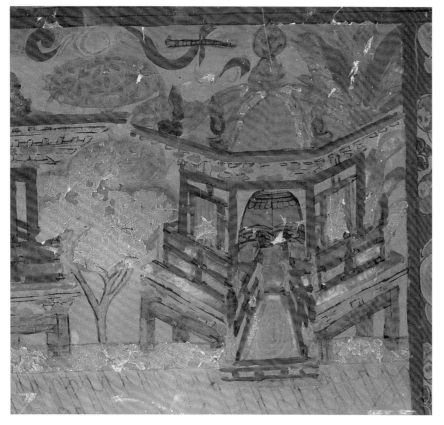

199 盝頂鐘樓

寺院迴廊之後建八角鐘樓，樓頂作攢尖
盝頂，是一種新的屋頂形式，多用於鐘
樓、經樓及亭式建築，五代以後壁畫中
出現較多。此圖界畫粗糙，建築勾畫不
夠清晰準確，反映程式化之風日漸濃
厚。

晚唐 莫8 西壁

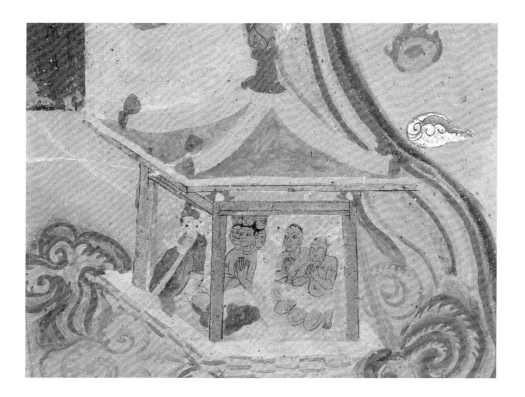

200 四柱亭子

亭子為四柱方形，攢尖頂，四面開敞。
亭子是一種古老的建築小品，供人遊
憩，觀眺風景。唐代詩人白居易在洛陽
營造私家園林，池中島上即建有亭。

晚唐 莫85 東頂

201 迴廊與鐘樓

寺院中用迴廊把院落分隔成不同用途的
空間，又將寺院的各個單體建築聯成整
體。迴廊的牆壁上可繪製壁畫，供瞻仰
禮拜，是寺院中重要的活動場所。圖中
迴廊上再建鐘樓、亭台，極大地豐富了
寺院的空間構圖。

晚唐 莫12 南壁

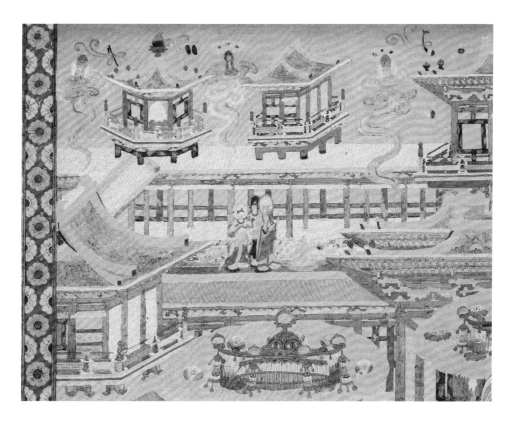

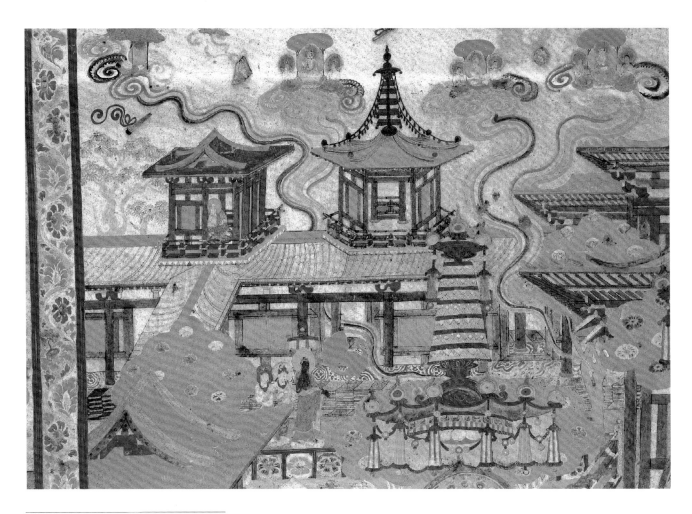

202 迴廊上的角樓

在迴廊的縱橫相交處建角樓，角樓右側
又建一座八角樓，攢尖頂上置塔剎，造
型頗為秀麗。但二樓緊靠，並不協調，
似有踵事增華之嫌，是晚唐壁畫程式化
的產物。

晚唐 莫199 北壁

第二節　中晚唐的佛塔

敦煌壁畫中，塔在寺院中的位置不斷發生變化，從隋代到初盛唐，塔已退居次要地位。唐代《兩京新記》記載"懷遠坊東南隅大雲經寺，開皇四年（公元584年）文帝為沙門法經所立，寺內二浮圖東西相值"。說明這時的塔已離開寺院的中軸線，聳立於寺院的兩側了。中晚唐時期壁畫所見，以三開間的單層木塔和單層磚石材料構築的窣堵波較多。另有一類磚木混合建造的單層塔，塔頂也起一覆鉢，這類塔數量極少，僅見於中唐的第231窟。

三開間單層木塔：從中唐開始，在覆斗形窟頂的四坡面正中各畫一座單層塔，內中供佛或蓮花。如第144、237、360等窟。另外凡石窟內畫法華經變者，在經變的上方中部亦畫"見寶塔品"，多用一座三開間的單層木塔表示多寶塔。這種三間單層木塔無論放置在經變裏或覆斗頂的坡面上，其形式都相類似。其造型為三間小殿，唯頂部設置有塔剎、相輪，塔內有多寶、釋迦二佛，是完全漢化了的佛塔。

窣堵波：宋代《太平廣記》記一和尚說："死後乞九郎作窣堵波於此，為小師藏骸骨之所"。說明窣堵波主要用途是埋藏舍利。在小乘律典《根本說一切有部批毘奈耶雜事》記窣堵波的建造，"可用磚兩重作基，次安塔身，上安覆鉢隨意高下，上置平頭，高一二尺，方二三尺，準量大小，中豎輪竿，次着相輪，其相輪重數，或一、二、三、四及其十三，次安寶瓶。"這時期，由於繪畫技術的提高，壁畫中窣堵波的形式也有了新的變化，除保持覆鉢與塔剎相輪的基本特徵外，如用軸側透視的繪畫技法將覆鉢內畫成中空狀，四面開圓券門，使整座塔顯得空透輕盈，如第138、156等窟。另外還有將覆鉢上蓋一個大大的圓形屋簷，好似一頂大草帽扣在上面，其上再置塔剎，如第186窟。最見華麗的是第361窟的多寶塔，作窣堵波狀，其造型別致，裝飾繁複，特別是圓形的塔基，分作若干瓣向外凸出的圓弧形，邊沿上有一周欄杆。覆鉢形塔身上用仰蓮挑出的塔簷，分作若干瓣內凹的曲線狀，與塔身下的欄杆形成對比。塔基的欄杆內於塔身兩旁各樹一個幢幡，是吐蕃的裝飾風格。第8窟的窣堵波，在一個覆鉢形的塔身上，又戴一頂漢式攢尖式大屋頂的帽子。

單層磚木混合塔：第231窟南壁法華經變的多寶塔，中間開口很大，僅兩邊有柱子，塔頂正中還有一個大覆鉢，這在木結構建築中是不符合承重要求的，所以它應是一座磚木混合塔。塔簷上的須彌座，座上既有覆鉢，左右各有很小的窣堵波，似表示五塔的形象，這與當時密宗流行有一定的關係。覆鉢兩旁各樹一個幢幡，使吐蕃風格躍然而出。整座塔造型比例適度，裝飾華麗。

　　唐代遺留下的單層塔，大多是僧人的墓塔，也多由磚石修建，現存山西平順明惠大師塔就是一座造型美麗的塔，第231窟的多寶塔與明惠大師塔的權衡比例有相似之處。這一時期塔的造型既有西域的影響，又受到吐蕃文化的影響，是民族大融合的產物。塔的形式自從隨佛教傳入中國之後，一直在進行着改造和融合，說明中國人對待自己固有的建築形式，特別是大屋頂，更加情有獨鍾，時至今日，這種審美觀念也還是根深蒂固。

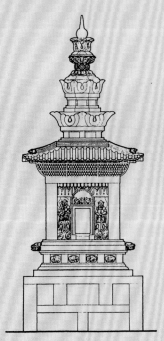

山西平順惠明大師塔
（摘自《中國古代建築史》）

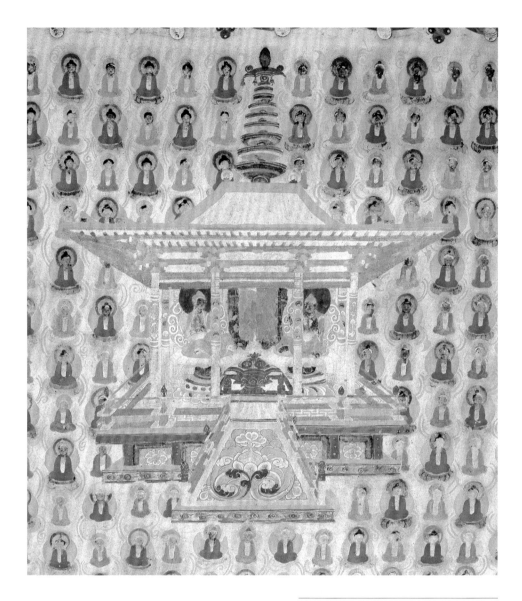

203 殿堂式多寶塔

殿堂式塔身坐落在須彌座台基上，台基
中間有輦道，台基與輦道裝有勾片欄
杆。塔身的柱、枋、斗栱等構件完全是
木構殿堂的做法。四阿頂，正脊中立塔
刹，上有相輪九重及寶蓋與寶珠，塔內
有釋迦、多寶二佛並坐。這種殿堂式的
木結構單層塔，出現於盛唐時期，是中
晚唐壁畫上出現最多的塔式。
中唐 莫360 東頂

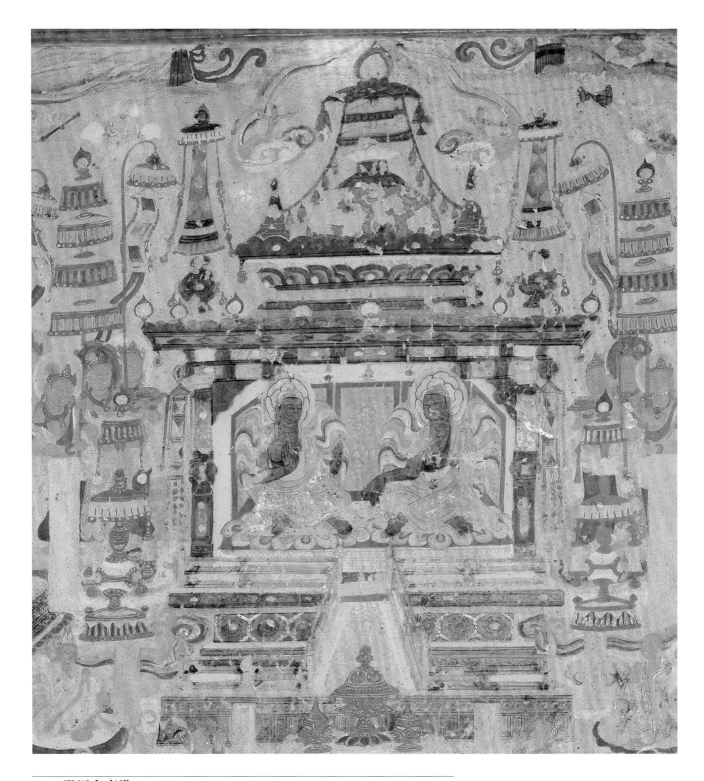

204 單層多寶塔

塔內釋迦與多寶二佛並坐於有屏風的床
榻上。塔下是裝飾華麗的須彌座台基，
中間有嵌道，台基上下及嵌道均有欄
杆。塔身兩側立柱，柱頭上安放大斗及
替木，上承柱頭枋與塔簷，所有構件都
滿飾珠寶。塔頂又用一重須彌座，上建
覆鉢、塔刹、寶蓋、火燄寶珠。兩旁幢
幡及須彌座四角小窣堵波，應與吐蕃及
密宗有關係。

中唐 莫231 南壁

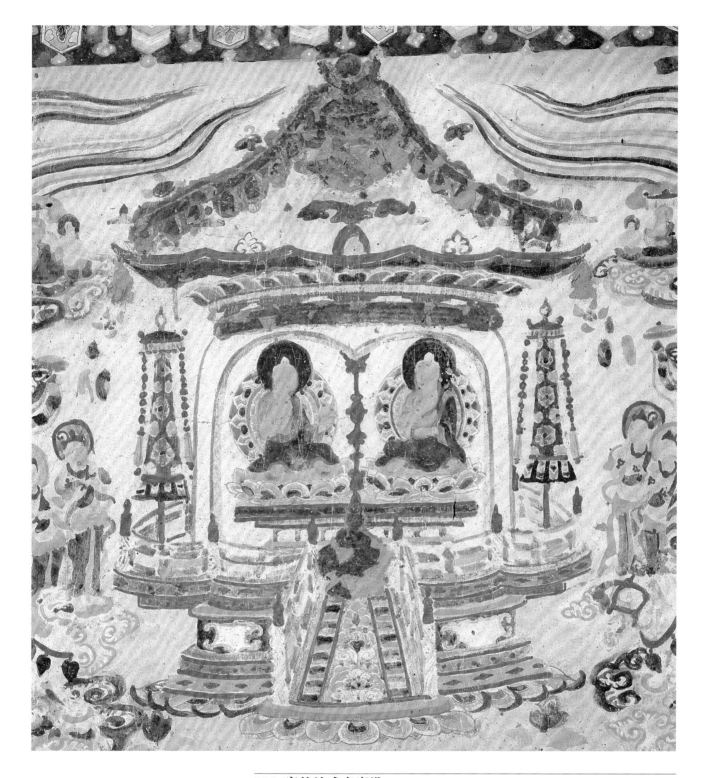

205 窣堵波式多寶塔

畫在"見寶塔品"中的窣堵波，整體造型別致，裝飾華麗。塔基為須彌座式，疊澀的上枋呈花瓣式的圓形，欄杆也隨着作弧形分辨。覆鉢形塔身中開雙拱券龕，內坐釋迦與多寶佛。覆鉢上部用仰蓮裝飾承接屋簷，簷口作內曲的弧線，與塔基外突的曲線形成對比。簷頂上再作小覆鉢，上有塔刹相輪及仰月寶珠。塔身兩旁的台基欄杆內，各豎一個幡桿。

中唐 莫361 東壁

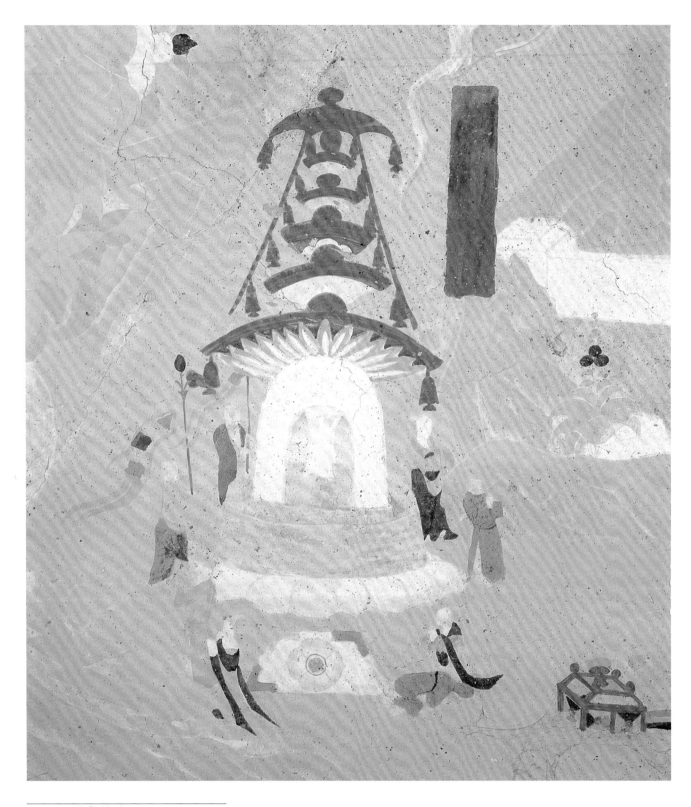

206 三門窣堵波

覆蓮上用磚石砌圓形台基，台基上坐落
覆鉢形塔身，開三個圓券門。覆鉢上直
接起塔剎，下層的相輪很大，就像伸出
的屋簷，簷邊懸掛鐸鈴，以上四重相輪
層層收小，最上層為寶蓋、火燄寶珠。

中唐 莫186 東頂

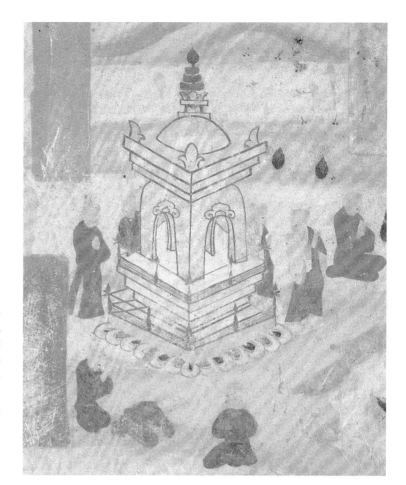

207 四門窣堵波

覆蓮上用磚石砌方形須彌座台基,上建
覆鉢形塔身,塔內中空,開四個圓券
門,覆鉢上有疊澀出簷,簷上四角有受
花,中間又起一覆鉢,其上再作疊澀、
受花、覆鉢,然後是塔剎相輪寶珠。塔
周圍有數人正在禮拜佛塔。此塔用軸側
透視的畫法表現。

晚唐 莫138 南壁

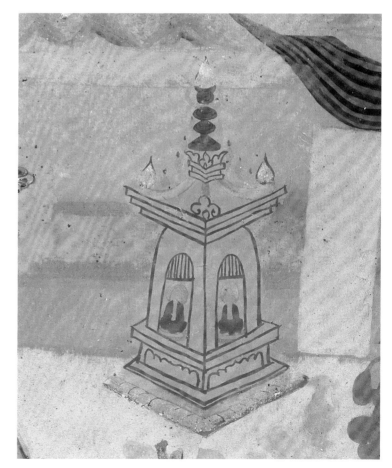

208 四龕窣堵波

塔下有須彌座及覆蓮,塔身略作覆鉢
形,軸側透視的兩個面上開圓券龕,內
供佛像。塔簷疊澀三層,以上作四角攢
尖頂,並有須彌座及塔剎相輪。覆鉢與
攢尖屋頂的結合形成中原佛塔的新形
式。

晚唐 莫8 南頂

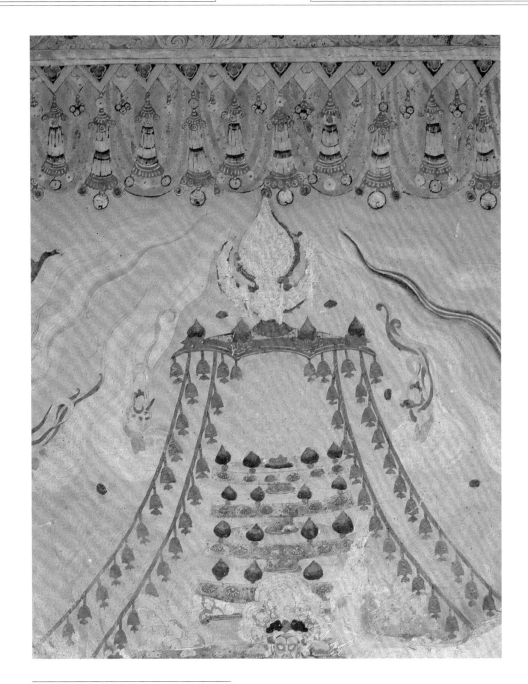

209 塔刹細部

這是壁畫中畫得比較具體細緻的塔刹，
下部已殘。現存部分有相輪四重，相輪
周邊飾以寶珠，中有刹桿，相輪之上有
圓光、寶蓋、仰月、寶珠。寶蓋及四條
鏈上都垂掛金鈴。印度的塔刹只有幾重
傘蓋，比較簡單，傳入中國後，將相輪
稱為金盤或露盤，即承露金盤，染上了
中國的神仙色彩。

晚唐 莫14 西頂

第三節　中晚唐的城與宮廷宅舍

　　唐大歷十二年（公元777年）吐蕃圍困沙州（敦煌），沙州軍民相續守城八年。城之所以能守，其重要條件之一就是城防堅固。因而這一時期的壁畫上無處不反映出城之重要。華嚴經變中的華嚴城或又稱蓮花藏世界，是在一朵盛開的大蓮花內，概括地畫出一座城市，裏面街道縱橫交錯，構成棋格式的里坊，城的中心是毗盧舍那佛，表示蓮花藏世界是毗盧舍那佛的淨土。其他如維摩詰經變裏，畫出毘耶離城，城垣每面都有城門、城樓及角樓。觀無量壽經變中頻婆娑羅王的宮城、彌勒經變中兜率天宮的宮城等都頻頻出現。

　　里坊城：從盛唐出現，流行於中晚唐的華嚴經變，大多在經變下方畫一朵盛開的蓮花，花中的城市街衢縱橫，把城內分割成若干方格表示里坊，里坊制是中國最早的一種城市佈局單元。

　　漢代的長安城，宮城之外官署與民居相互雜處。到曹魏時期的鄴都，就形成分區明確、整齊規劃的城市雛形，隋代的大興城即是唐代的長安城，據考古發掘城內“沿着南北軸線，將宮城和皇城置於全城的主要地位，並以縱橫相交的棋盤形道路，將其餘部分割分為108個里坊，分區明確，街道整齊”。東都洛陽劃分為103個里坊，充分體現了唐王朝的城市規劃要求，這種規劃成為當時東方城市的典範。當時城市的居民都住在坊內，坊內有東西或南北相交的十字街，沿街再設若干巷道，平民或官員住宅的門，只能開向里坊內的街道或巷道，只有朝廷的要員或皇親國戚才能在里坊牆上開門，面向大街。寺院也包含在里坊中，大型寺院有的可佔半個里坊。壁畫中蓮華藏世界的形象，正是長安城在佛國世界的再現。城的中央是佛的住所，里坊四周用圍牆圍繞，圍牆的四面或兩面有里坊門及門樓，這在壁畫中都有具體而細微的描繪。

　　城門、城樓：在維摩詰經變、彌勒經變、觀無量壽經變、報恩經變中畫出的城門、城樓大都巍峨壯麗，門道從一到五個不等，各種形式都有，但以一個門道的居多。第197、9窟所畫都是三門道，第138窟彌勒天宮的正門畫了五個門道，城門之上是高大雄偉的城樓。

　　城闕：中晚唐時期，僅在第9窟的壁畫上有一座城防設施較完整的城闕。此城畫出了城門、城樓和以弧形城垣相聯、左右突出的兩座城闕，形成合抱的佈局。中間有突出的城門及城樓，城闕前有城壕，其上有橋，是古代城防的完整體系。城牆上，有兩側的闕作拱衛，形成主從結合的格局，既是城防功能的需要，又使城闕莊嚴壯麗，組成一幅完美的建築構圖。這座城闕不是畫師的想像，而是隋唐時期的東都洛陽應天門的再現。據記載，洛陽應天門是宮城的正門，"門有二重……左右連闕"。經考古發掘證明洛陽城門的左右，巨大的雙闕突出在城門前45米處，兩闕相距83米，闕與城門之間有厚牆連接，形成倒"凹"字形的平面，北京明清故宮午門的平面就是這種建築形式的延續。

宮廷：表現在觀無量壽經變"未生怨"故事畫中的宮廷，初盛唐時畫在經變兩側的條幅中，中晚唐時移到了下部，用一幅幅的屏風畫的形式表現故事內容。第12窟的屏風畫用兩重院落畫出王舍城，上部是由迴廊圍合的宮廷四合院，下部是有城牆與城門樓的宮城。故事講述頻婆娑羅王與太子阿闍世之間的奪權鬥爭，城中畫王子阿闍世令人將其父王擒獲，宮廷政變發生在宮城與宮門之間，使人聯想到唐初秦王李世民與太子李建成的弟兄殘殺，正是發生在長安宮城的玄武門，史稱"玄武門之變"。壁畫上的情景與歷史何其相似！

民居宅院：民居形象是常見的壁畫題材，以前只見於故事畫和法華經變中，從中晚唐開始，在維摩詰經變也出現了很多建築形象。第9窟維摩詰經變的"阿難乞乳"中，第85窟法華經變的"窮子喻品"中，均畫出住宅一院，其共同的特點是由廊廡圍合成四方庭院，又以橫廊分隔為前後兩院，前院較窄，成為進入後院的過渡空間。第9窟的宅院旁還有偏門，第85窟的住宅旁有一偏院作為廄舍，宅院後畫有農耕的場面，表現出濃厚的生活氣息。

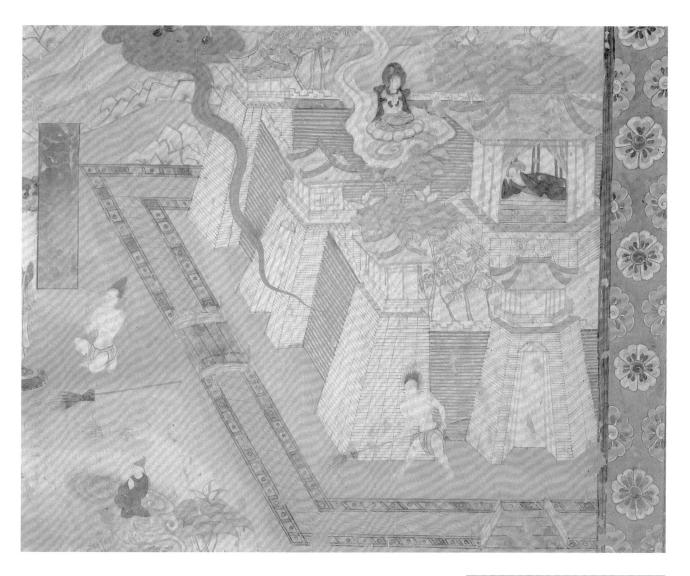

210 翅頭末城

佛經中説，翅頭末城是彌勒未降生之前
觀察他父母所居之處。圖中象徵性地表
現出城的三面城牆，正面及側面有城
門，城樓及角樓表面砌磚，城牆用紅色
的平行線表示夯土層。城内有廳堂，内
設床帳。城外一周有城壕，城門口外有
小橋，城内城外綠樹成蔭，富有生活情
趣。人物造型秀麗，建築界畫精良，是
吐蕃時期的代表作。
中唐 榆25 北壁

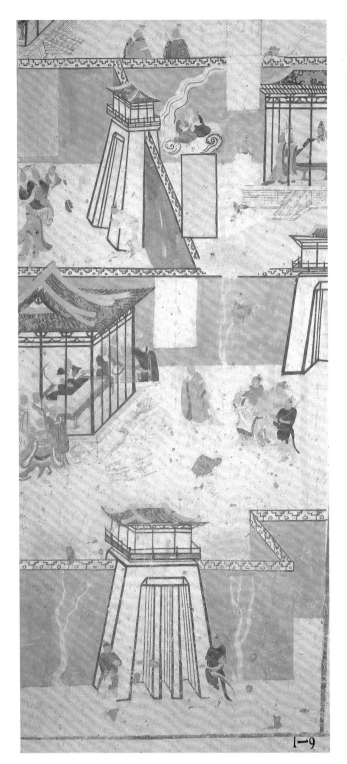

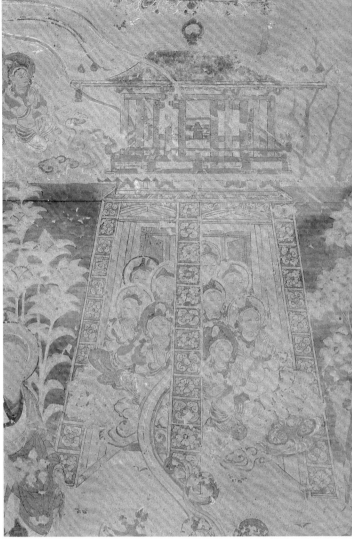

212　花磚城門

維摩詰經變中畫的毗耶離城，城門為雙
門道，墩台上起平坐，上有三開間城
樓。城門用花磚貼面，門首略作券形。
實物遺存只見有元代磚砌拱券，這裏的
弧形拱券，證明當時已偶有出現。

中唐　莫231　東壁

211　城門與殿堂

畫在"未生怨"故事中的王舍城是頻婆
娑羅王的宮城，宮城的正門，上有城
樓，下有三個門道。宮城內有殿堂，宮
院之間也有城牆及城門，戒備森嚴。唐
長安大明宮北門玄武門之外又有重玄
門。宮城是帝王之居，城與門都是設防
重點。

中唐　莫197　北壁

213 花磚城門

城門為單門道,上起平坐,建城樓,環
周立欄杆。城門採用菱形花磚平鋪貼
面,與現存的河南安陽修定寺唐塔相
同。修定寺塔重建於初唐,有中唐咸通
十一年(公元870年)題記,該塔的磚
面,有花卉、人物紋浮雕,製作精良,
證明唐代時這種技術已很成熟,在壁畫
中始見於吐蕃時期。

中唐 莫159 東壁

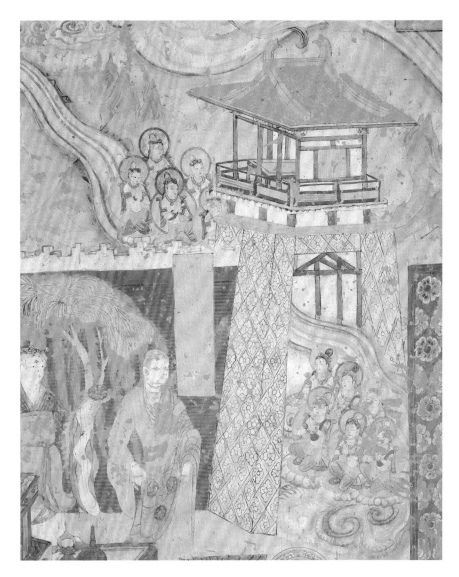

214 五門道城樓

彌勒菩薩居住的兜率天宮,宮城可看到
正側三面有城門,城垣轉角處有角樓,
正面城門與角樓之間增設敵樓,正中的
城門作五個門道,上有三開間正樓和兩
旁的夾屋組成城樓。經考古證實,唐代
長安天子之都的城門一般用三道,只有
正南直對宮城丹鳳門的明德門用五道,
一般州郡的正南門作雙門道。圖中作五
門道是最高的禮制等級,壁畫中僅此一
例。

晚唐 莫138 北壁

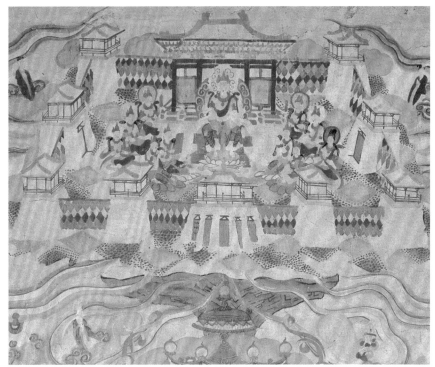

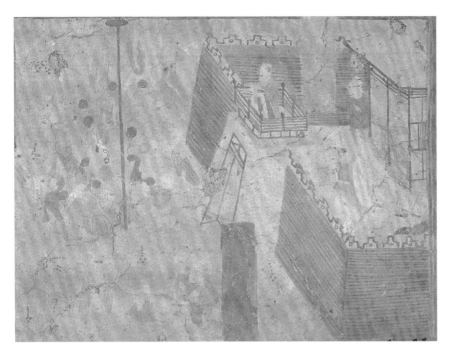

215 平台城門

城用夯土築城垣，城門上有台無樓，只
在門台上起平坐，立欄杆，形成平台。
現存實物有北京元代建的居庸關雲台，
即在門台之上不起樓，只有欄杆一周。
這種形式的城門可稱為 "台門"。
晚唐 莫138 北壁

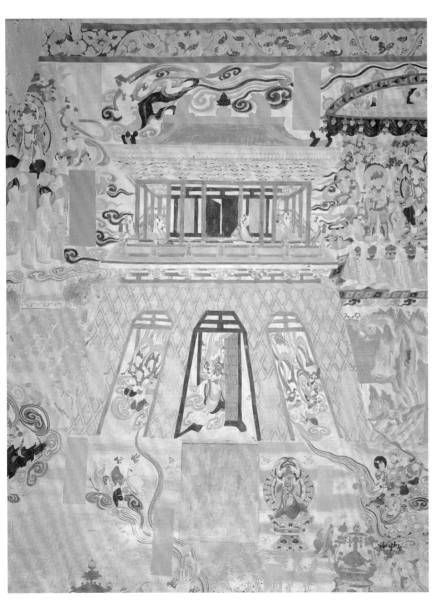

216 城門與城樓

維摩詰經變中畫的毗耶離城，有三門
道，城台上起平坐欄杆，上建三開間有
廊一周的城樓。城台表面為菱形花磚貼
面。城台下人上小，收分顯著。門扇上
有門釘九行，門道上部作梯形樑架，由
三根平樑與蜀柱構成，與一般用叉手的
樑架有所區別。門樓用四阿頂，正脊兩
端出頭，脊上的鴟尾已改變成鴟吻，這
是鴟吻在壁畫中出現的最早形象。
晚唐 莫9 北壁

217 城樓慢道

城僅繪出一角,兩面有城門,城垣轉角
有角樓,側面的城樓旁有登城的慢道,
慢道又稱馬道,坡度比較平緩,供將官
騎馬登城。此城的慢道為階梯狀,邊上
有欄杆,坡度較陡,看來只能供人扶梯
而上。

晚唐 莫9 北壁

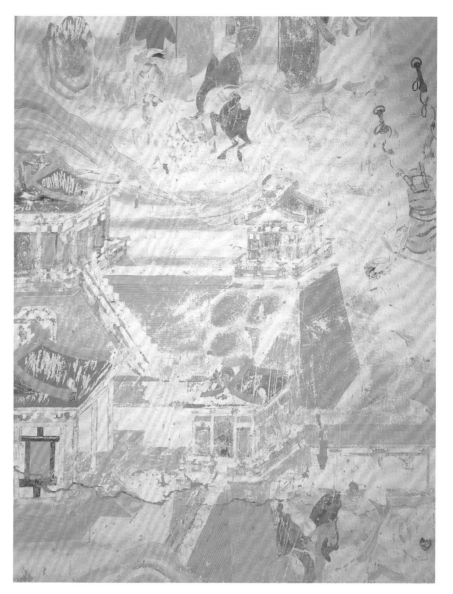

218 城闕

城的墩台上正樓高聳,兩旁各三開間夾
屋,組成九開間高低錯落的龐大門樓,
兩側有向前呈弧形的一段城垣,墩台上
建闕樓,墩台表面有菱形磚裝飾。據文
獻記載,洛陽宮城正門應天門有兩重
觀,是左右連闕。

晚唐 莫9 南壁

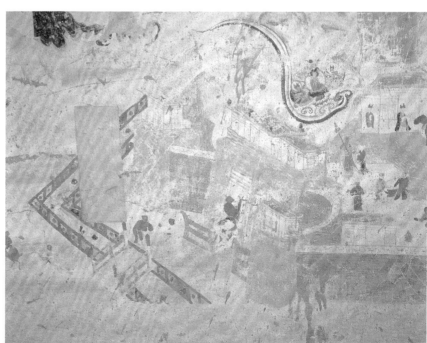

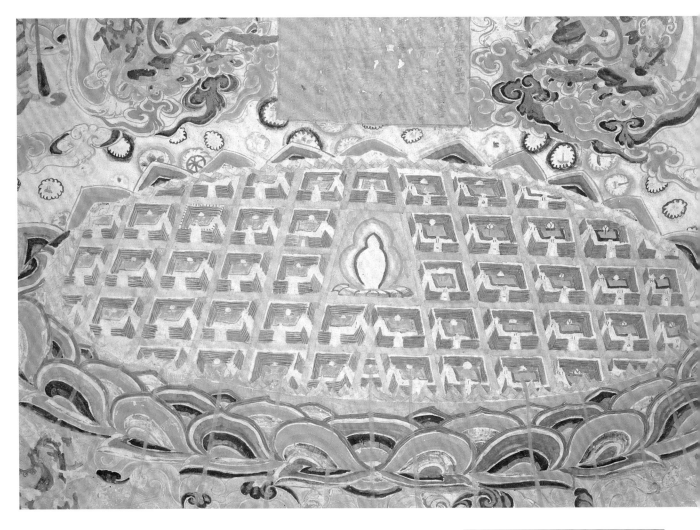

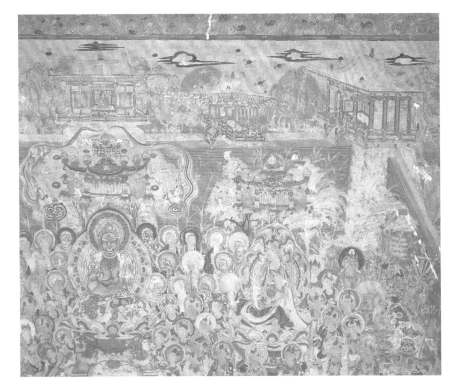

219 城與里坊

華嚴經變裏將華嚴城畫在蓮花中,周圍有城牆與門樓。城內劃分成棋格狀,每一格即為一里坊。唐代的長安是隋代建的大興城,城市方正對稱,劃分出一百零八個里坊,為當時東方最大的城市。每一里坊有圍牆環繞,住宅、店鋪只能面向街巷開門。早晚定時開放坊門。城中的大街實行宵禁。里坊制是一種封閉的管理空間,便於控制。到北宋時,由於商業貿易的發展,京城里坊制便逐漸解體了。

晚唐 莫85 北頂

220 城樓

宮城的城樓、敵樓、角樓,形式與殿相同。牆面用紅色平行線條表示夯土的夯層,城外側有高起的女牆,而無雉堞,角樓與敵樓前有階梯下到城牆上。

晚唐 莫150 北壁

221　城門與城樓

城門的墩台平面作"十"字形，一個門
道，墩台上建三間正樓，兩側各有三開
間夾屋與收進的墩台相適應，組成一組
壯觀而有變化的城樓形象。

晚唐　莫196　西壁

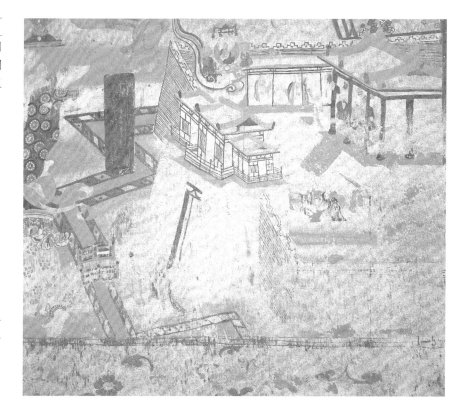

222　富家宅院

富家宅院取對稱佈局，四面由廊子圍
合，院中用廊子分作前後兩進，大門、
前廳，後樓位於中軸線上，符合中國的
住宅觀念。宅院的左側附有牲畜廄圈，
夯土圍牆，正面有烏頭門作為出入口，
與近代農村大戶人家的住宅佈局相似。

晚唐　莫85　南頂

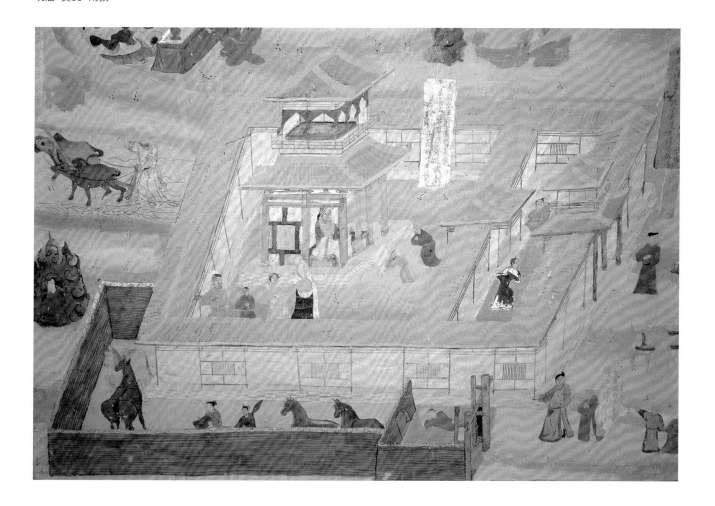

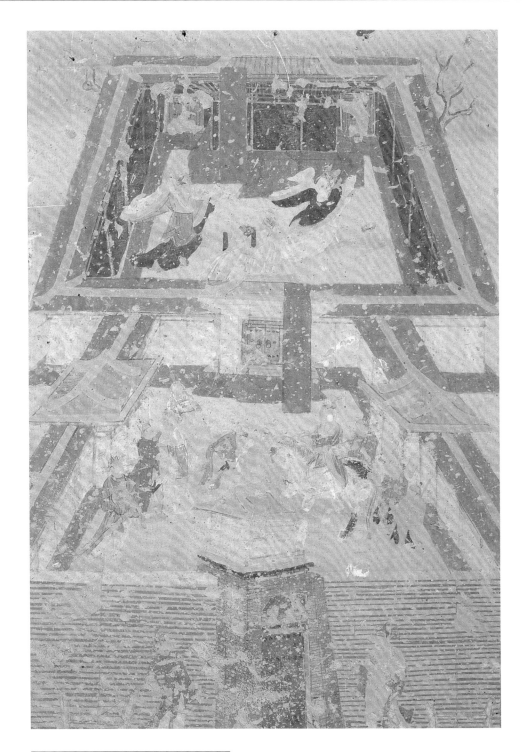

223 宮廷院落

"未生怨"故事中畫的宮廷，用正面俯
視的角度表現前後兩進院落。前院正中
有宮城門樓，兩側為夯土城牆，城內左
右有殿，與廊子相通。後宮有廊廡一
周，正面有三開間的堂建於台基上，院
內太子持劍正在追殺其母。前後兩院概
括地表示出前朝後寢的格局。

晚唐 莫12 南壁

第四節　中晚唐建築結構與裝飾

　　中晚唐建築畫已經形成比較成熟的技法，刻畫大面積的建築羣，展示宏偉的景觀，開闊觀者的視野。而表現建築的局部，也創造出寺院中重廊複道深邃的意境，引人入勝。這一時期在建築裝飾上吸收了吐蕃的藝術風格，使得建築畫自有它獨特的魅力。

　　建築畫中的局部結構，是當時建築物的忠實寫照，在缺乏建築實物的情況下，建築畫中表現的建築形象則是建築信息的保留和傳遞渠道。敦煌石窟內的建築畫發展到盛唐時期，已是登峰造極，進入中晚唐時期，壁畫上反映的建築仍然延續中原建築的形式，在建築的造型及裝飾技法方面有進一步的發展。

　　台基與欄杆：從初盛唐起，台基與欄杆的形象不斷向華麗轉變，台基由素平台基到疊澀須彌座，又發展到簡單樸素的須彌座式，再發展成為裝飾華麗的須彌座台基。欄杆的變化是很大，北朝主要以勾片和臥櫺式為主，初盛唐時以彩繪華麗的華板欄杆為主，但勾片欄杆仍可看到。中晚唐時期則又以勾片欄杆為主。

　　台基和欄杆是建築立面構圖的重要組成部分。這時華麗的台基與簡潔的欄杆和朱柱黃瓦形成鮮明的色彩對比。五代後唐李煜的詞中用"雕欄玉砌"來概括豪華的宮廷建築，壁畫中的形象充分證明這些形容毫不誇張。中唐開成年間（公元9世紀初）日本和尚圓仁，在巡禮

五台山時看見有玉石製作的戒壇，在醴泉寺見"戶柱階砌用碧石構作"。中唐壁畫中反映的台基、踏跺、平坐、欄杆比之盛唐更為華麗。從榆林窟第25窟、莫高窟第158、159、231等窟看出，台基與欄杆都達到了很強的裝飾效果，第231窟的一處殿堂台基下有仰蓮，形成宋代以後常見的須彌座式。

　　出於七寶池水中的露台台基，常常有幾種做法，一種是出於水中的實砌露台，在束腰部分用隔身板柱分隔為若干方塊，方塊內彩繪成蓮花或團花紋飾。另一種在水中立木柱網，柱上設平坐及欄杆，組成空靈通透的水上露台。還有一種是兩種做法兼顧，在實砌露台外，圍繞一周木柱網，上設平坐欄杆。幾種台基形式，可以用於同一經變中，根據不同的位置，選擇不同的形式，在榆林窟第25窟、莫高窟第158、159等窟中都能看到。這樣的處理，使整幅經變畫顯得更加生動，足見古代畫師在構思創作時付出的心血，為今人留下寶貴的藝術財富。

　　柱：自中唐開始，建築畫中所看見的簷柱，均有彩畫的團花或蓮花紋飾，晚唐繼續作彩畫處理，但在盛唐或盛唐風格的建築畫中則沒有彩畫柱子。日本和尚圓仁於中唐開成年間巡禮五台山時曾記述"金閣寺，閣九間三層，高百餘尺，壁簷椽柱無處不畫，內外莊嚴，盡世珍異"，成書於中唐的《寺塔記》中有

"……及諸柱上圖畫"之句,可見在建築物上用彩畫裝飾在中唐已普遍使用。柱子下的柱礎,普遍畫作覆蓮柱礎,又稱作鋪地蓮花。

中唐第231、361窟壁畫中,位於寺院中心的佛殿柱子變形,其上端向內彎曲,這種結構形式對於木構件的使用原理似悖於常理,亦不見於文獻及遺物,但卻影響五代和宋代的建築畫。第231窟中還有多處表現了吐蕃藝術特徵的建築形象,無論從建築的整體及其細部都不同於漢式建築,下有繁複的須彌座,在三間四柱的殿身上有三葉栱、獸形柱頭、柱身上鑲嵌寶石等,種種風格都可看出是吐蕃受印度建築影響的產物。

斗栱:壁畫中對斗栱的描畫,到盛唐時已非常完備,由於畫師熟知建築構造,所以畫起來也得心應手。這時期所見繁簡不同的各式斗栱,有四鋪作、六鋪作,最多達到七鋪作。七鋪作的斗栱上,用兩層下昂,也有不出下昂的,只用華栱出跳。第12窟南北兩壁都有大幅經變畫,兩畫對建築上的斗栱結構,卻作了不同的處理,南壁的大殿斗栱只用華栱出跳,北壁的大殿則用雙下昂出跳。說明這時對斗栱的應用已非常熟練,可以隨心變化。其他如第237、201、85等窟建築上的斗栱,都可以較清楚地看出其結構特點。斗栱結構的時間性很強,它對鑑別建築的時代可以提供較準確的參考。現存建於唐大中十一

年(公元857年)的山西五台山佛光寺,大殿面闊七間,是規模較大的唐代木構建築,在建築藝術方面,表現了結構和藝術的和諧統一,是現存唐代木構建築的範例。而斗栱採用七鋪作,第一跳不施橫栱,為單栱偷心造的做法,簡潔疏朗,正是此殿的重要特點之一。壁畫上的斗栱,可以與這一重要的實物互為參證。

瓦飾、磚飾:"秦磚漢瓦"是古老的也是最基本的建築材料。屋頂是古建築三大組成部分之一,古人在它的結構、造型及表面裝飾上,下了很大功夫。中晚唐時期對屋頂的處理,繼承了盛唐傳統,並在瓦和脊的裝飾上有所發展,第158、361、156窟的屋面上用了幾種色彩鮮豔的瓦,可能是琉璃瓦。在正脊兩端的正吻已經出現吻獸,垂脊和戧脊的端頭有脊頭大瓦。琉璃瓦的運用,改善了屋頂防水防滲漏的效果。它的鮮豔色彩和裝飾瓦件的結合使用,使傳統建築的屋頂減少了灰蒙蒙的沉重感覺,變得較為明快且富有生氣,大大提高了屋頂在審美方面的視覺效果。日本和尚圓仁在經山東到山西五台山途中,經過醴泉寺時寫到"齋後巡禮寺院,禮拜誌公和尚影,在琉璃殿內安置。"琉璃在建築上的應用,可能從屋頂開始。壁畫中的佛殿畫作琉璃頂,大概是符合《阿彌陀經》中說"上有樓閣亦以金、銀、玻璃……而嚴飾之"所作的處理。壁畫和

歷史的記載吻合，説明唐代時曾有琉璃瓦的寺院建築。

用花磚作地面鋪裝，在初盛唐壁畫中多有所見，而將花磚作建築牆面裝飾在中晚唐壁畫中出現較多，主要表現在城門墩台表面的裝飾上，如第231、159、9窟的城門墩台表現有正方形及菱形的分格。有的在格子中間繪四瓣蓮花紋圖案作裝飾。古代城門的墩台及城垣都用夯土築成，容易受到風雨侵蝕和人為的破壞，所以對其加以保護是必不可少的。唐代長安大明宮的城門都用普通的磚貼面。壁畫上的城門用花磚貼面也是有現實依據的，現存河南安陽唐代的修定寺塔，塔身表面用菱形淺浮雕磚貼面。壁畫中的花磚貼面技術來自於現實。

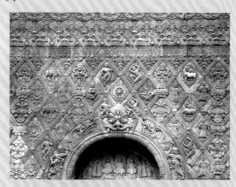

河南安陽修定寺塔上的菱形花磚

建築內部結構與設施：壁畫上所看見的樓台亭閣、殿宇廊房，大多是外觀形象，而在榆林窟第25窟彌勒經變中卻有一個畫面展示了建築的內部結構。佛

經説，在彌勒世界裏，有一個國王把一座寶幢獻給彌勒佛，彌勒佛又把寶幢轉賜給婆羅門，婆羅門眾人當即把寶幢拆毀並瓜分了。壁畫中畫有婆羅門正在拆除一座二層樓閣，下層尚完好，上層的屋頂已經拆掉，僅剩下柱子和部分樑枋，其中一樑袱之上有大叉手一組，形成三角形的樑架，從力學角度看，是一種穩定的結構形式。現存的山西五台佛光寺大殿上就用了大叉手樑架，但此圖早於佛光寺的建築年代。

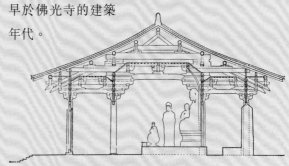

山西五台佛光寺大殿剖面圖
（摘自《中國古代建築史》）

更少見的是，從已拆除的二層樓面上，可看見有一人正從一層樓梯上至二層，樓梯口開在二層地面的中間，將建築的內部結構暴露出來。這是敦煌壁畫中唯一表現樓梯口的畫面。

所見唐代的殿堂都是單簷，沒有一處重簷的殿屋，據文獻記載，"重屋四阿"起源於漢代以前，在唐代的壁畫中為何沒有重簷廡殿或重簷歇山的形象，這一問題暫時還找不到答案，只有存疑了。

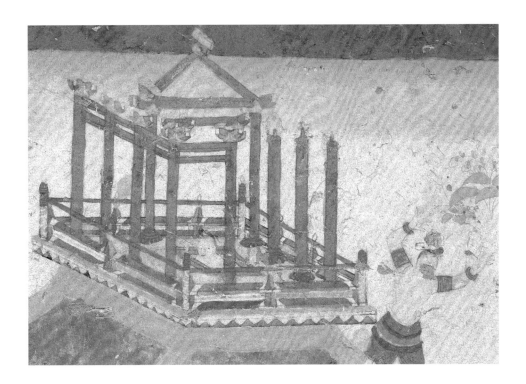

224 拆樓圖

佛經中說，國王獻給彌勒佛一座寶幢，
彌勒佛把它施捨給了婆羅門，婆羅門當
即拆毀分掉。圖中所畫的是一座二層樓
閣，上層已被拆除，露出內部大叉手屋
架結構。樓內有樓梯，一人正從樓梯口
上至二層。在敦煌壁畫中能看到室內樓
梯的建築不多見。
中唐 榆25 北壁

225 重台須彌座

須彌是佛教的聖山，須彌座是一種裝飾
性的佛座，花紋繁複華麗。後來還被廣
泛用於殿堂、佛塔等建築物的台基。
中唐 莫158 東壁

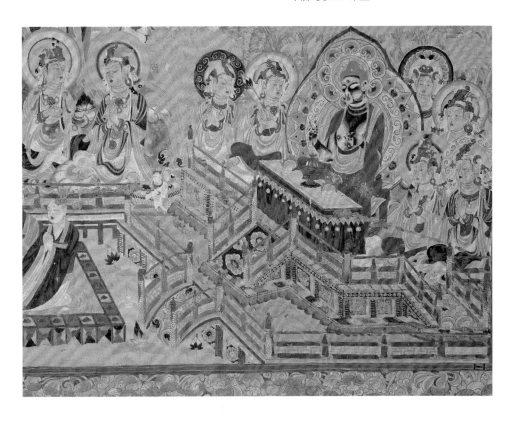

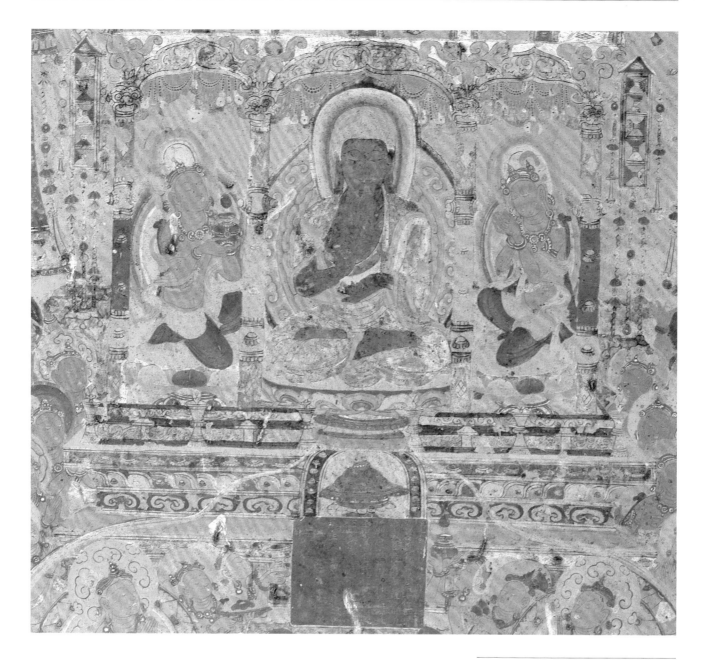

226　佛殿須彌座

極具時代性與民族風格的須彌座形式，
上下枋伸出較多，束腰部分用連續的雲
頭紋裝飾，上有仰蓮承接上枋。座上的
欄杆，結構形式與盛唐相同，唯望柱變
作長鼓形，蜀柱上的瘦項為雲紋，從而
形成一種新的欄杆形式。
中唐　莫231　北壁

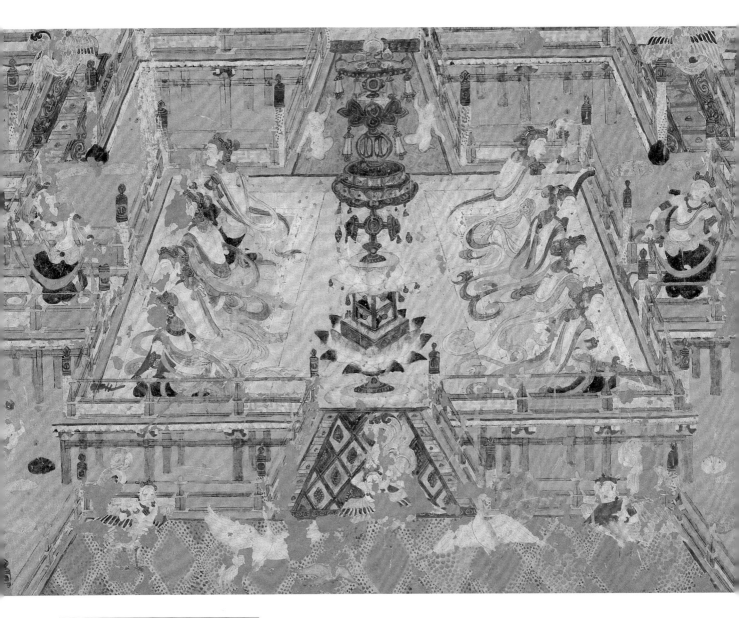

227 露台上的幢

幢有幢幡或經幢之分，都是佛前的供奉
設施。此處露台上的幢由多層蓮花、寶
瓶、寶蓋、小幡組成。這種造型美麗的
供器，最早見於盛唐時期，是一種建築
小品。

中唐 莫159 南壁

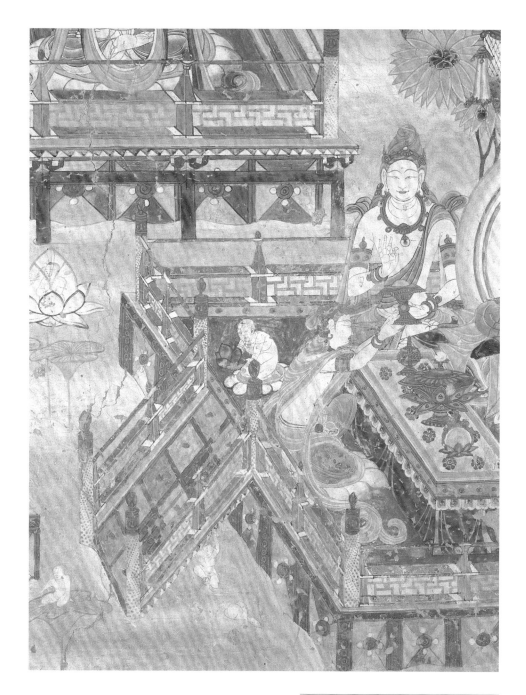

228　露台與欄杆

建於水中的實砌露台，環周為勾片欄杆，台階上下及露台轉角處立望柱，唐宋時期的欄杆通作此式。露台下透過柱子可看到柱網內還有實砌台基。

中唐　榆25　南壁

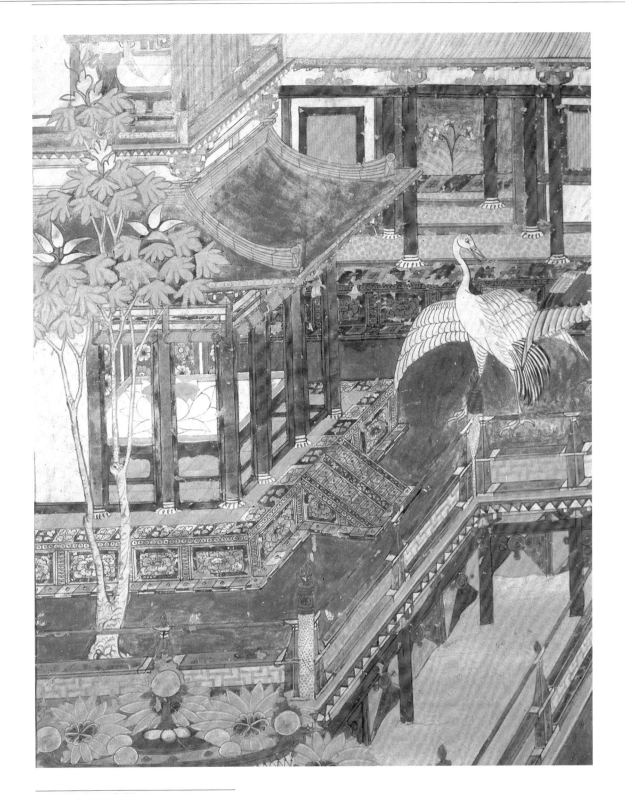

229 複廊通道門

配殿後的迴廊為三柱兩間的雙通道迴
廊,中柱上有門道,門兩旁置直櫺窗分
隔迴廊,但又隔而不斷,形成複道。廊
內外花木扶疏,空靈通透,空間感很
強,引人入勝,是非常優美的建築畫。
日本白鳳時期奈良的藥師寺,據考古發
掘其迴廊是複道形式。現已復原。

中唐 榆25 南壁

230 團花柱

配殿的柱子分段用團花裝飾，吐蕃時期
的壁畫中反映出有此作法。殿下為須彌
座，裝飾甚為華麗。

中唐 莫158 東壁

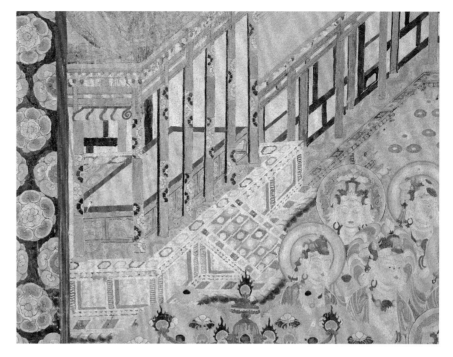

231 柱子與柱頭

殿堂的柱子上下有三道柱箍，用仰覆蓮
及寶珠裝飾，柱子上端作 "S" 形彎曲，
柱頭上置大斗，托捲雲與雙層替木，上
層替木的端頭作龍頭形。簷部作連續的
板瓦圓弧，並以火燄寶珠裝飾，這種華
麗繁複的建築裝飾只見於吐蕃時期。

中唐 莫231 南壁

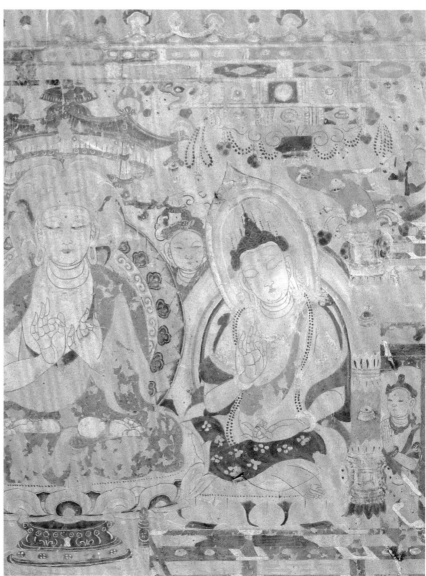

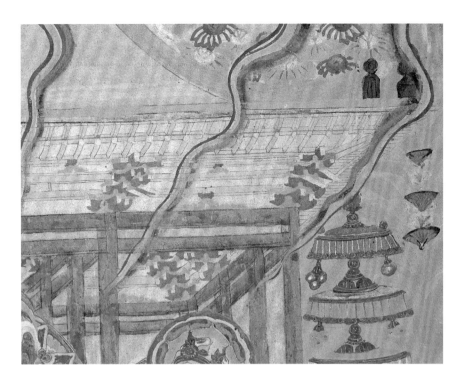

232　大殿斗栱

大殿的斗栱,柱頭上內外都為七鋪作,柱頭之間在額枋上用駝峰與小斗,不出跳。第二層柱頭枋上又置小駝峰。斗栱取仰角繪出,顯示了大殿的雄偉。

晚唐　莫85　南壁

233　大殿斗栱

大殿柱頭鋪作出單杪雙下昂,單栱計心造,最上的跳頭施令栱,無耍頭也不施替木,補間沒有鋪作,僅在枋間用蜀柱,可能是建築規模較小,與開間不大有關。這時期斗栱的整體結構技術已相當規範。

中唐　莫237　北壁

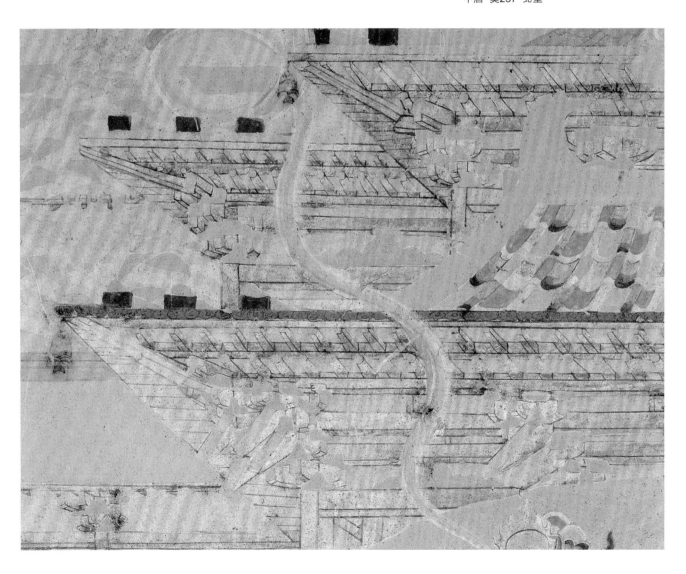

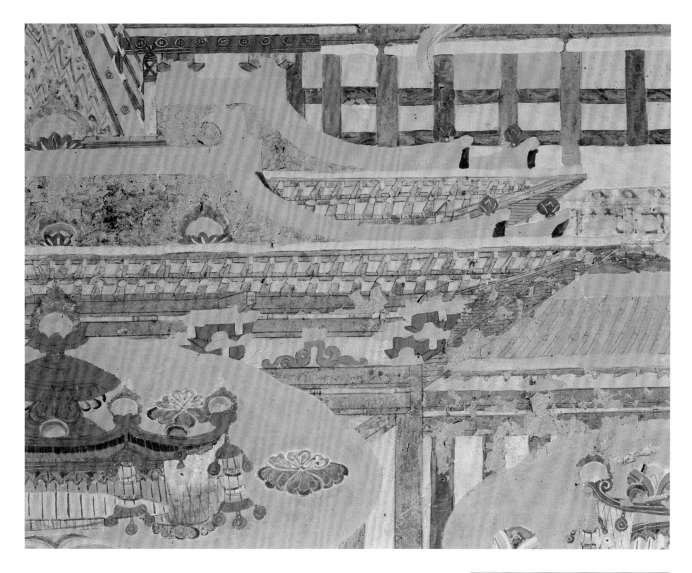

234 大殿斗栱

大殿柱頭鋪作出跳，四鋪作跳頭上施令
栱，並出耍頭，補間用捲雲形駝峰小
斗。兩層柱頭枋之間用兩處墊木，使枋
子受力均勻，簡潔又實用。

晚唐 莫12 南壁

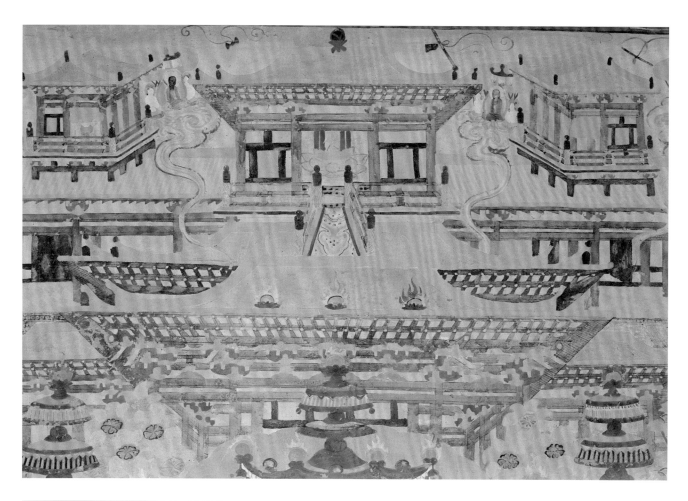

235 大殿斗栱

大殿三間，各柱頭均為六鋪作出雙杪斗
栱，跳頭上施令栱，並有批竹昂要頭，
令栱之上有樑頭伸出與撩簷枋相交。兩
次間於闌額上各用一組駝峰小斗作補間
鋪作，當心間特別寬大，用了三組補間
鋪作，於額枋上施斗子駝峰，柱頭枋上
再出一跳。此圖與前圖是同一窟的兩幅
經變畫，斗栱的形式、做法卻各不相
同，反映了斗栱技術的成熟。

晚唐 莫12 北壁

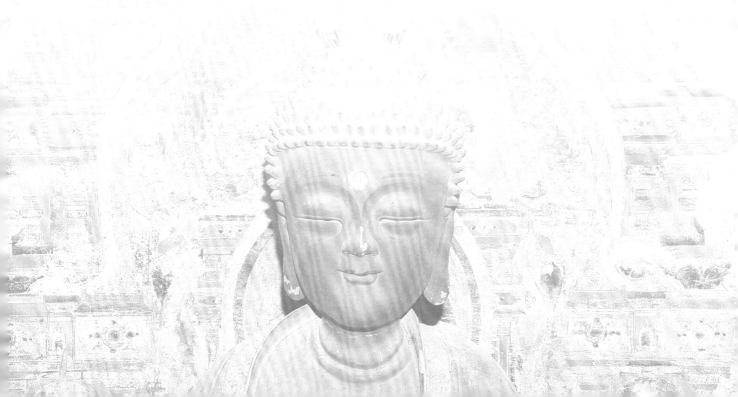

三危夕照的餘輝

晚期：五代、宋、西夏、元
（公元 907 ~ 1368 年）

　　北涼僧人因有感於三危山的夕照而在敦煌開窟建寺，五百年後，隨着唐王朝覆滅，敦煌藝術也日薄西山，進入晚期了。此後，歷經曹議金政權、西夏及元代，共計四百六十二年。曹氏政權時期正值中原的五代和北宋兩代。

　　曹氏政權時期，石窟內的大幅經變畫繼承了中晚唐的傳統，畫面上的大型寺院保持中軸線對稱，沿中軸線佈置有種類繁多的單體建築，形成氣勢恢弘的建築羣體，雖然有失於龐雜壅塞，但也表現了建築的羣體之美。

　　西夏時期莫高窟的壁畫，少有精彩之作，更少有建築畫。唯有榆林窟第3窟中表現出的寺院、佛塔、樓台亭閣、田家農舍，為敦煌石窟晚期建築畫的落幕，又塗上了濃重的一筆，為一個輝煌的亮點。西夏的建築畫與敦煌近千年流傳的形式、風格截然不同，其總體形象與山西繁峙的岩山寺金代壁畫風格相似，畫中的"十"字平面佛殿與建於宋代的河北正定隆興寺摩尼殿相似。有理由認為這一石窟內的壁畫是出自中原畫師之手。

　　敦煌元代壁畫也有精彩之作，但建築畫只見於幾座喇嘛塔。

　　從五代至元代，保存至今的古建築實物逐漸增多，而且宋代流傳下來的卷軸畫中，以建築為主題的也不少，如《清明上河圖》、《金明池奪標圖》等。宋代郭若虛在《圖畫見聞志》中總結說："畫木屋者，折算無虧，筆畫勻壯，深遠透空，一去百斜。……畫樓閣多見四角，其斗栱逐鋪作為之，向背分明，不失繩墨"，同時要求畫家要深入了解建築構件的名稱、用途及結構，說明宋代對建築畫已經建立了比較完整的技術指導理論。

第一節　晚期寺院的佈局及單體建築

在曹氏統治敦煌期間興建的大型石窟內，於南北兩壁各畫四至五鋪經變，東壁整壁畫維摩詰經變，比中晚唐的規模更大。第 61 窟西壁僅畫一幅五台山圖，長13.45米，高3.42米，總面積達46平方米，真乃是皇皇巨製。由於畫幅擴大，在阿彌陀經變及藥師經變中表現的大型寺院，總體佈局上仍採用中軸線對稱的形式，前後由多進院落組成。在藥師經變的下方有一列迴廊，正中是三座二層樓閣，組成佛寺的三門。兩側廊屋頂上有圓形的經樓和鐘樓，其兩側的樓與樓之間用虹橋相通。三門內為內庭，是佛和菩薩講經說法的場所。佛殿前後繪有各式殿閣，形成密集的建築羣，使整幅畫面呈現樓閣林立的景象，不如盛唐時畫得舒朗。

壁畫中出現很多樓閣，與當時的時尚有關。據記載，後周時朝廷允許"京城民居起樓閣，大將軍周景威先於宋門內臨汴水建樓十三間。"北宋時東京酒樓林立，有白礬樓，"三層相高，五樓相向，各用飛橋欄檻，明暗相通"。還有斑樓、劉樓、八仙樓，以及長慶樓等以樓命名的酒樓，當時以建高樓競相誇耀。而寺院也不能超凡脫俗，與民間競起高樓，保存下來的建築實物有建於遼代的天津薊縣獨樂寺觀音閣、仿宋復建的河北正定隆興寺大悲閣、轉輪藏殿及慈氏閣等多層或高層建築。

第61窟五台山圖中，畫了幾十座大小寺院，用概括的手法表示了寺院的平面佈局及其立體形象，從中可以看出當時一般寺院的規律，較為典型的格局主要有五種形式。

一、鐵勒之寺：在四合的廊院中，中軸線上院子後部有佛殿一所，正面廊上中部有門，與佛殿相對。這是寺院佈局最為簡單的一種，為小寺院的佈局。

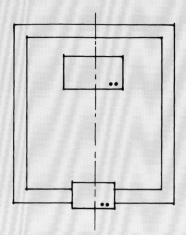

第61窟鐵勒寺平面推想圖

二、大佛光寺：廊院四角建角樓，院內中軸線上有一座二層佛殿。五台山現存佛光寺大殿，建於唐大中十一年（公元857年），七開間，殿前一側有金代天會十五年（公元 1137 年）所建的文殊殿，南側與之相對的觀音殿已毀。據記載，此寺在唐會昌毀法之前，還有一座七間三層的彌勒大閣。圖中所畫正是一座佛閣，說明此圖反映的是佛光寺較早的情況。

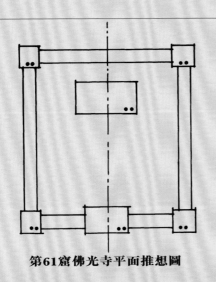

第61窟佛光寺平面推想圖

大寺院，院中大殿前兩側，各建配殿一座，右側是三層樓閣，左側是二層樓閣，形成不完全對稱的佈局，這在中國寺院中是不多見的。

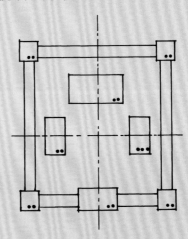

第61窟清涼寺平面推想圖

三、大法華寺：在前式佈局的基礎上，在廊後軸線上又另增一殿，突破了完全廊院式佈局，院內院後的佛殿都是二層樓閣。

五、大金閣寺：把法華寺與清涼寺的佈局結合起來，成為金閣寺的佈局。

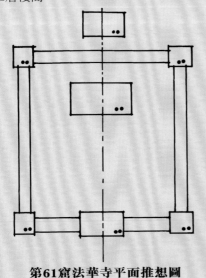

第61窟法華寺平面推想圖

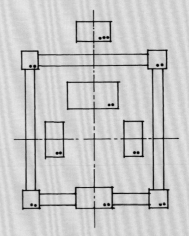

第61窟金閣寺平面推想圖

日本和尚圓仁巡禮五台山時，見法華寺"重閣於嶺崖上"。

四、大清涼寺：是五台山最古老的

金閣寺是五台山的大寺，建成於唐大歷五年（公元770年）。據日本僧人圓仁記述"金閣是九間三層，高百餘尺，鑄銅為瓦，塗金瓦上，照耀山谷，壁簷椽柱無處不畫，盡世珍異"。顯然五台山圖中的金閣寺也比其他寺院的規模要大。

這五種平面佈局，每一種形式是一種組合單元，如果把其中的兩種平面沿着中軸線串連起來，就組成更大規模的寺院組合，這種以廊院為基本組合單元的形式，還適用於宮廷、衙署以及宅舍。

榆林窟第3窟南北兩壁相對的觀無量壽經變及天請問經變，分別表現了兩座佈局相似、單體建築各不相同的寺院。經變中，人物的尺度顯著縮小，突出了建築的形象，這時的寺院建築已不再是佛與菩薩的背景，在建築物內要容納下佛與菩薩，使佛與菩薩與建築形象更加貼近。

宋代以前經變中的平坐露台，在此也作了很大的改變，寺院中部大面積的七寶池已經消失，僅在兩座曲岸的小水池中出平坐，上建樓閣作為配殿。佛坐於大殿內，廊下與院中或坐或立眾多的菩薩，顯得雍容而悠閒。寺院裏有前後長廊，延伸出畫面之外，沒有院子兩側的迴廊，配殿獨立於小池中。北壁寺院的前廊下，有大片的水面，廊子建於水

中平坐上。院內則是大面積的平地，"七寶池"、"八功德水"的含義，僅在兩個小池中了。

西夏時較為獨特的單體建築，是在兩座寺院內有"十"字平面大殿和"十"字平面的配殿樓閣，這是以前各代壁畫都沒有出現過的。"十"字形大殿四面出抱廈，抱廈上作歇山頂，山面向前，使建築立面更富於變化。河北正定的隆興寺摩尼殿，即是此種造型。壁畫中的佛殿可以説是摩尼殿的寫照。

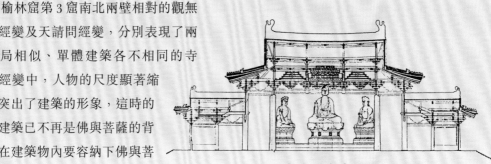

河北正定隆興寺摩尼殿剖面圖
（摘自《中國古代建築史》）

"十"字形配殿樓閣下層與佛殿相同，在重簷上再起平坐，上建重簷歇山式二層樓。建築實物尚沒有發現，但在傳世的宋代繪畫中有相似的例子。

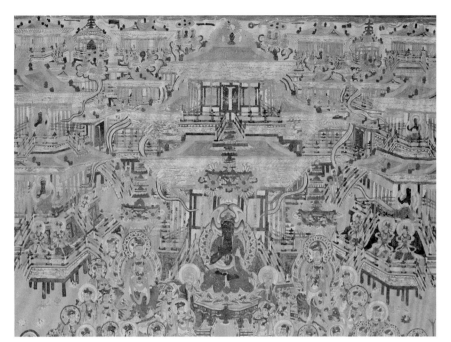

236 淨土寺院

淨土寺院的大殿與配殿都是二層樓，大殿之後密集地佈置着大量的單體建築，形成千門萬戶、羣樓聳立的場面，但已不能清晰地表現出寺院的格局。壁畫中的建築畫日益走向程式化了。

五代 莫61 南壁

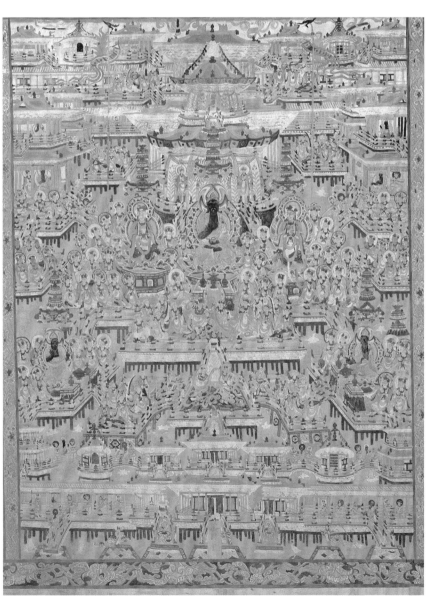

237 淨土寺院

藥師經變中的淨土寺院，畫幅巨大。寺院的前廊上有三門、鐘樓、經藏等一列七座樓，內院中軸線上有二層大佛殿，殿的造型是一座佛塔，殿前是寶池和露台，殿兩側及後面是一片建築羣，有樓閣、迴廊，重重疊疊高低錯落，極其壯觀。

五代 莫61 北壁

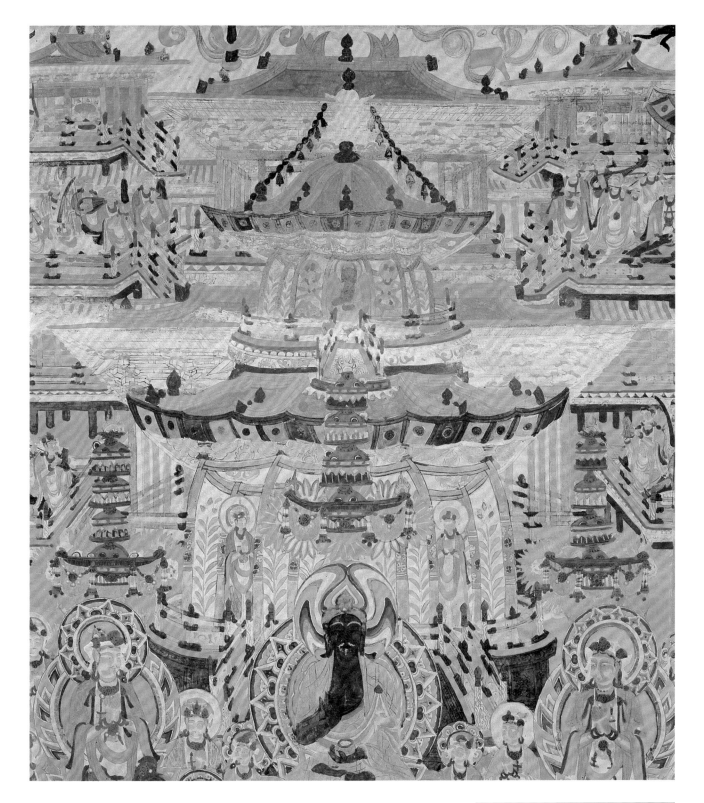

238 塔式大殿

此圖為前圖的局部。寺院中軸線上的大
殿為二層樓閣式的佛塔，塔基及二層平
坐為圓形，上下層塔身有簷柱八根，腰
簷按八角起脊，簷柱及闌額呈弧形彎
曲，攢尖盔式頂上有塔刹。

五代 莫61 北壁

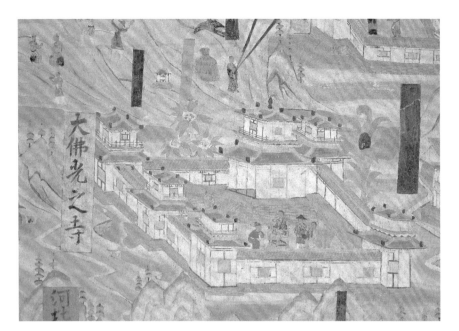

239　大佛光寺

畫於五台山圖中的大佛光寺，平面為方形，廊廡一周，前有門樓，轉角處有角樓，院中有二層佛閣。據考證，唐代時寺院內有一座七間三層的彌勒閣，後毀。現存大殿建於唐大中十一年（公元857年），未在壁畫中表現。

五代　莫61　西壁

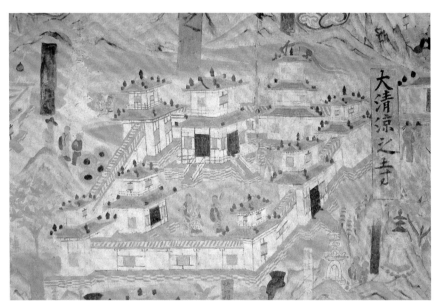

240　大清涼寺

畫於五台山圖中的大清涼寺，平面為方形，院中二層佛殿居中，兩側一邊一座三層樓閣，另一邊一座二層樓閣，形成不對稱佈局。

五代　莫61　西壁

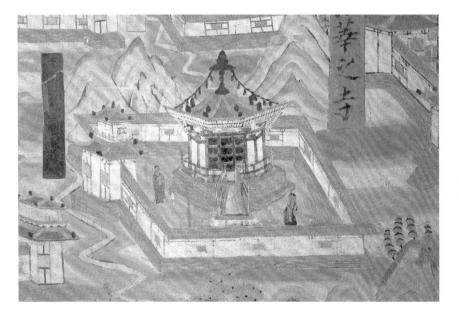

241　八角塔院

五台山圖中，在大佛光寺之東畫有塔院，廊院四方，一側有門樓，院中有八角單層塔建於磚砌台基上，正面有台階，台基邊沿有欄杆圍繞，攢尖頂上有塔剎、鏈鐸，造型別致。

五代　莫61　西壁

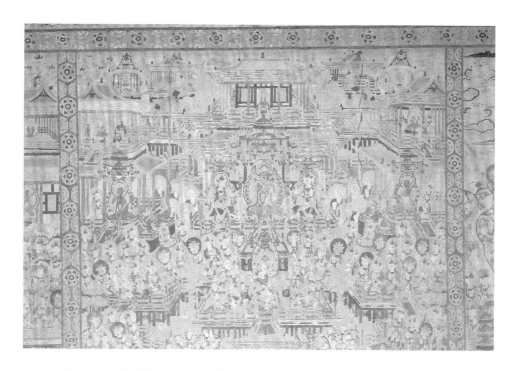

242　淨土寺院

曹氏政權時期雖然設立了畫院，但畫風
日漸程式化，缺少新的創意，建築畫大
致沿用唐代寺院的格局，唯多用樓閣，
與五台山圖中各寺院中的佛殿全是樓閣
相一致。此圖中的寺院建築在五代時期
頗具代表性。

五代　莫100　北壁

243　寺院三門與廊

此圖是前圖的局部。寺院的前部為三
門，迴廊環繞四周。三門正中的是三開
間二層的門樓，兩側有三開間門屋，形
成一組有主從之別的建築。按佛經解
釋，三門即是"三解脫之門"。

五代　莫100　北壁

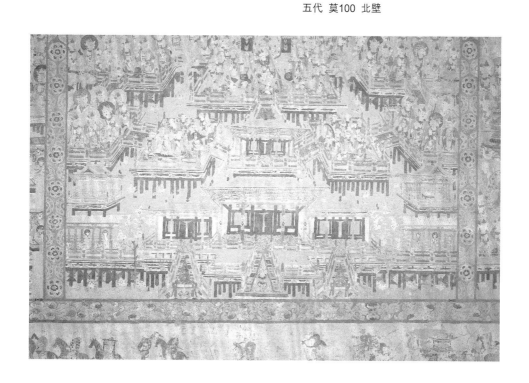

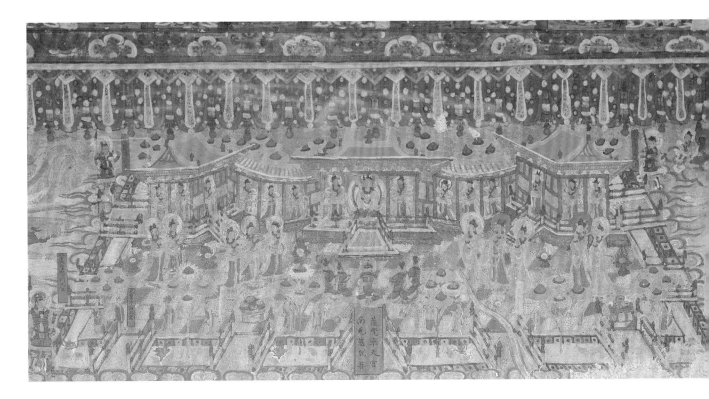

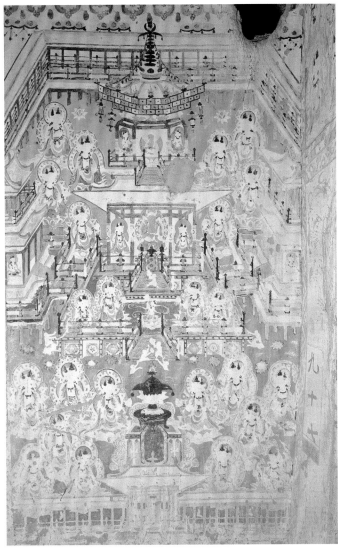

244　兜率天宮

天宮佛寺仍保持初唐時期一殿兩堂的格
局，殿堂之間用廊道相連。大殿前有寶
池，水池正面有五座小橋，側面各有兩
座橋。北京明清故宮的天安門及太和門
前的金水橋也是五橋的形式。

五代　莫72　北壁

245　淨土寺院

莫高窟晚期壁畫中的淨土寺院，主體部
分仍然是一殿二樓的佈局，不同的是院
中第二進，為一所塔院，廊院中有一單
層八角形木塔，攢尖盝頂，上有塔剎。
壁畫中從吐蕃開始出現盝頂八角形木
塔，並以塔為寺院中心。

宋　莫307　前室西壁

246 盔頂鐘樓

盔頂是攢尖頂的變形，屋頂中部呈穹隆形突起，向下緩坡出簷，形如將軍的頭盔。壁畫上在晚唐以後才出現這種屋頂形式，表明了建築技術的發展。

宋 莫454 北壁

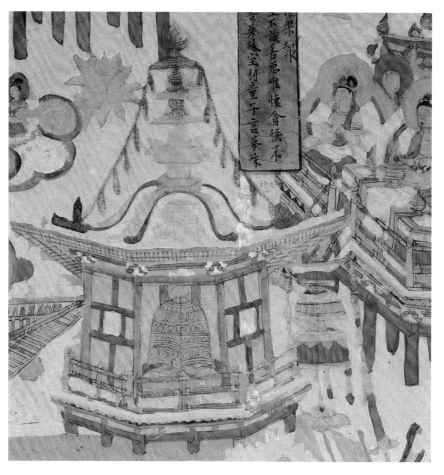

247 淨土寺院

淨土寺院的前面是一座“十”字形平面的重簷歇山頂殿堂，兩旁各有一座重簷攢尖頂的方亭，其間由曲橋連接。廊道之中建重簷歇山頂大殿，殿前左右有“十”字形寶池，池中建二層樓閣。此窟是西夏時期的代表性石窟，畫風與山西繁峙岩山寺的金代壁畫相似，顯然是受中原畫風的影響。

西夏 榆3 北壁

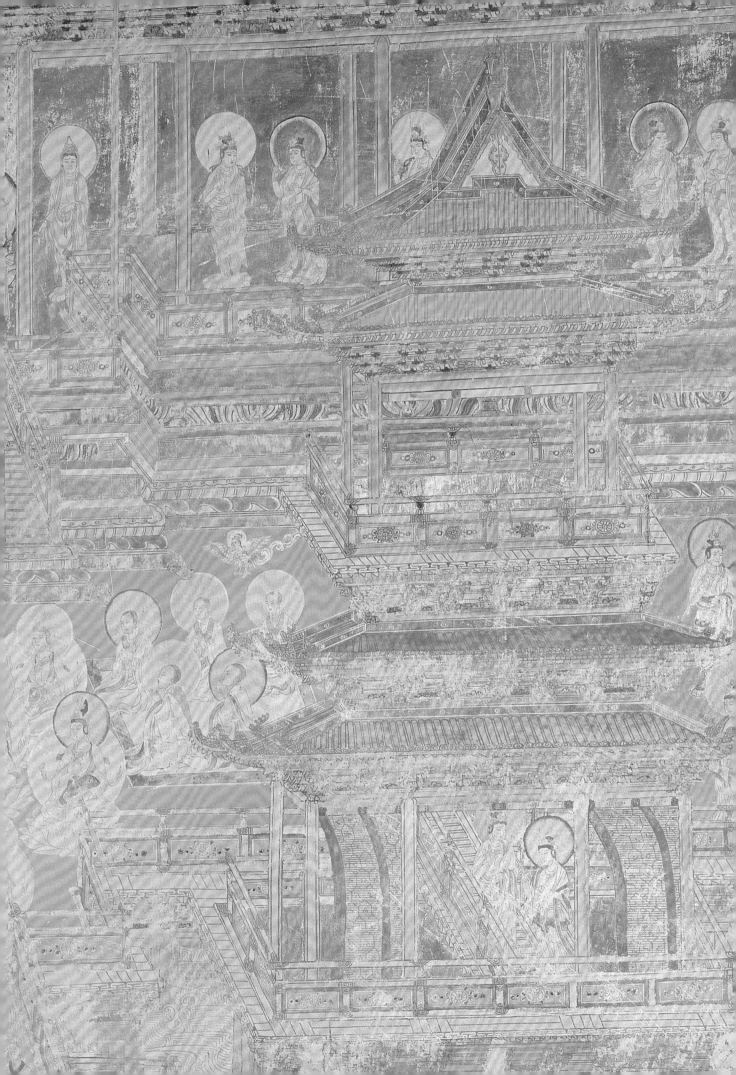

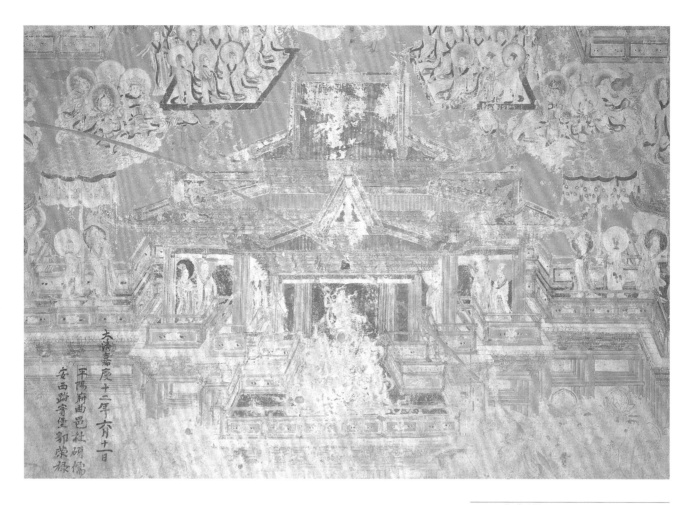

249 十字殿

淨土寺院中的前殿五開間，重簷歇山頂，四面出三開間的龜頭屋抱廈，抱廈的歇山頂下為出入口。因整個平面略呈"十"字，故稱為"十字殿"。這一建築類型出現於宋、遼、金時期，現河北正定的隆興寺中建於宋皇祐四年（公元1052年）的摩尼殿，與此殿形式非常相似。

西夏　榆3　北壁

248 重簷樓閣

淨土寺院中的樓閣建於寶池中的平坐上，通體不設牆壁門窗，重簷腰簷之上起平坐，建二層樓。樓內有梯上下。重簷歇山頂，所有的屋脊都畫作黑色，強調了屋頂的輪廓。

西夏　榆3　北壁

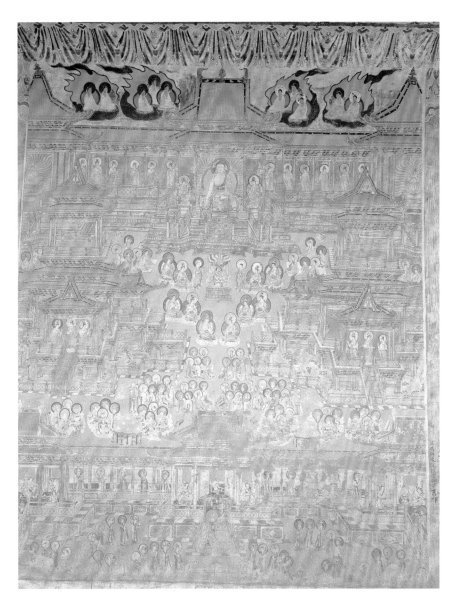

250 淨土寺院

寺院佈局前後均為並列的三殿，用迴廊
相連。庭院中的兩側各有高聳的樓閣建
於曲岸的水池中，以附會佛經中"七寶
池"、"八功德水"的意境。此時的經
變畫中，建築物成了繪畫的主要對象，
人物活動在建築中。圖中的屋頂都用兩
段直線相交成為一條折線，可能是便於
界畫的一種處理。

西夏 榆3 南壁

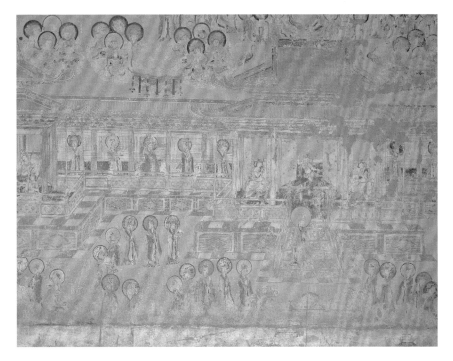

251 前殿與迴廊

淨土寺院中，前殿兩側有迴廊相連，殿
堂內有舞伎在伎樂的伴奏下跳舞。殿堂
的兩翼角下各有一根擎簷柱，是防止翼
角下垂的技術措施。現存河北薊縣遼代
所建的獨樂寺觀音閣，在上下簷的翼角
處都有擎簷柱。

西夏 榆3 南壁

252 十字樓閣

淨土寺院的樓閣，在下層四面各接出一
間抱廈（俗稱龜頭屋），形成"十"字
形平面，使建築的立面形象有了更加生
動靈活的變化。

西夏 榆3 南壁

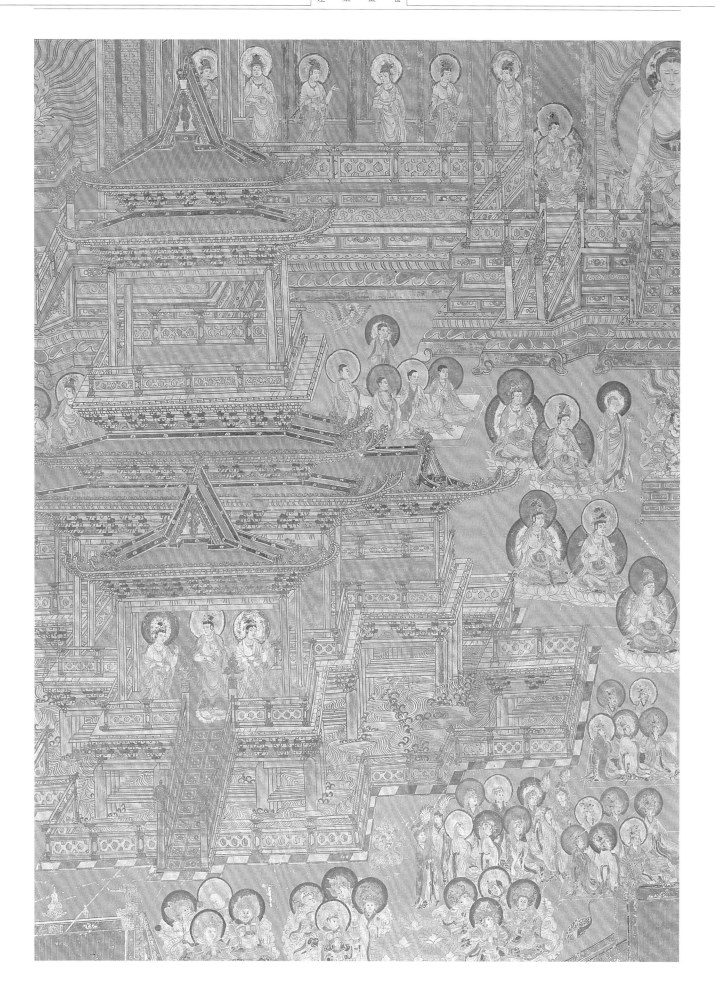

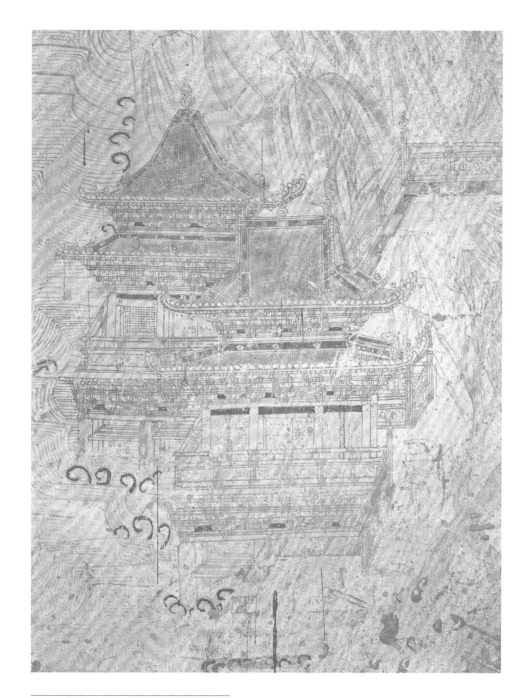

253 重簷水榭

在山間流水旁起平坐，上建兩座相錯的
水榭。水榭為重簷，前面一座為三間重
簷歇山頂，下部前有廊簷，後有門窗，
後一座為三間重簷攢尖頂，加之水邊華
麗的欄杆，構成了一組優美的景觀性建
築。

西夏 榆3 西壁

第二節　晚期的佛塔

　　這一時期塔的種類和建塔的材料仍如唐以前幾個朝代，唯塔的形式有所變化。中晚唐不見的高層塔又出現於曹氏政權時期。西夏榆林窟第3窟中畫的花塔，是獨一無二的，它的形象與修建在莫高窟大泉河岸邊的一座宋代花塔的造型相呼應。

　　木構塔：只見於曹氏政權時期的單層木塔，都以三開間的殿堂形式加塔剎組成，但每根柱子的柱頭部分都向內彎曲，使塔身的整體輪廓形似一個覆鉢。主要見於第454窟窟頂法華經變，甬道頂畫牛頭山故事，第307窟前室阿彌陀經變及榆林窟第32窟的四個坡面中間。

　　高層木塔的造型顯得很活潑，有很多種形式，五代第61窟藥師經變中心用一座兩層的覆鉢形塔式建築作為佛殿。整座塔上的各構件全部呈弧形。攢尖式的塔頂為盔頂式，是中晚唐建築形式的延續。第454窟甬道頂畫木構七層寶塔，榆林窟第33窟南壁也有一座七層寶塔，塔身三開間，層層收小，第七層用磚石材料的窣堵波作結，如果將第七層的窣堵波去除，就是一座高樓。第9、341窟甬道頂畫四層塔，塔身第四層平面轉體45度，造型較為別致。第55窟彌勒經變中有八角三層塔。這一時期中原華北一帶流行建造八角形木塔，北宋東京（今河南開封）開寶寺"木工喻浩有巧思，超絕流輩，遂令造塔八角十三層，高三

百六十尺……"。現存山西應縣佛宮寺的釋迦塔，建於遼清寧二年（公元1056年），塔平面八角形，外觀為五層，內有四個暗層，實際高九層，整體結構精巧，壯麗雄偉，體現了當時建築技術的水平與成就。

　　磚石塔：敦煌晚期壁畫中以單層磚石塔較多，形制有很多特殊之處。榆林窟第36窟前室有兩座窣堵波，上覆四角攢尖的大屋頂，其中一座托於天王手中，造型別致，小巧玲瓏，可以看作是一件漂亮的工藝品。晚唐第8窟亦有相似的塔。這種塔的建築實物在中國已找不到，但日本的多寶塔，就是在窣堵波上有重簷或單簷攢尖頂的造型。把佛教建築的特點，隱藏在東方情有獨鍾的大屋頂之下，是一種巧妙的文化結合。第61窟畫有很多單層磚石塔，都是窣堵波形式，每座塔在塔基和塔剎上都各不相同。第76窟東壁的八塔，其形式可能源於印度教的神殿，特別是塔的上部層層堆疊，成為特殊的塔剎。元代壁畫中表現建築的畫面很少，僅第465窟前室及第285窟小禪室中有元代所畫喇嘛塔形象，除塔身部分成圓形之外，整個比例與莫高窟現存的元代土塔實物相近似。

　　北周時期曾出現過的五塔，在以後各時代也偶有出現，但形式變為下面一座大塔，在塔簷四角各有一座小塔，與塔剎共同組成五塔形式。大塔和小塔的

形狀則因時代變遷各不相同，但塔簷上的五塔形式卻始終得以保存。第341窟甬道頂上有一座單層四門窣堵波，下有重層欄杆，疊澀塔簷的四角各有一個小窣堵波。榆林窟第3窟東壁畫有以佛傳故事為主題的花塔，中部一大塔畫釋迦成道的故事，塔身高聳，塔頂上部呈一朵蓮花形式，每一蓮瓣之間有一座小殿堂，即構成"蓮花藏世界"的佛經內容，瓣瓣蓮花集成一個大花蕾式的塔頂，花蕾之上用一座大屋頂的單層塔作結，塔中有佛像，花蕾兩側下部各有一小塔，塔內也有佛像。塔用正面投影的形式畫出，如果用透視的畫法，就形成五塔的佈局。河北正定廣惠寺花塔，就是由"蓮花藏世界"的五塔組成。

多層磚石塔只見於第61窟五台山圖中，塔基平面呈正方形、上建覆鉢形或方形塔身，二至四層不等，每層正中開龕或門。方形塔層層都疊澀出簷，有朱欄圍繞，上層做成窣堵波形式。覆鉢式塔每層都呈覆鉢形。高層磚石塔堅固耐久的優點，是木塔不能比擬的。河南開封的佑國寺塔和繁塔均是建於宋代的磚塔，以其獨特的造型和材料著稱於世。顯然壁畫上的磚石塔的形象僅僅是中原地區磚塔的簡化。在中國，塔的功能就是表達一種宗教意念，所以它的建築形式有更多的創作空間，而較少受到形式上的約束。

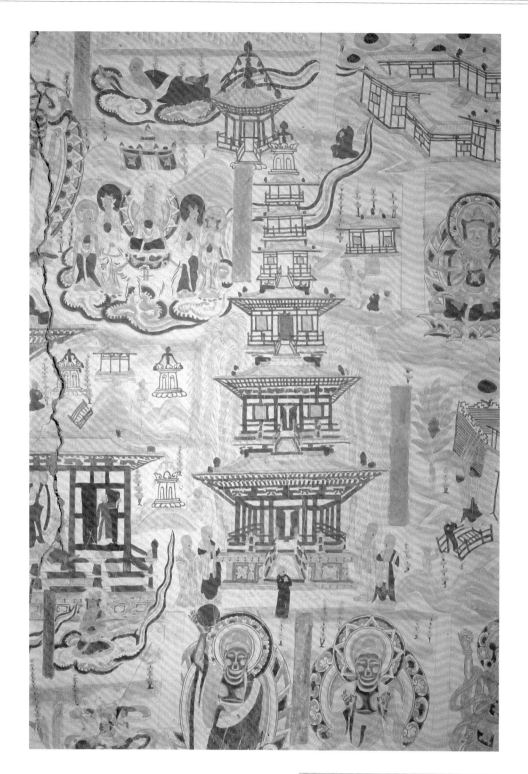

254 七重塔

按佛經說，七重塔是表示古印度摩竭陀
國佛陀代耶山杖林中的大塔。圖中所畫
的是中國樓閣式的七重寶塔，造型獨
特，從一至六層都是三開間方形木結構
殿堂形式，向上每層面寬遞減，愈上愈
小，第七層則是一座窣堵波。

五代　榆33　南壁

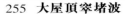

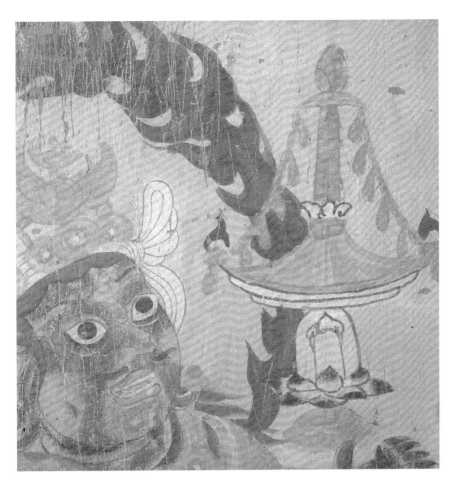

255　大屋頂窣堵波

畫在毗沙門天王手中的塔，是在美麗的
蓮花中間有一小覆鉢，四角攢尖的大屋
頂蓋在覆鉢上，塔刹有相輪，頂端有傘
蓋與寶珠，兩邊懸掛鏈與鐸。整體造型
好似一個精巧的工藝品。

五代　榆36　前室南壁

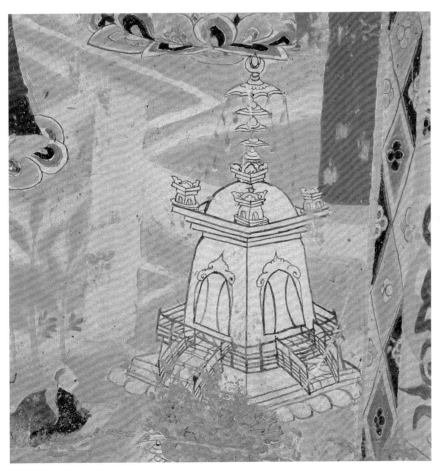

256　四門單層塔

方塔用軸側透視技法表現了塔的兩個
面，台基下是覆蓮，台基每面有台階，
周邊用欄杆圍繞。塔身上部略作弧形。
四層疊澀的塔簷四角各置一座小窣堵
波，塔頂是一大覆鉢。相輪由下小上大
的傘蓋組成。

五代　莫340　甬道頂

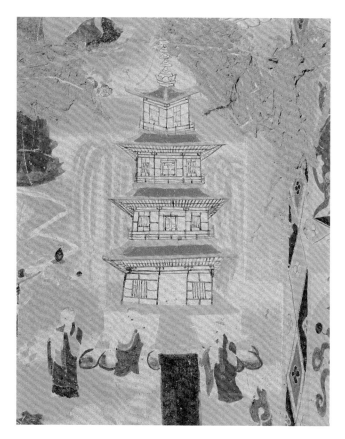

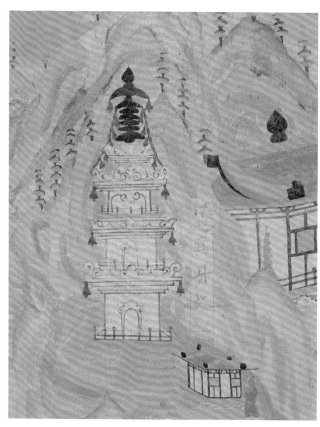

257 四重樓閣式木塔

平面呈三開間。第四層塔身平面旋轉45
度，使角柱與塔的中線相重合，這種結
構是追求建築立面變化的結果。在建築
實物中偶有所見。

五代 莫340 甬道頂

258 三重樓閣式磚石塔

磚石建造的三重樓閣式塔，下有磚砌台
基，上繞朱欄。每層塔身有圓券龕，疊
澀出簷，上用山花蕉葉及朱欄圍繞。塔
頂在山花蕉葉之上有兩重覆鉢，塔刹由
五重相輪與兩重寶蓋組成，有鏈繫於第
三層兩旁的山花蕉葉上。整座塔造型挺
拔，一旁有墨書“釋迦真身塔”。

五代 莫61 西壁

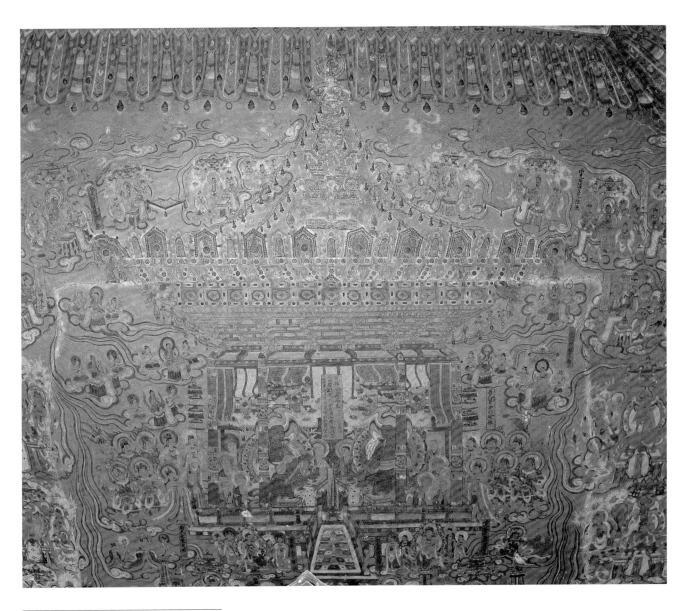

259 華麗的木構多寶塔

多寶塔為三開間單層木構塔，塔內有釋
迦與多寶佛並坐。簷柱在由額以上向內
彎曲，柱頭承接闌額，之上再是斗栱。
簷端飛頭上畫仰陽版式的鑲板木格作為
塔簷。頂上有重層須彌座，上接七重相
輪及傘蓋、仰月寶珠組成的塔剎，傘蓋
下有四鏈懸金鐸繫於四角。塔身的木構
件上全部經過彩畫。簷頂的仰陽版用瀝
粉堆金的紋飾，形成繁複的裝飾風格，
有吐蕃建築的遺風。

宋　莫454　西頂

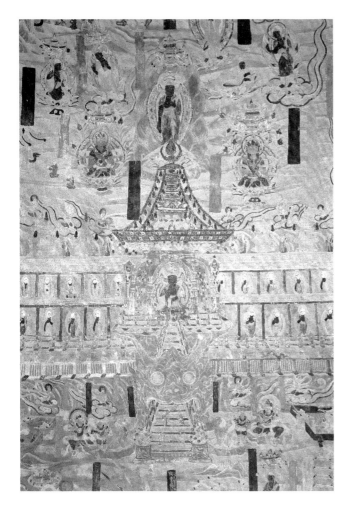

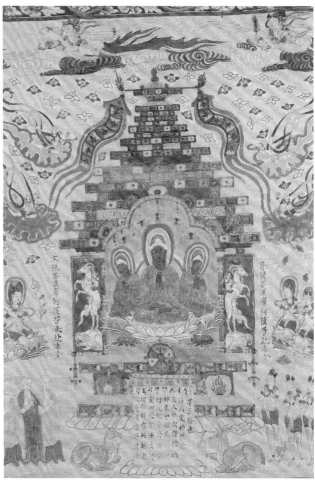

260　塔院

佛教牛頭山故事傳說，于闐王城西南，
山峰突起，形如牛角，山崖頂上建有伽
藍。圖中畫有階梯穿過牛頭山可達寶
塔，寶塔後是伽藍的廊院，實則是一處
印度的支提式空間。五代、宋初敦煌與
于闐國交往頻繁，這種塔院即是明證。

宋　莫454　甬道頂

261　磚石塔

"八塔變"的八塔之一，塔前畫有法
輪、鹿，表示是釋迦牟尼在鹿野苑初轉
法輪的場景。塔下有須彌座，塔身正中
開三葉栱龕，上部由磚石疊澀砌成的錐
體塔刹，最下層的相輪大於塔身，塔的
造型比較特殊，似與印度教的神殿有
關。

宋　莫76　東壁

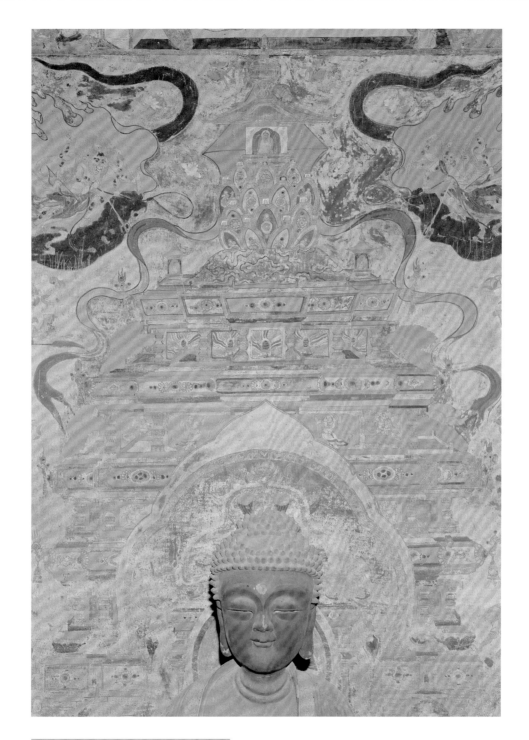

262 花塔

花塔塔身呈多重"亞"字形平面的須彌
座式。塔頂四隅各有一座小塔,中心塔
刹是四層蓮花,每個蓮瓣上有一小塔,
蓮花頂為單層塔,象徵佛及諸神所在的
須彌山。此為壁畫中僅有的一座花塔,
莫高窟有宋代實物。花塔出現於宋、
遼、金時代的北方各地。

西夏 榆3 東壁

第三節　晚期的城、宮廷和民居

北魏的《洛陽伽藍記》裏記載永寧寺的南門樓為三重，東西門樓為二重。但壁畫中的城門門樓大多為一重，唯曹氏政權時期的第53、25窟中畫的城樓是二重，城門洞三道，證實了多層城樓的做法古已有之。

宮廷與民居仍沿用傳統的封閉式四合庭院，以院為佈局單元，按中軸線從前向後佈置大門、堂、寢，在堂寢的兩側有對稱的廂房，當然宮廷和民居在規模及建築標準上不能相提並論。五代第61窟在佛傳故事畫中，有許多宮廷的形象，每一座宮廷外環繞宮牆。宮城外有騎兵奔跑巡邏，城牆上有士卒守衛。宮內中軸線前方有殿堂，兩旁有廂房。有一座宮城，由四個廊院組合而成，城內從中間建一橫廊，分成前後兩院，前院內再用兩道廊分隔成三院，組成一大三小四院的格局。按照故事內容是為悉達多太子納妃的場面，悉達多太子成人後，其父淨飯王為其建冬、春、夏三宮，納眾嬪妃於內，並以聲色娛悦悉達多太子，三宮院內均有女樂演奏。在每幅圖中，都將眾多的人物與建築的關係作了生動的處理。

第61、98、108、146窟畫的民居，與晚唐第85窟的民居均出自報恩經變故事，因而形式也很相似，表現了一個尊貴之家。矩形平面的住宅，迴廊圍繞的院落，前有門屋或門樓，院中用橫廊把大院分隔成前後兩院，後院是家庭活動的主要範圍，前院是一般僕役賓客的活動區域，它體現了當時的家庭秩序。住宅的一側是飼養牲畜的廄院，院中沒有房舍，只有一草庵供僕役居住，貧富懸殊，形成巨大的反差。這種住宅旁有畜廄的佈局，早在山東沂南漢畫像石上的庭院中就已有反映，直到近代在西北地區農村中還維持這種佈局，可以説是近二千年一貫的傳承。

四合院式的民居，雖然反映了宗法社會封閉性的一面，但在使用功能上確有其不可否認的優越性，這種由迴廊或是廊房合圍成的庭院空間，是中國傳統建築的精華。庭院是室內生活的補充，又是室外生活向室內生活的過渡。在庭院中享受戶外生活的舒暢，又保持內庭生活的寧靜。

榆林窟第3窟中有西夏時繪的文殊、普賢變，圖中層巒疊嶂，山環水繞，在峰回路轉之間，有亭台樓閣掩映其間，高低錯落，沒有明顯對稱關係，説明中國傳統建築中各個單體之間可以自由搭配組合，一改宮殿、寺觀莊嚴對稱的模式，形成新的羣落，使建築和山水之間得到高度協調。

在文殊變上部，於羣山之中，畫出殿堂、草棚，還有用木柵欄圍成的草廬院落，畫師似乎要營造出一處五台聖境，卻表現出了山野情懷。在山腰間有

一洞府,半開半掩的門縫中,有一道光
芒射出,顯得神秘莫測。對神仙洞府的
刻畫,可能是受道家思想影響的結果。

這組山水建築畫的風格顯然受到中
原畫風的影響,從現存宋代傳世之作,
如《滕王閣圖》、《黃鶴樓圖》、《明皇
避暑圖》等可以看出,以宮廷、樓台為
主題的工筆界畫,在五代、宋代文人畫

興起的同時,也得到很大的發展,並給
予民間畫工很深的影響。

敦煌晚期壁畫中除大量的寺院建築
及塔、城、宮廷、民居之外,還有一些
零星的建築類型與佛經故事相關,也與
世俗的生活相關。主要有墳墓、烽墩
等。

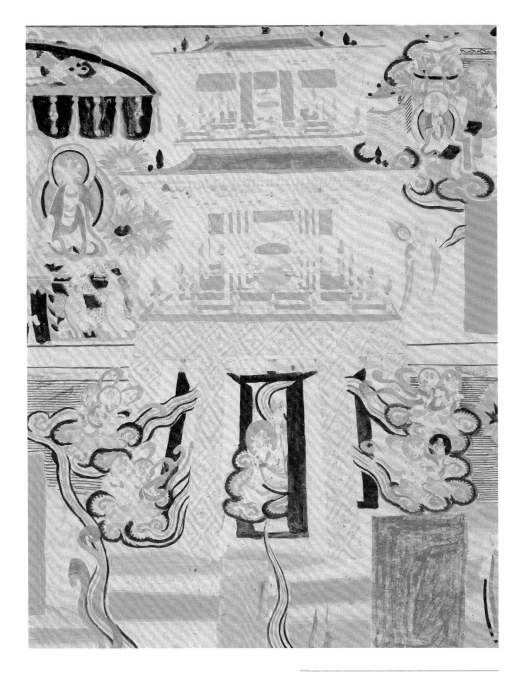

263 重層城樓

維摩詰經變中畫的毗耶離城的城樓，下
有三個城門。建於門墩台上的二層城
樓，均為三開間，每層設平坐欄杆，與
壁畫寺院中的樓閣無異。《洛陽伽藍
記》中說，永寧寺"四面各開一門，南
門樓三重，通三道……東西門亦如之，
唯樓二重。"墩台表面有菱形紋飾，壁
畫中起於吐蕃統治敦煌的中唐時期，而
盛於晚唐及五代。

宋 莫25 北壁

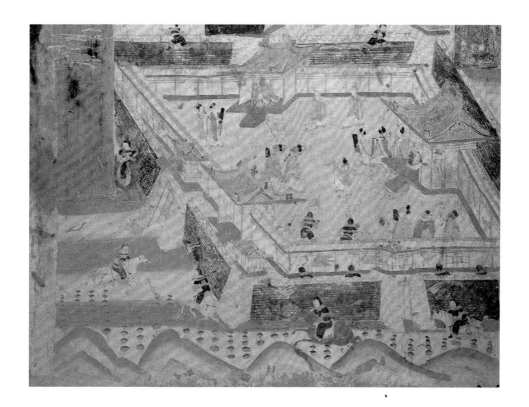

264 宮城

佛傳故事中所畫的釋迦牟尼作太子時在宮
廷中的生活情景。宮城有宮門、角樓、
夯土城牆，牆外有騎兵奔馳，城牆上有
守衛巡邏。城內有宮廷院落，正對城門
有門屋，進入門屋後是庭院，院中有殿
堂兩座，殿前有宮女奏樂舞蹈以娛悅太
子。簡略地概括了宮城內外的佈局。

五代 莫61 西壁

265 宮廷

佛傳故事中說，悉達多太子長大成人
後，其父為太子建冬、春、夏三宮，納
許多嬪妃採女，以聲色娛悅太子。圖中
前面的左右兩院及後面一大院即冬、
春、夏三宮，院內有伎樂演奏，採女侍
奉。表現了不同的宮廷佈局。

五代 莫61 西壁

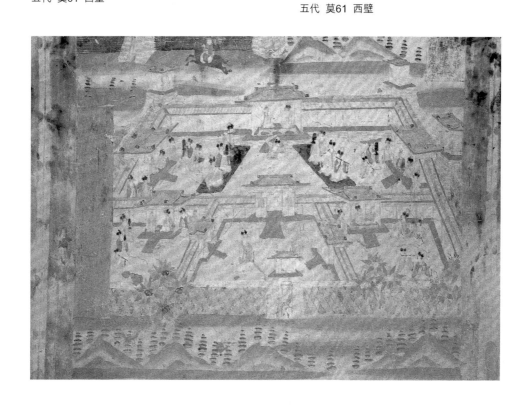

266 民居院落

在"窮子喻品"中畫一富有人家的住
宅,廊房一周,中間橫廊將院子分為前
後兩院,橫廊中有門樓,前院有門屋。
後院有三開間歇山頂的堂屋。宅院的旁
邊是畜廄,夯土圍牆,也分作前後兩
院,前院中部有兩扇板門。前院有一草
廬,兩個僕役正在灑掃。後院有馬。此
類形式的宅院,近代的敦煌農村仍與之
相似。

五代 莫98 南壁

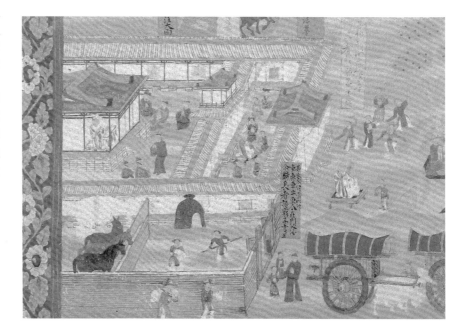

267 仙山瓊閣

宮殿建於山環水繞之中,建築格局摒棄
了城市宮廷寺觀的中軸線對稱式,而是
依山勢而建。樓閣之間有三四處鄉間農
家的茅舍,屋頂用茅草蓋作穹窿頂與盝
頂。此圖體現了宋代山水畫及界畫(屋
木,即建築畫)在瓜沙二州的影響。

西夏 榆3 西壁

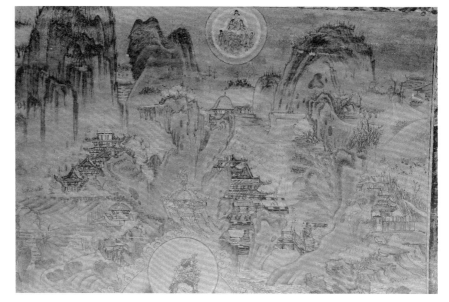

268 茅廬

此圖是前圖的局部。建於山中平地上的
三開間草堂,中間有板門,兩側開方格
窗,簷下斗栱勾畫草率,穹窿式頂上覆
茅草,中央樹有類似塔剎的裝飾。

西夏 榆3 西壁

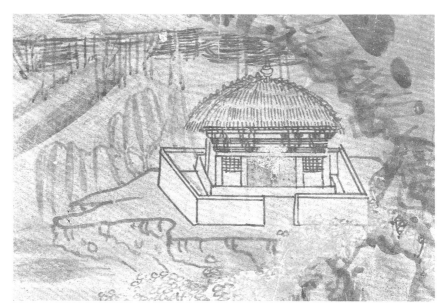

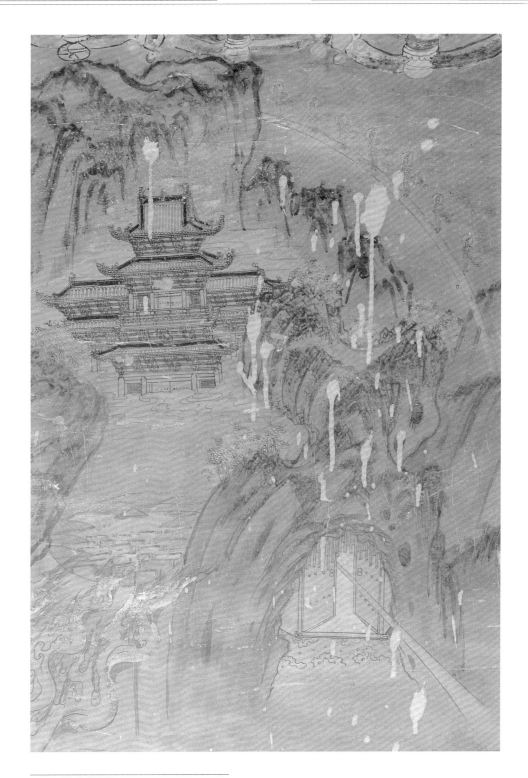

269 仙山洞府

重簷歇山頂樓閣高聳在羣山之中，下層
被雲霧掩映。一道彩虹橫空飛架，菩薩
仙人循着彩虹直上山巔。下方山間有一
山洞，洞門半開，一道光芒從門中射
出，更加強了神秘幽深的氣氛。壁畫表
現的是《華嚴經》中所說文殊菩薩居住
的清涼山，實際上透露出的則是道家理
想中的神仙洞府的境界。

西夏　榆3　西壁

第四節　晚期的建築結構與施工技術

這時期的建築結構，分成前後兩種風格與形式，一是曹氏政權時期繼續使用唐代的粉本繪製壁畫，所以建築局部的表現上，依然沿襲中晚唐的做法，加之曹氏畫院使用統一稿本，缺乏生機與活力，因此在建築表現上沒有甚麼創新。二是西夏時期，在榆林窟第3窟的寺院建築畫與山水建築畫中，一改中晚唐至五代幾百年形成的建築畫風格，在建築表現上受中原畫院的影響，使用工筆界畫的畫法，將建築的局部處理得更細膩，局部的做法也更接近元明清三代，是明清建築的前奏。

台基與踏道：榆林窟第3窟南北壁淨土變中所畫殿堂的前部，描繪有極其細緻的台基及踏道。台基是須彌座式，下有圭腳、覆蓮。上下枋分作矩形，並有花紋裝飾，兩枋之間為束腰，束腰中不作壺門，通身畫捲草紋花邊。南壁正中大殿的台基設左右兩階，北壁正中大殿的台基設左、中、右三階。隋唐所畫殿堂均設兩階，設三階的台基是等級最高的建築。明清故宮太和殿設三階，中間一階有雕飾華麗的雲龍御路，專供帝王乘輦通過。壁畫台基的上枋有華板、欄杆，華板中間用上下相錯的六邊形鏤空塊，與從北朝到宋代壁畫上的勾片欄杆或繪有花紋的華板欄杆相去甚遠，而與明清建築上的欄杆相近。階道兩側亦有欄杆，欄杆望柱頭雕出各種花飾，使

欄杆的造型顯得空靈疏朗。台基與欄杆和諧統一的組合，成為傳統建築立面效果的重要部分。與隋唐相比，這一時期的欄杆更華麗，更富於裝飾性。

斗栱：斗栱發展到這一階段，已完全成熟，第61窟南壁阿彌陀經變中大殿的斗栱，可以看見轉角鋪作是七鋪作，兩跳華栱，兩跳下昂。而兩柱之間只有一組六鋪作的補間斗栱，比柱頭鋪作減去一重下昂。從盛唐以來殿堂大多用七鋪作斗栱，是很長時間習用的結構方式，現存五台山佛光寺大殿的斗栱即是"雙抄雙下昂"七鋪作。斗栱發展到盛唐以後，模數組合已相當成熟，這種結構構件都是事先預製好的，並拼合成組，待到用時一組組地進行安裝，說明當時建築設計與施工已經形成規模化了。北宋元符三年（公元1100年）成書的《營造法式》是對元符以前歷代建築的總結，對斗栱的設計與製作有詳細的記述。

榆林窟第3窟建築簷下的斗栱，遠不如唐宋時期的粗大雄壯，遠遠看去，細小密集成一片，看似畫得很細緻，但卻分不清斗與栱或昂的界線，這正是明清時期斗栱逐漸成為裝飾的開端。

鴟吻：鴟吻是屋頂正脊兩端的大型裝飾瓦件，形似龍首，張嘴含脊，背上有雙鰭向上翹起。第61窟五代壁畫中酒肆的鴟吻畫得較為清晰。宋初第431窟木

構窟簷上的鴟吻，以龍首張嘴含脊，將隋唐時期向上彎起的雙鰭改變成了有尖喙、形似鳥頭的鴟尾。在莫高窟壁畫上從北朝直到隋唐的脊飾都稱作鴟尾，是因為只見有向上彎起的雙鰭，而沒有晚唐以後張嘴含脊的龍頭。從這些典型的例子中可以看見從鴟尾到鴟吻的漸變過程。

榆林窟第3窟的建築畫中，凡殿堂、樓閣、水榭都有很多重簷形象，宋代以前的建築畫，除隋代部分房屋有類似的重簷結構之外，唐至五代、宋所有壁畫中，都沒有重簷結構，當不至於是畫家的疏忽。現存五台山南禪寺和佛光寺唐代的大殿也不是重簷，相當於唐代的日本古建築中，也沒有發現重簷建築，對此問題尚不知如何認識。

施工技術：第454窟有兩處施工圖，畫面上都已建成下部柱網，在柱網樑架上有工人正在安裝人字大叉手，下面着短裝的眾多工匠也各自忙碌着，有的揮錛砍製木料，有兩人拉大鋸鋸木頭，還有的忙着向上遞送材料，地上已

有組裝好的斗栱。其中有着袍服者，好似工地指揮。圖畫得比較粗略，但可以看出中國傳統建築是以垂直的柱和水平的樑枋組合成受力的框架，然後才蓋屋頂、砌牆、安裝門窗等。牆體沒有荷載的功能，只起隔絕內外和防寒保暖的作用，根據地域的不同，牆體的厚度也各不相同。

根據敦煌遺書的有關記載，莫高窟的開鑿過程中有很多各行業的工匠參與修建，其中泥工與畫工是必不可少的。工匠的等級分別有：都料、博士、師、匠、工等級別。赤膊的裝束也表現出工匠勞動之艱辛及生活之困苦，敦煌遺書中有《趙僧子典兒契》記："塑匠都料趙僧子……今有腹生男荀子，只典與親家賢者李千定。斷作典直價數：麥貳拾碩，粟貳拾碩"。已是都料的高級工匠，其生活的艱辛竟達到賣兒的地步。在文獻中關於施工的資料很少，而在神聖的石窟寺內，自北周以後各時代都畫有一兩幅建築施工的場面，真是不可多得的形象資料。

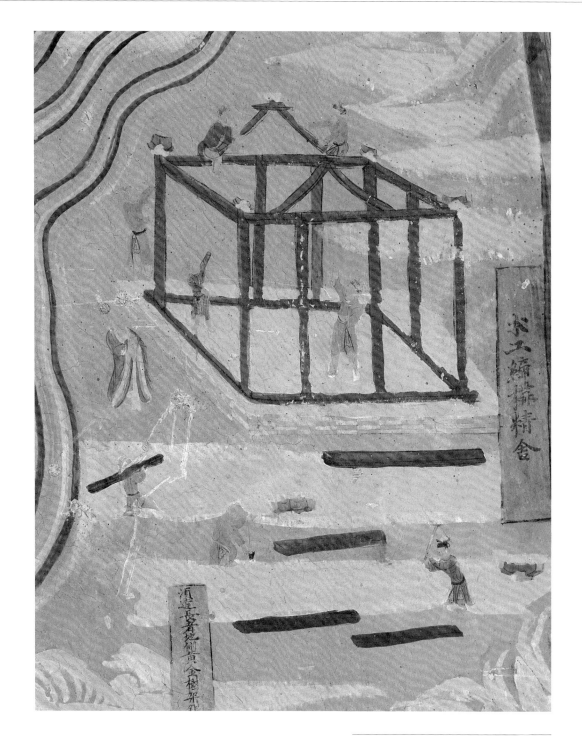

270　建房施工圖

圖旁榜題為"木工締構精舍"，即修建
佛寺。在砌好的方形台基上，已立好房
屋的柱網，下有地栿。上有樑栿，樑上
有大叉手，兩個工人騎在樑上，正在安
裝叉手。上面兩個工人向上傳遞物件。
屋外一人搬運木構件，下方兩個工人在
加工構件，旁邊有組裝好的幾組斗栱。
台基旁穿袍服的人，可能是工地的監工
或施主。壁畫製作比較粗糙，卻提供了
當時建房施工的信息。
宋　莫454　西壁

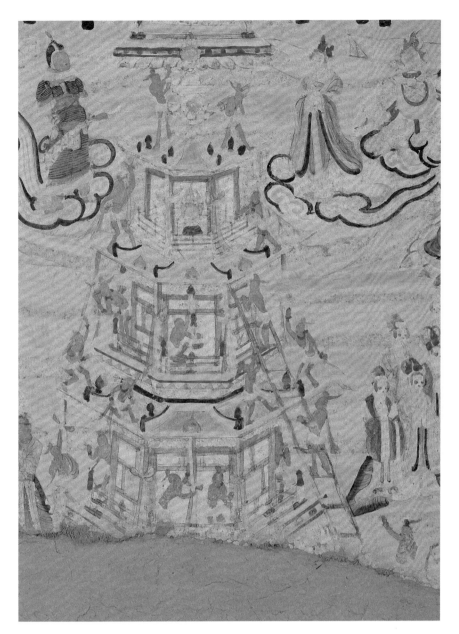

271 拆塔圖

彌勒經變中畫有婆羅門拆寶幢的情景。
這裏畫的寶幢是一座八角三層樓閣式
塔，塔為木結構，每層都有平坐欄杆，
第三層中供有火燄寶珠。塔周圍有二十
幾人在忙着拆除塔頂的構件，塔還是完
整的。

宋 莫55 南壁

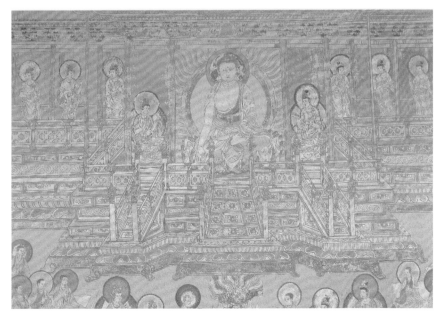

272 台基與欄杆

淨土寺院的大殿與迴廊下的台基都是須
彌座式，台基下有覆蓮、下枋、束腰、
上枋、欄杆，每處都雕刻花紋，欄杆上
用鏤空的龜背紋。台基前有三階，均為
慢坡的輦道。階道的欄杆上下設望柱。
此圖界畫精細，全部用墨線勾描，表示
結構的線道稍粗，墨色較深。花紋的輪
廓線稍細且淡，並用石青淡色渲染，形
成結構清晰，色彩淡雅的建築畫。

西夏 榆3 南壁

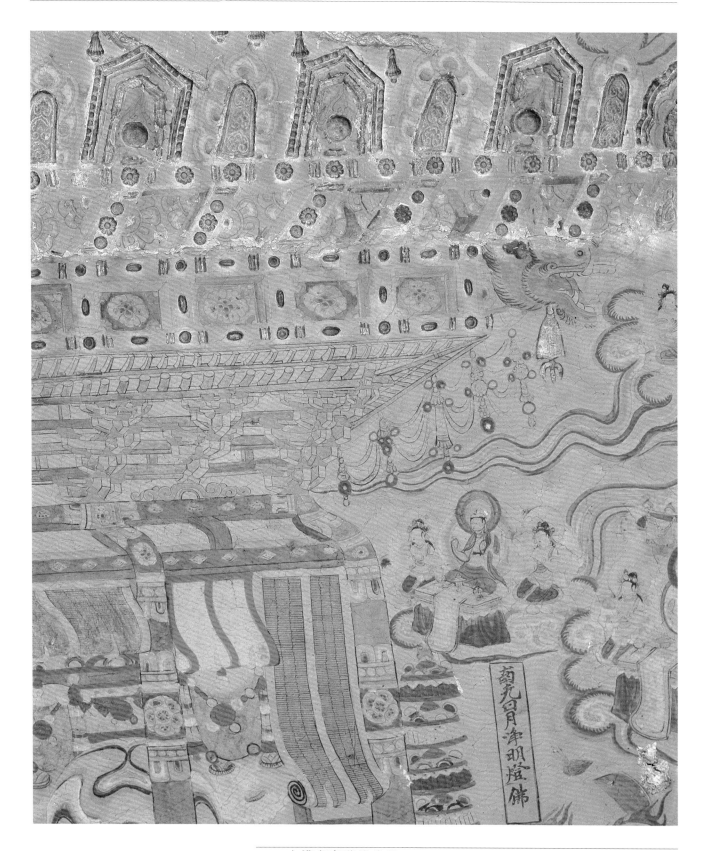

273　木構多寶塔的斗栱

木構多寶塔的細部界畫精細，柱頭斗栱出四跳七鋪作，兼有部分重栱。補間斗栱六鋪作，上層令栱的替木承接撩簷枋。宋初郭若虛在《圖畫見聞誌》中要求畫家對建築結構"必須融會，缺一不可"，可知當時對界畫的重視。

宋 莫454 西頂

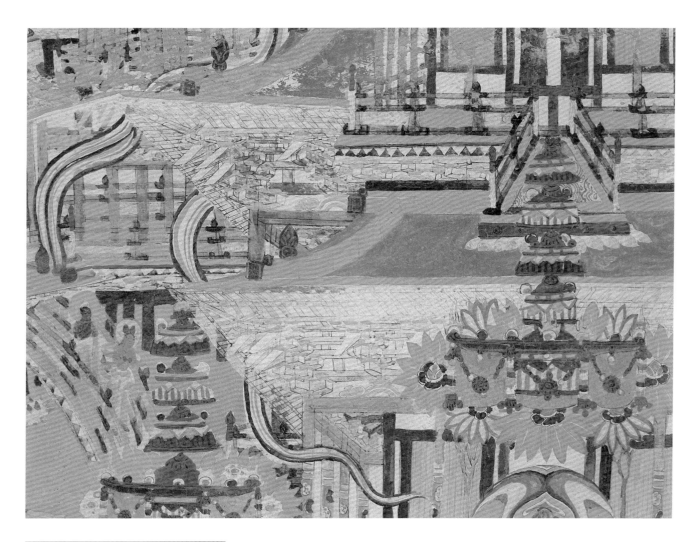

274 大殿斗栱兩重

大殿柱頭上有轉角與柱頭鋪作，出三跳
雙杪單下昂，上面與令拱相交的要頭，
也作昂形。簷下轉角處角樑沒有升起，
所以翼角不起翹。補間斗栱在闌額的雲
栱上出跳，上面的要頭依然做昂形。

五代　莫61　南壁

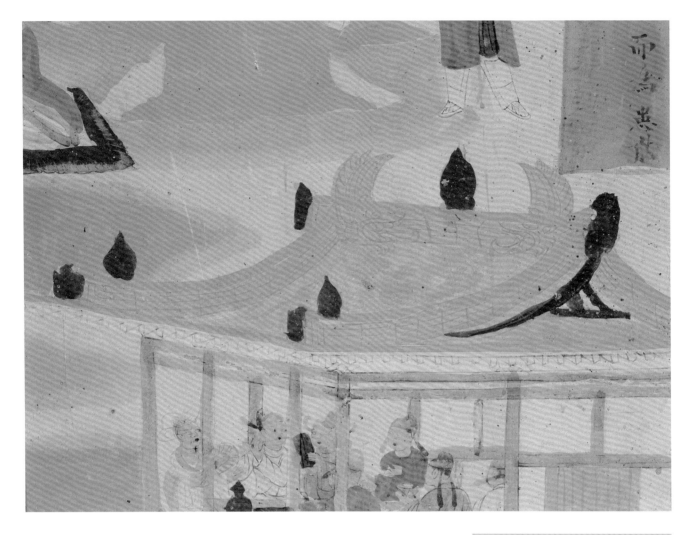

275 鴟吻

畫在酒肆上的脊飾,正脊的兩端有獸頭
相對,張嘴含脊,尾部上翹,有雙鰭,
謂之鴟吻。這種大型瓦件,起源很早,
壁畫中在初盛唐之前沒有獸頭,僅有用
聯珠紋裝飾的雙鰭,稱鴟尾。大致在晚
唐時期,逐漸變為鴟吻。
五代 莫61 東壁

附錄　　　　　　　古建築名詞圖釋

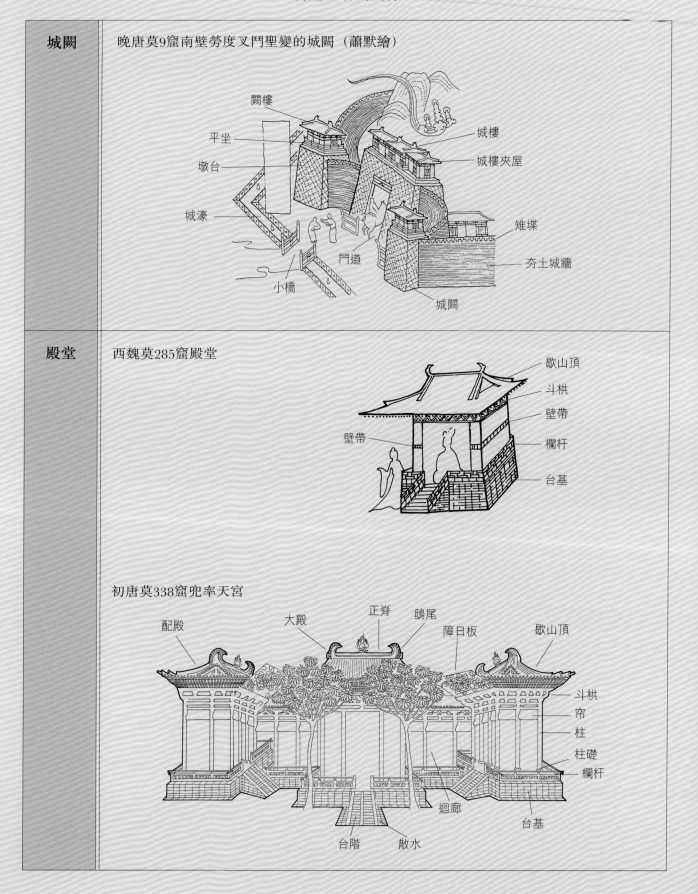

| 城闕 | 晚唐莫9窟南壁勞度叉鬥聖變的城闕（蕭默繪） |

闕樓
平坐
墩台
城濠
門道
小橋
城樓
城樓夾屋
雉堞
夯土城牆
城闕

| 殿堂 | 西魏莫285窟殿堂 |

歇山頂
斗栱
壁帶
欄杆
壁帶
台基

初唐莫338窟兜率天宮

配殿
大殿
正脊
鴟尾
障日板
歇山頂
斗栱
帘
柱
柱礎
欄杆
迴廊
台基
台階
散水

屋頂

各式屋頂（摘自《中國古代建築史》）

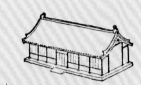

懸山

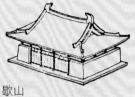

歇山

四阿（廡殿）

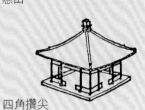

四角攢尖

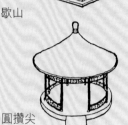

圓攢尖

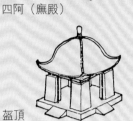

盝頂

鴟尾與鴟吻（蕭默繪）

出自西魏莫285窟壁畫

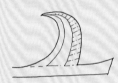

出自隋代莫419窟壁畫

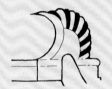

出自初唐莫431窟壁畫

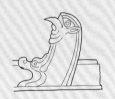

出自宋初莫431窟窟檐

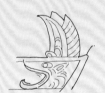

出自五代莫61窟壁畫

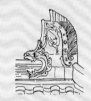

出自山西五台山佛光寺大殿

隋代斗栱

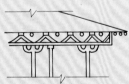
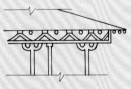

莫433窟斗栱

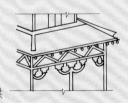

莫419窟斗栱

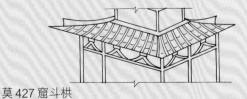

莫427窟斗栱

莫423窟斗栱

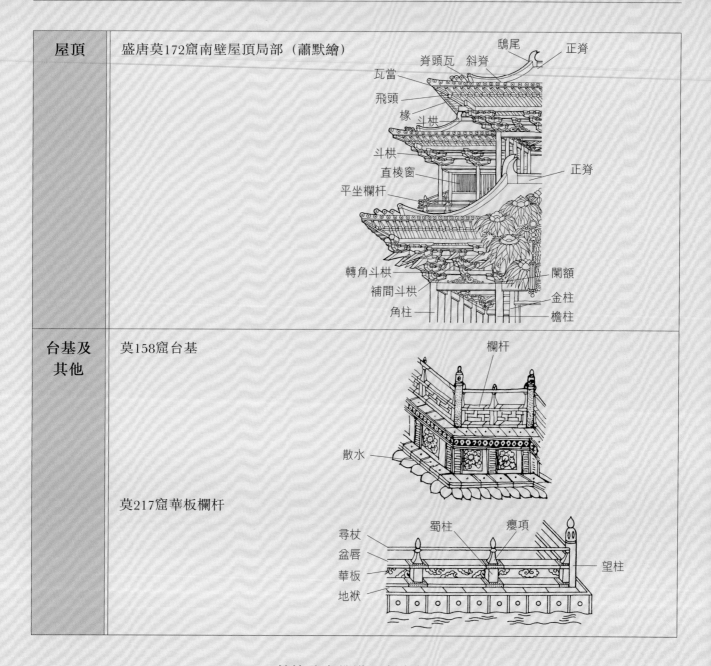

屋頂	盛唐莫172窟南壁屋頂局部（蕭默繪）

標註：鴟尾、正脊、脊頭瓦、斜脊、瓦當、飛頭、椽、斗栱、斗栱、直棱窗、平坐欄杆、正脊、轉角斗栱、補間斗栱、角柱、闌額、金柱、檐柱

台基及其他	莫158窟台基

標註：欄杆、散水

莫217窟華板欄杆

標註：尋杖、盆唇、華板、地栿、蜀柱、癭項、望柱

敦煌壁畫佛塔形制舉例

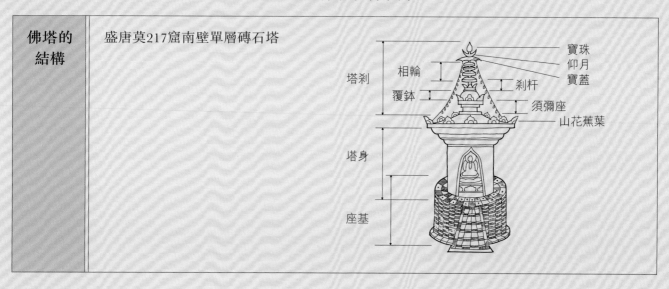

佛塔的結構	盛唐莫217窟南壁單層磚石塔

標註：塔剎、相輪、覆鉢、塔身、座基、寶珠、仰月、寶蓋、剎杆、須彌座、山花蕉葉

佛塔形制舉例	北周莫301窟	北周莫428窟金剛寶座塔	隋莫419窟
	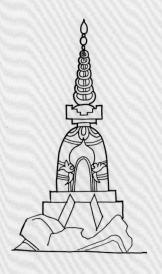	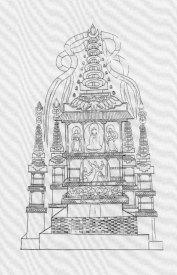	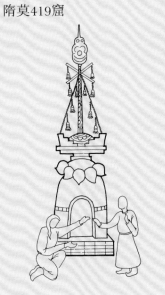
	初唐莫323窟樓閣式塔	盛唐莫148窟圓形單層木塔	盛唐莫23窟南壁方形單層木塔
	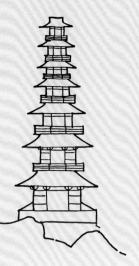	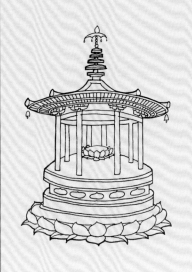	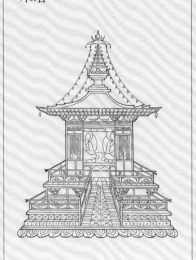
	盛唐莫217窟單層磚石塔	盛唐莫217窟鐘樓	
	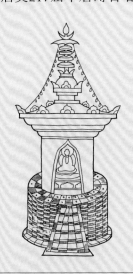	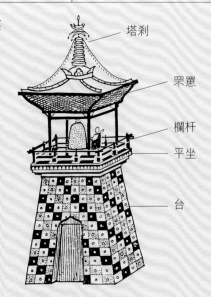	

塔剎

罘罳

欄杆

平坐

台

圖版索引

圖號	圖名	窟號	頁碼		圖號	圖名	窟號	頁碼		圖號	圖名	窟號	頁碼
第一章					59	天宮八角殿	莫341	76		118	淨土寺院的前後殿	莫148	130
1	雙闕殿堂	莫257	15		60	屋頂平坐	莫341	77		119	斜廊與迴廊	莫148	130
2	殿堂與門樓	莫257	16		61	殿堂與雙閣	莫215	78		120	淨土寺院的配殿	莫148	131
3	宮廷	莫285	16		62	三閣組合	莫329	78		121	大型寺院建築	莫148	132
4	有障日板的殿堂	莫249	17		63	三閣組合	莫331	79		122	角樓與飛虹	莫148	133
5	兩段歇山頂殿堂	莫296	18		64	閣道相連的三閣	莫321	79		123	兜率天宮	莫148	133
6	城闕	莫275	21		65	佛殿與斜廊	莫321	80		124	天宮佛寺	莫148	134
7	城垣與馬面	莫249	22		66	石雕小殿	莫220	83		125	三開間小殿及其拒鵲	莫445	139
8	宮城與宮廷	莫296	22		67	二層樓	莫329	84		126	二層樓配殿	莫172	140
9	塢壁宅院	莫257	23		68	兩開間的閣	莫71	84		127	四門樓	莫217	141
10	門樓與堂屋	莫257	23		69	二層閣	莫71	85		128	二層閣	莫103	141
11	富紳宅第	莫296	24		70	寺院樓閣	莫215	86		129	有塔剎的二層閣	莫123	142
12	宅院	莫296	24		71	二層樓	莫431	86		130	樓閣與迴廊	莫66	142
13	宅院羣	莫296	25		72	雲中閣之一	莫321	87		131	四座高台	莫217	143
14	天宮欄牆紋裝飾	莫435	25		73	雲中閣之二	莫321	87		132	八角經台	莫91	144
15	天宮與天宮之門	莫248	26		74	水上閣與斜廊	莫321	88		133	平閣歌台	莫445	144
16	樓閣式三重塔	莫254	29		75	照壁與堂	莫431	89		134	屋頂平台	莫445	145
17	殿闕式塔	莫257	30		76	屋頂歌台	莫335	89		135	平坐露台	莫120	146
18	單層磚石塔	莫257	31		77	奏樂平閣	莫341	90		136	單層多寶塔	莫23	149
19	窣堵波	莫301	31		78	寶樓與虹橋	莫431	90		137	單層舍利塔	莫148	150
20	五分法身塔	莫428	32		79	七層燈樓	莫220	92		138	圓形單層磚石塔	莫217	150
21	建廟造塔	莫296	35		80	天宮塔院	莫332	95		139	圓形單層磚石塔	莫217	151
22	希臘式柱頭	莫268	36		81	窣堵波	莫431	96		140	窣堵波	莫31	151
23	繪有圖案的龕柱	莫254	36		82	窣堵波式多寶塔	莫332	96		141	塔院	莫103	152
24	城闕上的斗栱	莫275	37		83	窣堵波式多寶塔	莫340	97		142	城門與城垣	莫217	155
25	殿堂的結構	莫285	37		84	七重樓式塔	莫323	97		143	城樓與城垣	莫148	156
26	有壁帶的窣堵波	莫428	38		85	城垣與塔	莫323	98		144	五開間城樓	莫148	157
第二章					86	宮廷院落（摹本）	莫431	98		145	城樓與角樓	莫148	158
27	大殿與四層雙樓	莫419	43		87	城垣與宮廷	莫321	100		146	城闕	莫172	158
28	五開間大殿與雙樓	莫423	44		88	建寺造塔	莫321	103		147	不規則形城垣	莫171	159
29	大殿與三層雙樓	莫417	44		89	修建寺院	莫323	104		148	天宮城垣	莫113	159
30	殿堂與蓮池	莫423	45		90	菩薩憑欄	莫321	104		149	西域城	莫217	160
31	殿堂	莫380	45		91	台基與欄杆	莫220	105		150	庭院式兜率天宮	莫445	163
32	殿堂	莫314	46		92	台基與欄杆	莫71	106		151	天宮中的心形庭院	莫445	164
33	堂屋	莫419	47		93	台基與欄杆	莫329	106		152	天宮中的圓形庭院	莫445	164
34	三重簷的堂	莫420	47		94	小橋與幡桿	莫331	107		153	展開的天宮	莫217	165
35	殿堂一組	莫302	48		95	小橋與方磚地面	莫329	108		154	宮廷院落	莫320	165
36	八角堂	莫206	48		96	欄杆與花磚地面	莫321	109		155	七重宮廷院落之一	莫148	166
37	屋角起翹的單層多寶塔	莫276	51		97	束蓮龕柱	莫57	109		156	七重宮廷院落之二	莫148	166
38	樹華表的窣堵波	莫419	52		98	翹曲屋頂翼角	莫220	110		157	七重宮廷院落之三	莫148	167
39	窣堵波	莫303	52		99	懸山屋頂	莫321	111		158	四阿頂宮門	莫172	168
40	塔廟	莫419	53		100	斗栱	莫71	111		159	懸山頂門樓與院落	莫148	168
41	伐木建造密簷塔	莫302	54		101	鴟尾	莫220	112		160	中西兩式民居	莫217	169
42	城闕	莫397	57		**第四章**					161	民居院落	莫23	170
43	住宅院落羣	莫423	58		102	一殿雙樓	莫225	119		162	拆樓圖	莫445	173
44	大型住宅院落	莫420	59		103	兜率天宮	莫208	120		163	露台與台階	莫148	174
45	住宅院落	莫419	60		104	大殿與斜廊	莫45	120		164	配殿台基	莫148	174
46	有障日板的堂	莫303	63		105	淨土寺院建築	莫217	121		165	平坐與欄杆	莫148	175
47	堂屋之窗	莫303	64		106	淨土寺院前的樓、閣、				166	華板欄杆細部	莫217	176
48	天宮平台欄杆	莫302	65			台、碑閣	莫217	121		167	迴廊細部	莫148	176
49	房屋結構	莫427	65		107	淨土寺院的鐘台和雀眼網	莫217	122		168	大殿斗栱	莫172	177
50	殿堂斗栱	莫433	66		108	淨土寺院	莫320	123		169	大殿斗栱	莫172	178
51	殿堂斗栱	莫419	67		109	寺院之一角	莫446	124		170	後佛殿斗栱	莫172	179
52	殿堂斗栱	莫420	68		110	圓亭與閣道	莫446	124		171	經樓上的鴟尾和拒鵲	莫217	180
第三章					111	大型淨土寺院建築	莫172	125		**第五章**			
53	水上寺院一側	莫205	73		112	淨土寺院的殿宇	莫172	126		172	淨土寺院	榆25	186
54	二層閣及弧形閣道	莫205	74		113	角樓與迴廊	莫172	126		173	淨土寺院的配殿	榆25	187
55	兜率天宮的佈局	莫338	74		114	配殿與雙樓	莫172	127		174	淨土寺院	莫159	188
56	天宮的配殿	莫338	75		115	大型淨土寺院建築	莫172	128		175	淨土寺院	莫201	188
57	天宮中的閣	莫341	75		116	淨土寺院的大殿	莫172	129		176	配殿與角樓	莫201	189
58	淨土寺院及兜率天宮	莫341	76		117	大型淨土寺院建築	莫148	129		177	淨土寺院的大殿	莫361	190

圖號	圖名	窟號	頁碼
178	三門與鐘樓	莫361	191
179	淨土寺院	莫361	191
180	淨土寺院	莫231	192
181	三院式天宮	莫231	192
182	三院式兜率天宮	莫231	193
183	單院式天宮佛寺	莫237	193
184	宮城式天宮及五門道城樓	莫138	194
185	大殿與圓亭	莫237	194
186	三樓組合	莫156	195
187	八角經樓	莫231	196
188	吐蕃式佛殿	莫231	196
189	樓式佛殿	莫231	197
190	迴廊與角樓	莫231	198
191	琉璃瓦頂的大殿	莫158	199
192	小佛殿	莫361	200
193	配殿與鐘樓	莫112	200
194	配殿與高台	莫126	201
195	前後佛殿	莫159	202
196	迴廊的三院之交	莫159	202
197	大殿與配殿	莫85	203
198	八角鐘樓	莫85	204
199	盝頂鐘樓	莫8	204
200	四柱亭子	莫85	205
201	迴廊與鐘樓	莫12	205
202	迴廊上的角樓	莫199	206
203	殿堂式多寶塔	莫360	209
204	單層多寶塔	莫231	210
205	窣堵波式多寶塔	莫361	211
206	三門窣堵波	莫186	212
207	四門窣堵波	莫138	213
208	四龕窣堵波	莫8	213
209	塔剎細部	莫14	214
210	翹頭末城	榆25	217
211	城門與殿堂	莫197	218
212	花磚城門	莫231	218
213	花磚城門	莫159	219
214	五門道城樓	莫138	219
215	平台城門	莫138	220
216	城門與城樓	莫9	220
217	城樓慢道	莫9	221
218	城闕	莫9	221
219	城與里坊	莫85	222
220	城樓	莫150	222
221	城門與城樓	莫196	223
222	富家宅院	莫85	223
223	宮廷院落	莫12	224
224	拆樓圖	榆25	228
225	重台須彌座	莫158	228
226	佛殿須彌座	莫231	229
227	露台上的幢	莫159	230
228	露台與欄杆	榆25	231
229	複廊通道門	榆25	232
230	團花柱	莫158	233
231	柱子與柱頭	莫231	233
232	大殿斗栱	莫85	234
233	大殿斗栱	莫237	234
234	大殿斗栱	莫12	235
235	大殿斗栱	莫12	236

第六章

| 236 | 淨土寺院 | 莫61 | 242 |
| 237 | 淨土寺院 | 莫61 | 242 |

圖號	圖名	窟號	頁碼
238	塔式大殿	莫61	243
239	大佛光寺	莫61	244
240	大清涼寺	莫61	244
241	八角塔院	莫61	244
242	淨土寺院	莫100	245
243	寺院三門與廊	莫100	245
244	兜率天宮	莫72	246
245	淨土寺院	莫307	246
246	盝頂鐘樓	莫454	247
247	淨土寺院	榆3	247
248	重簷樓閣	榆3	249
249	十字殿	榆3	249
250	淨土寺院	榆3	250
251	前殿與迴廊	榆3	250
252	十字樓閣	榆3	250
253	重簷水榭	榆3	252
254	七重塔	榆33	255
255	大屋頂窣堵波	榆36	256
256	四門單層塔	莫340	256
257	四重樓閣式木塔	莫340	257
258	三重樓閣式磚石塔	莫61	257
259	華麗的木構多寶塔	莫454	258
260	塔院	莫454	259
261	磚石塔	莫76	259
262	花塔	榆3	260
263	重層城樓	莫25	263
264	宮城	莫61	264
265	宮廷	莫61	264
266	民居院落	莫98	265
267	仙山瓊閣	榆3	265
268	茅廬	榆3	265
269	仙閣洞府	榆3	266
270	建房施工圖	莫454	269
271	拆塔圖	莫55	270
272	台基與欄杆	榆3	270
273	木構多寶塔的斗栱	莫454	271
274	大斗栱兩重	莫61	272
275	鴟吻	莫61	273

插圖索引

	頁碼
河南西漢畫像石上的殿闕圖	13
四川高頤闕兩段式屋頂	14
日本法隆寺玉蟲廚子屋頂	14
甘肅嘉峪關魏晉壁畫墓中所繪塢堡形象	19
甘肅嘉峪關魏晉壁畫墓裏書有"塢"字的塢堡形象	20
新疆吐魯番交河故城的佛寺遺址	27
第296窟兩段式歇山頂	33
北魏第257窟斗栱	34
第419窟塔廟	50
第423窟中的院落佈局	55
第420窟中的院落佈局	56
第420窟中的院落佈局	56
第341窟兜率天宮平面推想圖	71
第329窟阿彌陀淨土的平面推想圖	71
第338窟兜率天宮線圖及平面推想圖	72
第208窟寺院平面推想圖	115
第172窟寺院平面推想圖	117
第148窟寺院平面推想圖	117
第302窟寺院平面推想圖	117
第148窟彌勒經變寺院平面推想圖	118
山西五台南禪寺大殿	135
陝西扶風法門寺塔出土的銅塔	147
第172窟宮城	161
第217窟中西兩式民居	162
新羅感恩寺平面圖	183
榆25窟寺院平面推想圖	183
第231窟三院式天宮平面推想圖	184
山西順惠明大師塔	208
河南安陽修定寺塔上的菱形花磚	227
山西五台佛光寺大殿剖面圖	227
第61窟鐵勒寺平面推想圖	239
第61窟佛光寺平面推想圖	240
第61窟法華寺平面推想圖	240
第61窟清涼寺平面推想圖	240
第61窟金閣寺平面推想圖	240
河北正定隆興寺摩尼殿剖面圖	241

敦煌石窟分佈圖

本全集所用洞窟簡稱:莫即莫高窟,榆即榆林窟,東即東千佛洞,西即西千佛洞,五即五個廟石窟。

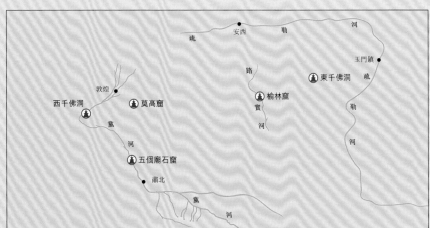

敦煌歷史年表

歷史時代	起止年代	統治王朝及年代	行政建置	備 注
漢	公元前 111 ～公元 219	西漢 公元前 111 ～公元 8 新 公元 9 ～ 23 東漢 公元 23 ～ 219	敦煌郡敦煌縣 敦德郡敦德亭 敦煌郡	公元前 111 年敦煌始設郡 公元 23 年隗囂反新莽；公元 25 年竇融據河西復敦煌郡名
三國	公元 220 ～ 265	曹魏 公元 220 ～ 265	敦煌郡	
西晉	公元 266 ～ 316	西晉 公元 266 ～ 316	敦煌郡	
十六國	公元 317 ～ 439	前涼 公元 317 ～ 376 前秦 公元 376 ～ 385 後涼 公元 386 ～ 400 西涼 公元 400 ～ 421 北涼 公元 421 ～ 439	沙州、敦煌郡 敦煌郡 敦煌郡 敦煌郡 敦煌郡	公元 336 年始置沙州； 公元 366 年敦煌莫高窟始建窟 公元 400 至 405 年為西涼國都
北朝	公元 439 ～ 581	北魏 公元 439 ～ 535 西魏 公元 535 ～ 557 北周 公元 557 ～ 581	沙州、敦煌鎮、義州、瓜州 瓜州 沙州鳴沙縣	公元 444 年置鎮，公元 516 年罷，為義州；公元 524 年復瓜州 公元 563 年改鳴沙縣，至北周末
隋	公元 581 ～ 618	隋 公元 581 ～ 618	瓜州敦煌郡	
唐	公元 619 ～ 781	唐 公元 619 ～ 781	沙州、敦煌郡	公元 622 年設西沙州，公元 633 年改沙州；公元 740 年改郡，公元 758 年復為沙洲
吐蕃	公元 781 ～ 848	吐蕃 公元 781 ～ 848	沙州敦煌縣	
張氏歸義軍	公元 848 ～ 910	唐 公元 848 ～ 907	沙州敦煌縣	公元 907 年唐亡後，張氏歸義軍仍奉唐正朔
西漢金山國	公元 910 ～ 914		國都	
曹氏歸義軍	公元 914 ～ 1036	後梁 公元 914 ～ 923 後唐 公元 923 ～ 936 後晉 公元 936 ～ 946 後漢 公元 947 ～ 950 後周 公元 951 ～ 960 宋 公元 960 ～ 1036	沙州敦煌縣 沙州敦煌縣 沙州敦煌縣 沙州敦煌縣 沙州敦煌縣 沙州敦煌縣	
西夏	公元 1036 ～ 1227	西夏 公元 1036 ～ 1227 蒙古 公元 1227 ～ 1271	沙州 沙州路	
蒙元	公元 1227 ～ 1402	元 公元 1271 ～ 1368 北元 公元 1368 ～ 1402	沙州路 沙州路	
明	公元 1402 ～ 1644	明 公元 1404 ～ 1524	沙州衛、罕束街	公元 1516 年吐魯番佔；公元 1524 年關閉嘉峪關後，敦煌凋零
清	公元 1644 ～ 1911	清 公元 1715 ～ 1911	敦煌縣	公元 1715 年清兵出嘉峪關收復敦煌一帶，公元 1724 年築城置縣

資料來源：史葦湘《敦煌歷史大事年表》等；製表：《敦煌石窟全集》編輯委員會（馬德執筆）